2015年度陕西省社会科学艺术学项目
（编号：2015FA04048）

唐代丝绸之路与中外艺术交流研究

TANGDAI SICHOUZHILU YU
ZHONGWAI YISHU JIAOLIU YANJIU

赵喜惠 著

黑龙江人民出版社

图书在版编目（CIP）数据

唐代丝绸之路与中外艺术交流研究/赵喜惠著.
—哈尔滨:黑龙江人民出版社,2018.12（2021.3重印）
ISBN 978 - 7 - 207 - 11582 - 9

Ⅰ.①唐… Ⅱ.①赵… Ⅲ.①丝绸之路—文化
交流—文化史—研究—中国、国外—唐代 Ⅳ.①K203

中国版本图书馆 CIP 数据核字（2018）第 301100 号

责任编辑：常　松
责任校对：徐秀杰
封面设计：张　涛

唐代丝绸之路与中外艺术交流研究

赵喜惠　著

出版发行　黑龙江人民出版社
　　　　　地址　哈尔滨市南岗区宣庆小区 1 号楼 （150008）
　　　　　网址　www. longpress. com
印　　刷　三河市华东印刷有限公司
开　　本　787×1092　1/16
印　　张　12.5
字　　数　210 千字
版次印次　2018 年 12 月第 1 版　2021 年 3 月第 2 次印刷
书　　号　ISBN 978 - 7 - 207 - 11582 - 9
定　　价　38.00 元

目　录

第一章　研究现状与学术评述

　　唐代丝绸之路与中外艺术交流这一问题,虽然无人做过专门研究,但相关的研究成果却很丰富。这些成果既有从总体上论述中外文化交流的,也有专门论述中国和特定国家间的文化交流的,还有专门论述唐朝与异域间的艺术交流的。

第一节　综　　论

　　对中外文化交流问题的研究大致可以分为三个阶段,即改革开放前(1978 年以前)、改革开放初期(1978 年至 20 世纪末)和改革开放深入发展期(20 世纪末至 21 世纪初)。

　　改革开放之前,由于中国与世界隔绝,再加上国内压抑的政治环境,中外文化交流问题一直比较冷,很少有人问津,研究者仅有张星烺、向达和方豪等几位学者。

　　张星烺的代表作为《中西交通史料汇编》(辅仁大学出版社,1930 年),是我国第一部系统、完整的中外关系史料辑注。该书所辑资料,"上起遂古,下迄明季,凡朝廷通聘,商贾游客,僧侣教士之记载,东鳞西爪,可以互证者,无不爬罗剔抉"①。其中既有完备的中文文献资料,又有丰富的外文资料。此外,作者还对文献中的诸多译名、中西交通史实和海陆交通路线等问题进行了精详的考释。但是从根本上讲,该书属于资料汇编,因此研究色彩较淡。

---

① 张星烺:《中西交通史料汇编·自序》,辅仁大学出版社 1930 年版,第 5 页。

真正对中外交流问题进行深入研究的学者是向达。向达的《中外交通小史》（商务出版社,1930年）揭开了中外文化交流研究的序幕。此书共9章,分别论述了中国与希腊、罗马、中亚、印度、阿拉伯、朝鲜、日本等国家间的文化交流,全面介绍了先秦至明清时期中国与这些国家文化交流的史实。但由于考古资料的匮乏等原因,该书内容比较单薄。之后,向达先生又在此书的基础上撰写了《中西交通史》(上海中华书局,1934年)。此书相对于《中外交通小史》而言有不少进步:第一,《中西交通史》不但进一步论述古代的中西文化交流,而且还补充介绍了鸦片战争时期中西文化交流的情况,弥补了《中外交通小史》内容上的不足;第二,《中西交通史》的资料较《中外交通小史》更为丰富,尤其是更多地使用了考古资料。这是因为在这一时期,中国的考古事业有了进一步发展,众多考古资料不断被发掘出来。《唐代长安与西域文明》(生活·读书·新知三联书店,1957年)是向达先生的又一部力作,主要论述了西域文明传入长安后在衣食住行等物质文化领域和乐舞、绘画、宗教等精神文化方面对唐都长安所产生的影响,同时也叙述了长安西域人的汉化过程,展现了中西文明的融合与互动。此外,该书还对柘枝舞、周至大秦寺等进行了详细的考证。相对于《中西交通史》而言,《唐代长安与西域文明》有不少特色:第一,它集中论述了西域文明对长安一地的影响,由于论题较小,因此论述较《中西交通史》要详尽、深刻得多。第二,《唐代长安与西域文明》在资料引用方面也较《中西交通史》有了极大的进步。首先,该书除了引用大量的中文文献外,还引用了不少外文资料;其次,它不但详细注明了中文文献的出处,而且还附有详尽的译文,以便于读者更好地理解。

方豪是继张星烺、向达之后又一位研究中外文化交流的著名学者,他的代表作为《中西交通史》(台北华冈出版有限公司,1953年)。该书共5册,80余万字,和张星烺、向达的著作相比,它有不少进步之处。主要表现在:第一,体系更完整,内容更全面。《中西交通史》以时间为序,论述了自史前至明清时期的中外交流,涉及宗教、血统、语言、习俗、科技、艺术、建筑、商货、书籍、生物等领域;论及的国家有希腊、罗马、波斯、印度、西域诸国、中亚诸国、阿拉伯、日本等。因此,可以说该书几乎囊括了史前至明清每个历史时期的所有的中外文化交流的内容,比张星烺和向达的论述要全面、系统得多。第二,资料较为广博。从资料引用的广度看,既有中文资料,也有英文资料;中文资料既包括正史、野史,也有各种各样的中外著名旅行家的日记、手稿和通信等。尤其值得一提的是,《中西交通史》还发掘了不少新史料,使本书的内容更为充实。但此书由于时代的局限性等原因,仅仅论述了古代的中外文化交流。

总之,在这一时期,关于中外文化交流的研究已发端并取得了显著的成果,但还存在一些问题,如向达等学者仅仅论述了清代以前的中外文化交流,对于近代的中外文化交流则很少论及;又如,这些学者很重视资料的收集和史实的考证,但对于更深层次的理论阐述较少。

改革开放初期,随着中外文化交流的日益频繁,这一问题才又一次进入中外学者的视野,并引起了他们的高度重视,这方面的研究也取得了丰硕的成果。20世纪80年代的研究成果主要有常任侠的《海上丝路与文化交流》(海洋出版社,1985年)、沈福伟的《中西文化交流史》(上海人民出版社,1985年)、香港学者陈佳荣的《中外交通史》(香港学津出版社,1987年)、周一良的《中外文化交流史稿》(河南人民出版社,1987年)和张广达、王小甫合著的《天涯若比邻》(香港中华书局,1988年)等。其中以《天涯若比邻》最具代表性。

《天涯若比邻》以时间为序,论述了先秦至明清时期,中国与西域诸国、罗马、印度、阿拉伯、中亚诸国、朝鲜、日本等国间的文化交流,涉及艺术、科技、宗教等方面。从内容上来讲,该书也只是论述了中国古代与异域间的文化交流,并且交流的文化领域也只限于艺术、科技、宗教等,相对于前一阶段的研究而言,并没有取得突破性的成果。

总的来说,这一时期的著作,内容较前一时期充实多了,但理论探索仍旧较少。

20世纪末至21世纪初,随着改革开放的不断深入和中外文化交流的日益频繁,这方面的专著如雨后春笋般不断涌现。这些著作不但运用了多学科知识论述了中外文化交流的史实,而且也进行了深入的理论探索。如武斌的《中华文化海外传播史》(陕西人民出版社,1998年版)和李喜所的《五千年中外文化交流史》(世界知识出版社,2002年版)等。

《中华文化海外传播史》共三卷,系统、全面地叙述了自文化发生时期开始直到近代,中华文化对世界文化的影响。此书不但运用了文化学、比较文化学、传播学等理论,而且还在理论方面做了大胆尝试,这是本书的一大亮点。

《五千年中外文化交流史》共五卷,以时间为序,介绍了从古代到1999年中外文化交流的史实,时间跨度大,内容极其丰富,涉及物质文化、制度文化、宗教、文学艺术、语言文字、科学技术等方面。此书运用了比较文化学、社会学、人类学等理论。并且李喜所先生在书中还论及了大量文化交流方面的理论。对于一些有争议的问题,作者也大胆地提出了自己的看法。因此,该书无论是在内容方面,还是在理论论述方面,都超过了以前的研究成果,是一部有关中外文化交流的通史巨著,具有较高的学术价值。

总之,这一时期,众多学者从总体上论述了中外的文化交流,所涉及的交流领域较为宽泛,时间跨度也较大,内容空前丰富。并且,在理论探索方面,他们也取得了显著的成就。然而,他们对于唐代的中外艺术交流着墨不多。

第二节　与特定国家的文化交流

历史上和中国进行文化交流的国家很多,但是交流最频繁,文化关系最密切,受中国文化影响最大和对中国文化影响最大的国家则是日本、印度和朝鲜半岛三国。

一、日本

由于中国与日本间的文化交流最频繁,因此这方面的研究成果也最多。其中既有中国学者的,也有日本学者的。

早在20世纪30、40年代,就有一些学者开始研究中日文化交流问题,并取得了一系列研究成果,论文主要有:周传儒的《日本人唐化考》(《清华周刊》1926年第25期)、贺昌群的《唐代文化之东渐与日本文明之开发》(《文史杂志》1941年第1期)、张旭庭的《唐代的中日通聘与中国文化之输日》(《东方文化》1943年第1期)、钱宜叔的《隋唐时代中日文化关系之检讨》(《学术界》1943年第1期)等;论著主要有王辑五的《中国日本交通史》(商务印书馆,1937年)。这些成果主要论述了儒教、佛教等思想文化对日本的影响,内容比较单薄。并且对于日本文化对中国文化的影响,它们也很少论及。

新中国建立后,尤其是改革开放以来,随着中外文化交流的日益频繁,这方面的研究成果才日渐丰富。著作主要有木宫泰彦著、胡锡年译的《中日文化交流史》（商务印书馆，1980 年版）、梁容若的《中日文化交流史稿》（商务印书馆，1985 年版）、内藤湖南的《日本文化史研究》（商务印书馆，1992 年版）、中日多位学者编著的《中日文化交流史大系(10 卷本)》（浙江大学出版社，1996 年版）、李寅生的《论唐代文化对日本文化的影响》（巴蜀书社，2001 年版）、蒋毅编译的《中国传统文化在日本》（中华书局，2002 年版）等；论文主要有罗香林的《唐诗与中日文化交流之关系》（《中日文化论集》1955 年第 1 期）、曹汾的《唐代中日文化艺术交流》（《西北大学学报》1979 年第 1 期）。这些论著论述了中日在文学、艺术、建筑、习俗、科技、法制、教育、宗教、民俗、典籍等方面的交流，内容异常丰富、全面，弥补了前一阶段论述内容单一的不足。

这一时期，一些学者也注意到了日本文化对中国的影响，如胡锡年的《隋唐时代中日关系中的二三事》（《陕西师范大学学报》1978 年第 3 期）就指出日本文化对唐代文化也有影响。王金林的《日本奈良时代对唐文化输入、改造和创新》（《日本研究》1988 年第 2 期）也认为，奈良时代，日本在输入唐文化的同时，也开始在文化上对中国进行逆输出。尤其值得一提的是，《中日文化交流史大系》（10 卷本）详细、系统地论述了自唐宋至当代，日本在科技、法制、艺术、民俗、思想、宗教、文学、典籍等方面对中国的影响。

此外，在这一时期，中日文化交流方面的理论研究也逐渐兴起，如李寅生的《论唐代文化对日本文化的影响》就对双方文化交流的途径、意义、局限性等问题进行了探讨，具有一定的理论价值；又如王金林的《日本奈良时代对唐文化输入、改造和创新》认为，奈良文化并不是唐代文化的简单翻版，而是日本立足于本国文化，对唐文化进行了消化与创新。

二、印度

中印作为两大文明古国，文化都非常繁荣，双方间在文化方面也互有交流和影响。

中外学者对中印文化交流的研究经历了一个由偏及全、由浅入深的过程。最早的研究成果主要集中在佛教交流方面，如周一良的《唐代印度来华密宗三僧考》（Harvard，Journal of Asiatic Studies 8，1945 年）研究了善无畏、金刚智和不空，把印度瑜伽密教传入中国,建立中国密宗的过程和影响。长泽和俊的《〈大唐西域求法高僧传〉小考》(《东洋学术研究》第 15 卷,1976 年 1 月)讨论了求法僧的路线和 7 世纪中印之间的佛教交流问题。

到了 20 世纪八九十年代,学者们才逐渐把视野扩大到中印文化交流的其他方面。如葛承雍的《唐长安印度人之研究》(《唐研究》第六卷,北京大学出版社,2000 年)就指出,印度文化对唐代文化的影响是多方面的,包括宗教、医学、天文、艺术等。季羡林的《中印文化交流史》(新华出版社,1993 年)则系统、全面地论述了中印间的文化交流,该书以滥觞(汉朝以前)、活跃(后汉、三国)、鼎盛(三国、两晋南北朝、隋唐)、衰微(宋元)、复苏(明)、大转变(明末清初)、涓涓细流(清代、近代、现代)七个分期,论述了双方的文化交流,涉及天文、地理、语言、日常生活、文学、艺术、哲学、宗教、科学、技术等领域,内容极其丰富。此外,本书对文化交流的特点、规律、意义等问题也都有独到的见解。薛克翘的《中国印度文化交流史》(昆仑出版社,2008 年)是继季羡林的《中印文化交流史》之后又一部论述中印文化交流的通史,它论述了先秦至两汉、两晋南北朝、隋唐五代、宋元明清至民国、中国成立至今的中印文化交流,其时间范围要大于季羡林的《中印文化交流史》;它主要包括宗教、物质、科技、语音学、因明学、哲学、翻译学、文学、艺术、民俗等内容,这也比季羡林的《中印文化交流史》的内容更广泛;在具体论述上,它资料翔实,内容丰富,论证充分,也较"季著"有了发展。但该书理论探索较少,因此缺乏研究色彩。

三、朝鲜半岛诸国

朝鲜半岛作为"东亚文化圈"中的重要一员,也和中国有着广泛而深远的文化交流。对于中朝间文化交流的研究,也兴起于改革开放之后。

20 世纪 80 年代,第一部关于中朝文化交流方面的较为系统的专著——朴真奭的《中朝经济文化交流史研究》(辽宁人民出版社,1984 年版)才诞生。该书论述了自远古时期至 19 世纪中叶两国人民的友好往来和经济、文化等方面的交流,从论述的时间范围来看,它只介绍了 19 世纪之前的中朝文化交流,而没有论及近现代的文化交流;从论述的文化领域来看,它只论及了科技、文学、儒家思想、佛教、文字、书籍、工艺美术、书法、绘画、教育等领域,而对于乐舞、典章制度等重要内容都没有论述;就论述的深度而言,该书只对文化交流的史实进行了梳理,并未论述文化交流的原因、意义、方式等深层次的问题。

90年代出现的较有代表性的著作为陈尚胜的《中韩交流三千年》(中华书局,1997年版),相对于《中朝经济文化交流史研究》而言,它有不少进步之处。第一,它论述了自古代至1910年中朝间的文化交流,拓宽了论述的时间范围;第二,它不但充分论述了《中朝经济文化交流史研究》所论及的内容,而且还论述了歌舞、理学、礼俗等方面的交流,因此,它的内容也远远超出了《中朝经济文化交流史研究》。但此书对文献资料和考古资料等论据都没有注明出处,因而不够严谨。此外,此书重在叙述史实而缺乏理论探索,因而深度也不够。

进入21世纪,有关中朝文化交流的研究进入了一个新阶段,并取得了丰硕的成果。其中最具代表性的是杨昭全的《中国—朝鲜·韩国文化交流史》(昆仑出版社,2004年版)。该书是中朝文化交流方面最全面、最系统的力作。首先,从论述的时间范围看,它论述了中国与朝鲜、韩国自远古至21世纪的文化交流,时间长达数千年,是有关中朝文化交流的一部通史;其次,就内容而言,它论述了中朝间法律、教育、宗教、哲学、图书、语言、礼仪、风俗、艺术、科学技术、政治制度、文学等方面的交流,这也是空前广泛的。此外,对于学术界有分歧的观点,作者进行了严密的考证,得出了科学的结论。但该书重在研究中朝间文化交流的史实,而理论研究较为薄弱。

以上这些研究成果主要论述了中国与日本、印度、朝鲜半岛等国家间的文化交流,时间跨度大,内容繁杂,因此对于唐与异域间艺术交流的论述就较薄弱。一方面表现在内容不够详细、具体,如对一些问题只是概括介绍,而没有做深入、细致的论述;另一方面表现在史实叙述较多而理论探讨较少,缺乏一定的深度。此外,这些研究成果也没有突出唐与异域间艺术交流的时代特点。

第三节　中外艺术交流

有关中外艺术交流的研究同样勃兴于改革开放之后,成果也颇多,涉及乐舞、百戏、书法、绘画、雕塑等领域,下面逐一进行评述。

一、乐舞

由于中外乐舞艺术的交流最广泛,因此这方面的研究成果也最多。又因为与中国进行乐舞交流的国家主要有西域诸国、日本和朝鲜半岛诸国,因此,研究成果也集中于中国与这些国家间的乐舞交流方面。

（一）西域诸国

这方面较早的研究成果主要有石素真的《西域文明与唐代乐舞及杂剧》(连载于《新苗》1936 年第 5、6、7、8、10、11 期)和叶德禄的《唐代之西域乐舞》(《中央日报》,1946 年 8 月 6 日)。石素真和叶德禄对来自西域的乐舞都进行了系统的介绍,但论述稍显粗浅,考证不够严密。直至 20 世纪 50 年代,向达在《唐代长安与西域文明》(生活·读书·新知三联书店,1957 年版)一书中,才对《胡旋舞》《胡腾舞》《柘枝舞》等西域乐舞进行了缜密、细致、深入的考证和分析。但该书重在论述乐舞的交流,而没有详细论述乐器、乐人等方面的交流。

此后,在乐器交流方面,日本学者林谦三取得了突破性的成就,他在《东亚乐器考》(音乐出版社,1962 年版)一书中,利用丰富的文献资料和考古资料考察了东亚乐器的起源及其在东亚间的交流,其中就论述了西域乐器在中原的流传,但不够系统。常任侠在《丝绸之路与西域文化艺术》(上海文艺出版社,1981 年版)一书中也提及了西域乐器的东流等问题,但论述也不够深入、全面。庄壮在《敦煌壁画上的打击乐器》(《交响——西安音乐学院学报》2002 年第 4 期)和《敦煌壁画上的吹奏乐器》(《交响——西安音乐学院学报》2003 年第 4 期)两篇文章中,分别论述了敦煌壁画上的打击乐器和吹奏乐器的类别、起源等问题,其中也论及了中原与西域间的器乐交流问题,但也缺乏系统性。直到今天,在西域与中原的器乐交流方面还没有出现一部全面而系统的著作。

在西域乐人研究方面,常任侠在《丝绸之路与西域文化艺术》(上海文艺出版社,1981 年版)一书中也论及了西域乐人的东流等问题,但也不够全面。直到 1987 年,日本学者岸边成雄在《论西域艺术家及其对古代文化史的贡献》(《交响——西安音乐学院学报》1987 年第 2 期)一文中才首次对魏晋南北朝时期进入中原的西域艺术家进行了系统、全面的论述,他认为当时进入中原的西域乐人有 40 多人,并对他们进行了分期研究。2004 年李昌集在岸边成雄研究的基础上,对唐代宫廷里的西域乐人进行了详细、深入的研究。他在《唐代宫廷乐人考略》（《中国韵文学刊》2004 年第 3 期）一文中对太常乐人、教坊乐人、梨园乐人和宫中其他乐人进行了认真考证，认为唐宫廷的西域乐人有 24 人。

（二）朝鲜半岛

由于中国与朝鲜半岛的乐舞交流较与日本、西域诸国的交流要少，因此，学者对这一问题的关注较少，这不但导致中朝乐舞交流的研究比较滞后，而且也使成果不够丰富。

20 世纪 90 年代，冯文慈先生在《中外音乐交流史》（湖南教育出版社，1998 年版）中论及了中国与朝鲜半岛的乐舞交流问题。论述的内容包括三竹、三弦、笙篥、琵琶、箜篌等乐器，《胡旋舞》等乐舞作品以及乐舞思想等。但书中只叙述了乐舞交流的史实，而对于乐舞交流的历史背景、途径等问题都没有做必要的交代。此外，该书对引用的重要文献资料也没有注明出处。

到了 21 世纪，这方面的研究成果才日益增多。金秋的《古丝绸之路乐舞文化交流史》（上海音乐出版社，2002 年版）就是其中的代表作。该书论述了自商周至明清时期中朝间的乐舞交流，内容比较丰富，并且此书对双方乐舞交流的背景进行了详细的介绍，弥补了冯文慈先生论述的不足。但它对于双方乐舞交流的史实，多侧重于概括性介绍，而少具体、深入的论述。此外，该书在文献资料引注方面也不够规范。

杨昭全的《中国—朝鲜·韩国文化交流史（4 卷）》（昆仑出版社，2004 年版）是他的又一部代表作。该书论述了自远古至 1840 年中朝间的文化交流，其中也对双方的乐舞交流进行了详细、具体、全面的论述，因此它的内容比《中外音乐交流史》《古丝绸之路乐舞文化交流史》都要充实。此外，该书在资料引注方面也非常规范。遗憾的是，该书只重论述乐舞交流的史实，而没有论及相关的理论问题。

2009 年，杜文玉的《丝绸之路与新罗乐舞》（《人文杂志》2009 年第 1 期）在吸收前人研究的基础上，运用考古资料和文献资料，对这一问题进行了全面、深入、系统的论述。杜师不但理清了中朝间在乐器、乐舞作品等方面交流的史实，而且对学术界一些有争议的问题，如关于《柘枝舞》的起源、《倾杯乐》传入朝鲜半岛的时间等问题，还提出了自己独到的见解。此外，对于乐舞交流的相关理论问题,杜师也进行了深入的思考和分析,如他指出,新罗乐舞之所以得到迅速发展,原因之一就是能够大胆地吸收外来乐舞因素。

（三）日本

早在20世纪30、40年代,就有不少学者开始研究中日乐舞交流,并且取得了显著的成就,代表性的著作主要有日本学者田边尚雄的《东洋音乐史》(雄山阁藏版,1930年)和常任侠的《唐代传入日本之音乐与舞蹈》(《说文月刊》1944年第1期)。二人重点介绍了传入日本的中国乐舞,但没有论述乐舞交流的背景、途径等重要问题。此外,对于器乐、乐人、乐舞制度、乐谱等重要问题,他们都没有论及。

20世纪60年代,日本学者林谦三的《东亚乐器考》(音乐出版社,1962年版)运用了语言学、声乐学、文化地理学、比较文化学等理论,采用了比较、图像学等研究法,分析了日本乐器的起源、形制演变、音律和流变过程。该书内容充实,考证详细,论据充足。此外,作者在书中还对某些有争议的问题做了进一步探究,得出了较科学的结论。该书也论及了中日器乐交流的问题,但对于器乐交流的背景、途径等问题都没有详细阐述,也没有论及乐人、乐舞制度、乐谱等方面的交流。

20世纪80年代,常任侠在《丝绸之路与西域文化艺术》(上海文艺出版社,1981年版)一书中主要考察了唐代传入日本的诸乐调和乐舞艺术,他不但详细介绍了这些乐调和乐舞艺术,而且也论述了它们传入日本的背景、途径、影响等问题,在理论方面有所创新,但论述的内容还是局限于乐舞、乐调,而没有论及乐舞制度、乐谱等问题。

20世纪90年代,代表性的成果为张前的《中日音乐交流史》(人民音乐出版社,1999年版)。该书主要论述了自唐至近代中日间的乐舞艺术交流,涉及乐舞作品、乐器、乐谱、音乐思想、音乐理论等内容。此外,该书还论述了中日乐舞艺术交流途径、影响等问题。因此,该书在内容和理论方面都有所创新。

进入21世纪,这方面的研究成果更是层出不穷,如王建欣的《中日尺八之比较研究》(《音乐研究》2001年第9期)、金秋的《古丝绸之路乐舞文化交流史》(上海音乐出版社,2002年版)等。其中最有代表性的是赵维平的《中国古代音乐东流日本的研究》(上海音乐学院出版社,2004年版)。该著作不但论述了中国的散乐、雅乐、声明、踏歌、女乐、乐器、乐谱等在日本的传播和对日本的影响，而且还第一次详细论述了中国乐舞制度对日本乐舞制度的影响。此外，该书对中日乐舞交流的文化环境、日本对中国古代音乐文化的接纳方式等理论问题也首次进行了探讨，具有创新价值。

（四）印度

唐朝时期，中国和印度作为两大文明古国，乐舞艺术都较为繁荣，双方在乐舞方面也互有交流和影响。但学界对于这一问题的研究却较晚，直到20世纪五六十年代，学者们才逐渐把目光投到这一领域。

20世纪50年代，向达在《唐代长安与西域文明》（生活·读书·新知三联书店，1957年版）中首次提及了传入唐朝的印度乐舞《苏和香》等。60年代，日本学者林谦三在《东亚乐器考》（音乐出版社，1962年版）中，也系统地论及了印度系乐器对唐朝的影响。

80、90年代，随着中印两国关系的正常化发展，这方面的研究也取得了显著成就。季羡林在《中印智慧的交流》（周一良主编的《中外文化交流史》，河南人民出版社，1987年版）一文中，就论述了来自印度的乐人、乐舞以及它们对唐代乐舞艺术的影响。之后他在《中印文化交流史》（新华出版社，1993年版）中又简略介绍了由印度传入中国的乐舞作品、乐器、乐人等。冯文慈的《中外音乐交流史》（湖南教育出版社，1998年版）则详细介绍了唐朝传入印度的唐代乐舞《亲王破阵乐》和印度传入唐朝的《婆罗门曲》、梵呗等乐舞艺术。但总体而言，这一时期的研究还不够系统和深入，具有明显的不足之处。这主要表现在：第一，学者们对这一问题的研究较为粗浅，有时甚至只单单提及了某些乐舞的名称，而没有进行具体、深入的论述；第二，学界对这一问题的研究较为片面，他们只偏重于论述乐舞作品，而对于乐器研究较少；第三，对于乐舞交流的背景、途径等问题更没有论及。

到了21世纪，这方面的研究成果大为丰富。其中最具代表性的是薛克翘的《中国印度文化交流史》（昆仑出版社，2008年版）。该书在充分吸收前人研究成果的基础上，详尽而系统地论述了印度传入唐朝的乐舞作品、乐器等，但它也存在一些疏漏：第一，对前人研究成果引用较多，而自己的观点较少；第二，只偏重介绍印度乐舞对唐朝的影响，而较少论及唐代乐舞对印度的影响。

综上所述,20世纪以来,有关唐朝与异域间乐舞艺术交流方面的研究成果较为丰硕,包括乐器、乐理、乐舞作品、乐谱、乐舞制度等内容,丰富、具体而详细。但总体而言,这些成果偏重于叙述事实,而理论探讨相对较薄弱,因此尚有较大的研究空间。

二、百戏

对于中外百戏交流问题的研究肇始于20世纪初,兴起于改革开放后。由于这方面的交流比较频繁,因此研究成果也比较丰硕。

20世纪初的代表性著作为王国维的《宋元戏曲考》(商务印书馆,1915年版)。该书以严谨的态度和丰富的资料论述了我国古代戏曲的发展历史,其中也论及了中外百戏交流问题,如文中就对由西域传入内地的《钵头》等戏进行了详细的考证。但该书重在论述中国古代戏曲的发展历程,因此对中外百戏交流问题着墨较少。

50年代任半塘的《唐戏弄》(作家出版社,1958年版)出版了。该书是研究唐代戏剧较早、较有权威性的一部书,分上、下两卷,共8章,主要介绍了唐代的参军戏、傀儡戏、猴戏等剧种和《踏摇娘》《苏莫遮》《兰陵王》等主要剧目,书中对唐代戏剧的渊源、剧本、角色、剧场、服饰、道具、演员等也都有论述。此书最大的价值在于它对一些传统旧说进行考证和辨伪,并大胆地提出了自己的观点。此外,该书对于中国与西域、日本间的百戏交流问题也有涉及,但篇幅较小,内容单薄、零散。

80年代的代表作是常任侠的《丝绸之路与西域文化艺术》(上海文艺出版社,1981年版)和傅起凤的《杂技》(浙江人民出版社,1985年版)。常任侠在该书第四编《汉唐间西域杂技艺术的东渐》中系统、全面地论述了汉唐间中国与印度、西域、波斯、日本等国的戏曲、杂技、幻术交流,其资料之丰富、内容之广泛、论述之严密都超过了前人,但常先生没有论及中国与朝鲜半岛间的百戏交流,因此内容尚不全面。《杂技》主要叙述了自原始社会至当代,中国杂技的发展历史。第五章《隋唐杂技远播四方》不但介绍了隋唐杂技的种类、发展状况,还论述了中外杂技交流的盛况。其中就讲到了唐与印度、朝鲜半岛、日本等国的杂技交流。但由于该书属于普及性读本,因此论述简单、浅薄、片面,更缺乏理论探索和研究。

21世纪的研究成果以李强的《中西戏剧文化交流史》（人民音乐出版社，2002年版）最具代表性。该书主要论述了原始社会至近代东西方戏剧发展和交流的历史。在资料方面，该书不但征引了丰富的文献资料，还利用了众多文物资料；在论述方面，作者不但吸收了前人的研究成果，而且在柘枝舞的渊源、队戏之演变等问题上还提出了不少独到的见解；在内容方面，该书论述了中国与罗马、印度、波斯、西域、日本以及朝鲜半岛间的戏剧交流，论及的国家较多。总之，该书是迄今为止最全面、最深刻、最系统的一部中西戏剧交流方面的专著。但遗憾的是，作者仅仅论述了戏剧方面的交流，而未论及杂技等方面的交流。

三、书法

与中国进行书法交流的国家只有朝鲜半岛和日本，因此，这方面的研究成果也主要集中在中国与此两国的交流上。

（一）朝鲜半岛

由于中国与朝鲜半岛间的书法交流较少，因此这方面的研究成果也不够丰富。

任平的《唐代书法对统一新罗时代书法的影响》（《当代韩国》1997年第1期）是中朝书法交流方面较早的论文，它主要论述了唐代书法影响新罗的方式与途径、新罗对唐代书体和书风的传承等问题。该文内容充实，资料丰富，但它只论述了唐代书法对新罗的影响，因此不够全面。此外，该文对引用的文献资料没有注明出处，显得不够严谨。

之后，朱关田出版了《中国书法史·隋唐五代卷》（江苏教育出版社，1999年版）一书，这是首部关于唐代书法研究的专著，共10章，主要介绍了隋唐五代书法发展的盛况、主要书法家及其成就、唐代文化对书法的影响、唐代墓志等。该书内容丰富，其中还有不少书法作品的插图，给人以直观的感受。作者在书中也论及了唐代书法对新罗、高句丽的影响，但没有谈到对百济的影响。而且该书在文献引注方面也很不规范，此外，作者叙述史实多而理论分析少，从而使该书缺乏研究色彩。

直到21世纪，杨昭全在《中国—朝鲜·韩国文化交流史（Ⅲ）》（昆仑出版社,2004年版)一书中才全面论述了中国书法对新罗、高句丽和百济的影响。该书资料非常丰富,内容极其充实,而且在文献引注方面也相当规范。但它重视史实论证而忽视理论阐述,对书法交流的背景、特点、意义等问题都没有进行研究。

(二)日本

由于中日间的书法交流比较频繁且成效显著,因此这方面的研究成果也较多,其中既有中国学者的,也有日本学者的。

20世纪50年代,张铁弦的《论唐代书法与中日文化交流》(《文物》1959年第8期)揭开了中日书法交流研究的序幕,作者引用了丰富的文物资料和文献资料论述了唐代书法对日本的影响。但它只论及了唐代的中日书法交流,因此内容很不全面。

20世纪80年代,日本学者榊莫山著、陈振濂译的《日本书法史》(上海书画出版社,1985年版)是这方面较早的专著。该书主要介绍了5世纪至20世纪50年代日本书法的发展历程,它实际上也是一部中日书法交流史,因为日本书法是在中国书法的影响下才萌芽、发展和成熟的。该书对中日书法交流的叙述非常全面,内容也较为丰富,并且书中还收录了很多有价值的资料,如在法西斯军国主义时代,书法是如何沦为军阀的附庸的,等等。但从根本上来说,该书属于普及读物,笔调散文化,论述也不够缜密、深入,这严重影响了它的学术价值。

20世纪90年代,这方面的研究成果逐渐丰富,如:王勇、上原昭一主编的《中日文化交流史大系·艺术卷》(浙江人民出版社,1996年版);祁小春的《唐代书法及其风潮对日本的影响》(《书法之友》1996年第6期);日本学者中田勇次郎著、蒋毅译的《中国书法在日本》(《文史知识》1996年第9期)。这里仅重点介绍了《中日文化交流史大系·艺术卷》。该书主要论述了自唐至近现代中日间的乐舞、雕塑、绘画、工艺、戏曲、电影等方面的交流,其中也论及了中日间的书法交流。它相对于榊莫山的《日本书法史》而言,有不少进步之处:第一,就时间而言,它论述的时间上起3世纪,下至20世纪80年代,比《日本书法史》论及的范围要广;第二,就内容而言,该书不但引用了大量文献资料,而且还使用了丰富的文物资料。此外,它不仅论述了唐代以前中国书法对日本的影响,还详细论证了唐代之后日本书法对中国的影响,因此内容比《日本书法史》丰富得多;第三,就理论阐述而言,该书由中外学者合作编著,他们从不同角度、用不同理论阐述了艺术的内涵、艺术流动的方式等问题,观点新颖、独到,在理论方面有所创新。

21世纪代表性的论著为李寅生的《论唐代文化对日本文化的影响》(巴蜀书社,2001年版)。该书主要论述了唐代政治、儒学、宗教、哲学、科技、史学、教育、艺术和风俗习惯等对日本的影响。其中也论述了唐代书法对日本的影响,但它的内容比《中日文化交流史大系·艺术卷》要简略得多。但该书也有突出的价值,它不但全面论述了唐代文化对日本文化的影响,而且还有不少理论阐述,如它对唐代文化影响日本的积极意义、唐日文化交流中的不足等问题进行了深入的思考和探究,具有创新意义。

可见,关于中外书法交流方面的研究成果也比较丰硕,它们都为本书的写作提供了丰富的资料。但总体而言,它们偏重于介绍书法交流的事实,而理论研究比较薄弱。

四、绘画

由于中外绘画交流比较频繁,因此这方面的研究成果很丰富。又由于和中国进行绘画交流的国家主要有西域诸国、印度、日本,因此研究成果主要集中于中国和它们的交流上。

(一)西域

早在20世纪50年代,向达在《唐代长安与西域文明》(生活·读书·新知三联书店,1957年版)中就述及了进入中原的尉迟乙僧、康萨陀等西域画家和流入中原的凹凸画派。

80年代,学者们也开始研究中原绘画对西域的影响,代表性成果主要有日本学者羽田亨著、耿世民译的《西域文化史》(新疆人民出版社,1981年版)和姜伯勤的《敦煌壁画与粟特壁画的比较研究》(《敦煌研究》1988年第2期)。前者不但论述了西域绘画对中原的影响,而且还首次论述了中原绘画对西域的影响。后者则通过对敦煌壁画与粟特壁画的比较研究,第一次论述了中国绘画艺术对中亚的影响。但总体而言,这一时期的研究仅仅局限于双方间某些方面或局部地域间的交流,因此是很不全面的。

90年代初,英国学者巴兹尔·格雷著、李崇峰译的《中亚佛教绘画及其在敦煌的影响》(《敦煌研究》1991年第1期)从分析魏、隋、唐、五代、宋敦煌壁画的风格、构图、笔法、内容、制作技术入手,系统地论述了中亚绘画艺术对中国的影响,弥补了姜伯勤的《敦煌壁画与粟特壁画的比较研究》内容上的不足。薛宗正的《唐代碛西的汉风美术》(《新疆艺术》1994 年第 1 期)则首次论述了唐代绘画艺术对西域石窟壁画、寺院壁画等产生的影响;周青葆的《丝绸之路宗教文化》(新疆人民出版社,1998 年版)第一次全面论述了中原佛教、道教等绘画艺术对高昌、龟兹、于阗的影响。

21 世纪代表性的成果为赵丰的《丝绸之路美术考古概论》(文物出版社,2007 年版)。该书首次从分析文物资料入手,系统地阐明了中国与西域在壁画、经卷细画、帛画、书卷装饰画、木版画等方面的交流。作者不但引用了大量文物资料,而且还对相关研究成果进行了深入分析。此外,对于一些有争议的问题,作者还提出了自己的真知灼见。

(二)印度

早在 20 世纪 30 年代,日本学者羽田亨在《西域文明史概论》(弘文堂,1931 年)中就论述了印度犍陀罗绘画艺术对中国的影响。

20 世纪 50 年代,常任侠、向达等中国学者也开始研究中印绘画交流问题。常任侠在《中印文化的交流》(《新建设》1952 年第 5 期)中就首次论述了自两汉至唐宋印度在人物画、壁画、绘画理论等方面对中国的影响。向达在《唐代长安与西域文明》(生活·读书·新知三联书店,1957 年版)中也论及了印度凸凹画派对中国山水画、人物画和壁画的影响。

80、90 年代,这方面的研究又取得了新成果。季羡林的《中印智慧的交流》(周一良主编的《中外文化交流史》,河南人民出版社,1987 年版)一文就论述了来自印度的画家、画法以及它们对中国绘画艺术的影响。之后他在《中印文化交流史》(新华出版社,1993 年版)中又介绍了由印度传入中国的画法和画论。但这一时期的研究还不够详尽和全面。首先,对绘画交流问题,作者只做概括介绍,而未做具体论述;其次,文中并未论及壁画等方面的交流和影响,因此尚不全面。

进入 21 世纪,这方面的研究成果明显增多,主要有贾应逸的《印度到中国新疆的佛教艺术》(甘肃教育出版社,2002 年版)和薛克翘的《中国印度文化交流史》(昆仑出版社,2008 年版)。前者在全面、详尽地介绍新疆佛教壁画的基础上,分析了它们的艺术特点和风格,并阐明了它们与印度绘画艺术之间的关系。后者则首次全面地论述了中印间的绘画艺术交流。

（三）日本

中日绘画交流源远流长,因此这方面的研究成果也很丰富。

早在 20 世纪 30 年代初,日本学者内藤湖南在《日本文化史研究》(弘文堂,1930 年版)中就概括介绍了中国人物画对日本的影响。随后,中国学者王辑五在《中国日本交通史》(商务印书馆,1937 年版)也论及了中国人物画、壁画、佛画、山水画、花鸟画对日本的影响。但他只是简单提及,并未做具体阐述。

60 年代,随着“鉴真研究热”的兴起,学者们开始研究鉴真与中日间的绘画艺术交流。周一良和常任侠分别在《鉴真的东渡与中日文化交流》(《文物》1963 年第 9 期)和《鉴真和尚与日本艺术》(《光明日报》1963 年 10 月 6 日)中论述了鉴真在中日绘画交流中所做的贡献。

70 年代末至 90 年代,随着中日交流的日益频繁,这方面的研究成果也层出不穷。曹汾在《唐代中日文学艺术的交流》(《西北大学学报》1979 年第 1 期)中提及了唐代壁画对日本的影响。常任侠的《中日文化艺术的交流》(《中日文化交流史论文集》,人民出版社,1982 年版)则系统、全面地介绍了自汉至建国以来中日在人物画、花鸟画、山水画、壁画等方面互相交流、互相影响的历史。此外,该书还简单介绍了中国传入日本的画谱、画论等,其内容之丰富大大超过了前著。但遗憾的是,该文未详尽地介绍日本绘画对中国的影响。直到 90 年代,王勇、上原昭一主编的《中日文化交流史大系·艺术卷》(浙江人民出版社,1996 年版)才系统、全面、细致地论述了日本绘画对中国的影响。王镛的《中外美术交流史》(湖南教育出版社,1998 年版)首次详细论述了中国陶瓷外销日本与中国绘画对日本影响的问题;韩钊的《中国唐壁画墓和日本古代壁画墓的比较研究》(《考古与文物》1999 年第 6 期)则通过对唐壁画墓和日本古代壁画墓的对比研究,系统论述了唐代墓室壁画在题材、内容、色彩、制作方法、画技、构图等方面对日本的影响。

进入 21 世纪,这方面的研究成果依然不少,如欧阳启名的《中国对日本绘画的影响》(《美术观察》2000 年第 5 期)、马全社的《日本美术的中国文化渊源探微》(《唐都学刊》2004 年第 6 期)、王莲的《日本屏风画探源暨唐代画风对它的至深影响》(《东南文化》2008 年第 6 期)等。它们都不具有代表性,因此就不再一一评述。

绘画方面的研究成果主要介绍了中国与异域在山水画、人物画、花鸟画、壁画、绘画理论等方面的交流情况,资料翔实、论证全面。但对于绘画艺术交流的背景、途径、意义理论则很少论及。

五、雕塑

关于中外雕塑艺术交流的研究开始于 20 世纪 30 年代,50、60 年代继续发展,80、90 年代陡然兴起并取得了丰硕的成果,21 世纪初达到了的高峰。

20 世纪 30 年代,学者们开始关注这一问题,并取得了初步成果。代表作主要有梁思成的《中国雕塑史》(百花文艺出版社,1997 年版)、日本学者内藤湖南的《日本文化史研究》(弘文堂,1930 年版)和日本学者羽田亨的《西域文明史概论》(弘文堂,1931 年版)。

《中国雕塑史》是根据梁思成先生 1929 年至 1930 年在东北大学讲授《中国雕塑史》的提纲,配以图片而编成的,叙述了上古至民初中国雕塑艺术的发展状况。作为建筑学家的梁先生从建筑学的视角来研究雕塑史,这是本书的一大特色和创新。更重要的是,在"唐代雕塑艺术"这一部分作者还首次论及了中印间佛教雕塑的交流问题。此后,日本学者内藤湖南在《日本文化史研究》中也论述了中日雕塑艺术交流,羽田亨在《西域文明史概论》中也论及了中国与希腊、印度、中亚间的雕塑艺术交流,但内容都比较单薄。总体而言,在这一时期,关于中外雕塑艺术交流的研究尚处于起始阶段,研究成果稀少而零散。

50、60 年代,方豪、常任侠等学者继续研究这一问题,并取得了更大的成果。方豪在《中西交通史》(华冈出版有限公司,1953 年版)第十二章《隋唐宋时代传入之西方艺术与游艺》中就论及了石窟、佛像、建筑、铜镜等方面的中外交流,内容较前代充实多了。常任侠在《唐鉴真和尚与日本艺术》(《光明日报》1963 年 10 月 6 日),则首次详细论述了鉴真东渡对日本雕塑、绘画等艺术的影响。但这一时期的成果也比较少。

80、90 年代,随着对外开放的扩大和中外雕塑艺术交流的加强,关于这一问题的研究才勃然兴起,并取得了丰硕的成果。

季羡林在《中印文化交流史》(新华出版社,1993 年版)中概括论述了中国与希腊、印度间的佛教雕塑交流;王勇、上原昭一主编的《中日文化交流史大系·艺术卷》(浙江人民出版社,1996 年)则详细、全面、系统地论述了中日间佛教雕塑、工艺雕塑、装饰雕塑等方面的交流;齐东方的《唐代金银器研究》(中国社会科学出版社,1999 年版)主要从唐代金银器的造型、装饰、工艺、艺术风格入手,考察了中国与波斯、中亚、印度、罗马间的雕塑艺术交流。上述成果或者论述了中国与某个国家间的交流,或者论述了某一领域的交流,因此都是片面的。可喜的是这一时期还出现了王镛的《中外美术交流史》(湖南教育出版社,1998 年版),这是一部中外雕塑艺术交流方面最全面、最系统的一部著作。从时间上来看,它论及的范围上起两汉,下至 20 世纪 90 年代,是一部通史巨著;从交流的国家来看,它主要论述了中国与印度、罗马、波斯、希腊、埃及、中亚、西域、日本、朝鲜半岛、俄罗斯、法国、德国、英国等国家间的交流,其数量之多也是空前的;从内容上来看,它论及的雕塑艺术有石窟雕塑、陵墓雕塑、工艺雕塑、宗教雕塑、装饰雕塑等,也远远超过了以前的著作。可见,它是中外雕塑艺术交流方面的一部标志性著作。但由于该书论述的内容多、范围广,因此缺乏一定深度,引用的资料也不全面。此外,该书在资料引注方面也做得不够规范。

进入 21 世纪,对这一问题的研究又取得了新成果,主要有杨昭全的《中国——朝鲜·韩国文化交流史》(昆仑出版社,2004 年版)、薛克翘的《中国印度文化交流史》(昆仑出版社,2008 年版)和赵丰的《丝绸之路美术考古概论》(文物出版社,2007 年版)。《中国——朝鲜·韩国文化交流史》首次系统、全面、详尽地论述了中韩、中朝间的雕塑艺术交流;《中国印度文化交流史》则深入、细致、系统地论述了中印间的雕塑艺术交流,在深度、广度等方面都超过了季羡林的《中印文化交流史》(新华出版社,1993 年版)。其中最值得一提的是赵丰的《丝绸之路美术考古概论》,该书在介绍丝绸之路沿线出土的金银器、彩陶、木雕、陶俑等雕塑艺术品的基础上,论述了中国与西域、希腊、罗马、印度、波斯、中亚间的雕塑艺术交流。该书资料征引广泛,不但有丰富的文物资料,还介绍了相关研究成果。更可贵的是,作者在全面介绍前人观点的基础上,还旁征博引地对它们逐一进行分析,进而提出自己的观点。

可见,中外雕塑艺术交流方面的研究成果很丰硕,这些成果主要通过对文物资料的比较和分析,理清了中外雕塑艺术相互交流、相互影响的关系,为本书的撰写提供了资料、方法和思路,但这些成果大多只注重叙述事实而较少理论探讨,因而缺乏理论深度。

综上所述,唐代中外艺术交流研究的相关研究成果非常丰硕,都对本书提供了资料和思路。但相对于本书的选题而言,它们都有一定的局限性,或者论述过于简略,或者论述不够全面,或者理论深度不够,或者没有突出唐代中外艺术交流的时代特点。

第二章　发达的丝绸之路

著名的丝绸之路是贯通中国、中亚、南亚、西亚以及欧洲、非洲间的重要通道。一般而言,分为陆上、海上和草原三种。其中陆上丝路的历史最悠久,自西汉张骞出使西域,此交通线便已开通;东汉时,班超经营西域,维护了丝路的繁荣和稳定;魏晋南北朝时期,中原大乱,丝路沿线民族趁机占领了丝路要地,致使丝路一度中断;隋王朝建立后,国家统一、政局稳定,遂致力于经营对外交通,丝绸之路又得以畅通和拓展;唐朝的陆上对外交通是在隋代的基础上发展起来的,较为发达。

海上丝绸之路开辟于汉武帝时期,其起点为雷州半岛,经越南、泰国、马来西亚、缅甸、印度到斯里兰卡;东晋时,赴印度取经的法显经海上丝绸之路东归长安,可见,当时的海上丝路较为发达;南朝时期,日本使团从大阪出发,经北九州、对马岛、朝鲜、渤海、山东半岛到达南京、扬州,该航线被称为东海丝绸之路;到了唐代中后期,随着航海技术的提高和陆上丝绸的衰落,海上丝路日益显现出它的优势,在中外交流中发挥着日益重要的作用。

草原丝路是指贯通北方草原地带的交通道路,它东起大海,横跨欧亚草原,其纵横交错的岔路,可南达中原地区,北与蒙古和西伯利亚连接。草原丝路肇始于北匈奴西迁之时,到了唐代,随着唐朝国力的强大,草原各民族纷纷臣服于大唐,从而使中原与草原丝路的联系畅通无阻。

第一节　唐代的丝绸之路

唐王朝建立后,不但沿用了前代的丝绸之路,而且随着国力的强盛,还不断开疆拓土,致使丝路得以扩展。

一、陆上丝绸之路

隋朝时,在炀帝的锐意开拓下,丝绸之路空前畅通。据裴矩的《西域图记》记载,当时通往西方的通道主要有三条:"发自敦煌,至于西海,凡为三道,各有襟带。北道从伊吾(今哈密)经蒲类海铁勒部,突厥可汗庭,度北流河水,至拂菻国,达于西海。其中道从高昌,焉耆,龟兹,疏勒,度葱岭又经钹汗,苏对沙那国,康国,曹国,何国,大、小安国,穆国,至波斯,达于西海。其南道从鄯善,于阗,朱俱波,喝磐陀,度葱岭,又经护密,吐火罗,挹怛,忛延,漕国至北婆罗门,达于西海。其三道诸国,亦各有路,南北交通⋯⋯并随其所往,诸处得达。故知伊吾、高昌,并西域之门户也。总凑敦煌是其咽喉之地。"①显然,隋朝的三条路线大致传承、发展了汉代的丝绸之路。此三道的路线大致如下:

其北道,"从伊吾经蒲类海铁勒部,突厥可汗庭,度北流河水,至拂菻国,达于西海"。此处的"伊吾"即指哈密;蒲类海即今巴里坤湖;"突厥可汗庭"即当时的西突厥王庭;"北流河水"指的是楚河、锡尔河、阿姆河诸水;"拂菻国"指拜占庭;"西海"指地中海。这条道以敦煌为起点,经过哈密,翻越天山,再经巴里坤湖和臣属于突厥的铁勒部的游牧地,到达西突厥王庭,之后渡过楚河、锡尔河、阿姆河等河流,到达欧洲的拜占庭帝国,再经拜占庭最后到达地中海。此道是中国与西域诸国和欧洲交流的重要通道。

其中道,"从高昌,焉耆,龟兹,疏勒,度葱岭又经钹汗,苏对沙那国,康国,曹国,何国,大、小安国,穆国,至波斯,达于西海"。高昌即今新疆乌什县;焉耆即新疆焉耆县;龟兹即新疆库车县;疏勒即新疆疏勒县;葱岭即帕米尔高原;苏对沙那国指中亚之乌腊尤别;康国即撒马尔罕;曹国指撒马尔罕西北之Kebud;何国指撒马尔罕西北之Kushanika;安国即中亚布哈拉汗国;穆国指中亚马里;波斯指伊朗;西海指波斯湾。中道也是以甘肃敦煌为起点,之后经过新疆乌什县、焉耆县、库车县、疏勒县和中亚诸国,最后到达西亚之波斯湾。此交通线沟通了中国、西域、中亚和西亚四大区域,是它们之间交流的主要通道。

---

① 魏徵:《隋书》卷六七《裴矩传》,中华书局1973年版,第1579~1580页。

其南道,"从鄯善,于阗,朱俱波,喝磐陀,度葱岭,又经护密,吐火罗,挹怛,帆延,漕国至北婆罗门,达于西海"。鄯善即新疆若羌县;于阗即新疆和田县;朱俱波指新疆叶城县;喝磐陀指新疆塔什库尔干县;护密即阿富汗北部之瓦汗;吐火罗即葱岭西乌浒河南一带;帆延即阿富汗布哈拉西北之巴米安;漕国指阿富汗之加滋尼;婆罗门指印度;西海即印度洋。此道亦发自敦煌,经新疆若羌县、和田县、叶城县、什库尔干县到达中亚阿富汗地区,最后到达印度印度洋地区。南道是中国通往西域、中亚和南亚主要线路。

唐朝建立后,随着国力的强盛,遂进一步经营丝绸之路。它平高昌,击突厥[①],从而控制了丝绸之路。之后,唐朝还先后建立安西、北庭都护府和一系列军、镇、守、捉,有效地加强了对西域地区的统治。经过锐意开拓,唐朝的丝绸之路空前畅通。它不仅完全恢复了传统的丝绸之路,而且还形成了丝绸之路新北道网络。此新北道主干线以敦煌为起点,出玉门关向北抵伊吾,以伊吾作为进入西域北地的门户,以庭州(新疆吉木萨尔县)作为贯通东西、连接南北的枢纽,以轮台作为西通碎叶的又一重镇,从而形成北道主干线,成为横贯东西的大动脉。此外,新北道还向四面八方辐射出不少大小支线,从而形成了新的交通网络。

丝路北道的拓展,一方面缩短了东西间的距离,另一方面使中国可以绕过波斯而直达东罗马,从而极大地便利了唐朝与西方间的交流,标志着陆上丝路发展到高峰阶段。

二、海上丝绸之路

唐代的海上丝绸之路也得到了较大发展,这是因为:第一,唐代的造船技术进一步提高了。唐代能够建造一种名为"海鹘"的战船,它"头低尾高,前大后小,如鹘之状,舷下左右置浮板,形如鹘翅。其船虽风浪涨天,无有倾侧"[②]。可见,此种船具有很好的稳定性,适合于远洋航行。并且,唐代还出现了以转轮为动力的航船,"挟二轮蹋之,翔风鼓浪,疾若挂帆席"[③]。这不但节省了人力,还加快了航行速度。此外,唐代开始使用水密隔舱,即使海上遇难,船体破损,一、二舱进水,

---

① 《资治通鉴》卷二一六"玄宗天宝十二年"条,中华书局 1956 年版,第 6919 页。
② 杜佑:《通典》卷一六〇《兵十三·水平及水战具附》,中华书局 1988 年版,第 4123 页。
③ 《旧唐书》卷一三一《李皋传》,中华书局 1975 年版,第 3640 页。

仍能保证不沉。可见,唐代的造船业在世界上也是居于领先地位的。第二,海上丝路相对于陆上丝路来说有很多优点。首先,海上丝路运输更安全。众所周知,中国通过丝路外销的大多是瓷器,这些瓷器通过陆路运输时,晓行夜宿,辗转搬运,极易破损。而靠海运,则较为安全。其次,海上丝路运载量更大。据估计,一只由30头骆驼组成的沙漠商队,只能载重9 000公斤货物,而一艘海船则可载货60万到70万公斤,相当于2 000头骆驼的运输量。① 可见,海上丝路运载量比陆上丝路要大得多。最后,海上丝路更为便利。唐代以后,盛产瓷器的城市大多分布于沿海地区,为了更便利地向外运输瓷器,唐朝便大力发展海上交通。

对于唐代的对外交通,贞元时宰相贾耽有所记载:"其入四夷之路,与关戍走集最要者七:一曰营州(今辽宁省朝阳县)入安东道(今辽宁省辽阳市);二曰登州海行入高丽、渤海道;三曰夏州(今陕西横山县西)塞外通大同、云中道(指古云中城,在今内蒙古自治区托克托县东北);四曰中受降城(今内蒙古包头市附近)入回鹘;五曰安西入西域道;六曰安南(今越南北部)通天竺道;七曰广州通海夷道。"②

其中"营州入安东道""安西入西域道""安南通天竺道"和"夏州塞外通大同、云中道"为陆上交通线,"中受降城入回鹘"为草原丝路,只有第二、七条路线为海路。

"登州海行入高丽、渤海道"为东海丝绸之路。登州即今山东蓬莱。此道从今山东蓬莱出海,经"大榭岛、龟歆岛、末岛、乌湖岛三百里,北渡乌湖海,至马石山东之都里镇二百里",由此顺辽东半岛东行,过"青泥浦、桃花浦、杏花浦、石人汪、橐驼湾、乌骨江八百里",到鸭绿江入海口处。在此处,东海丝路又分为南、北两道。南路沿朝鲜半岛航行,"过乌牧岛、贝江口、椒岛,到达新罗西北之长口镇",又过"秦王石桥、麻田岛、古寺岛、得物岛,至鸭渌江唐恩浦口"。之后沿东南陆行七百里至新罗王城,此为"入高丽道";北路"自鸭渌江舟行百余里,乃小舫溯流东北三十里至泊汋口,得渤海之境",又"溯流五百里,至丸都县城",故高丽王都,又"东北溯流二百里,至神州",又"陆行四百里,至显州,天宝中王所都。又正

---

① 何芳川:《中外文化交流史》,国际文化出版公司2008年版,第62页。
② 《新唐书》卷四三下《地理志七下》,中华书局1975年版,第1146页。

北如东六百里,至渤海王城",此为"入渤海道"。① 东海丝路是中国与朝鲜半岛和日本间的重要通道,安全性较高,使用的历史也较长。

"广州通海夷道"始于广州,向南行至珠江口的屯门港,然后折往西南,过海南岛东北角附近的七洲洋,到达越南东南部的海岸,然后沿越南、马来半岛沿岸,穿新加坡海峡到苏门答腊岛,西北出马六甲海峡,入印度洋,之后抵达斯里兰卡和印度半岛南端,再沿印度西海岸至波斯湾的奥波拉港和巴士拉港;如果换乘小船,沿幼发拉底河溯流而上,还可以到达现在的巴格达。此海上航线沿途经过今越南、柬埔寨、泰国、马来西亚、新加坡、印尼、缅甸等国。

这条路线是当时最繁忙的海上交通线,中外商船在此线路上日夜穿梭,络绎不绝。据《唐大和上东征传》记载:玄宗开元年间,广州"江中有婆罗门、波斯、昆仑等舶,不知其数。并载香药、珍宝,积载如山……师子国、大石国、骨唐国、白蛮、赤蛮等来往居住,种类极多"②。

三、草原丝路

在唐代,草原丝绸之路达到了极盛。唐时的草原丝绸之路分为东、西两段,东段即为参天可汗道。此道开通于唐太宗统治时期,他派兵连破突厥和铁勒汗国,漠北草原游牧部落也在回纥的率领下臣服唐朝,当时"回纥等请于回纥以南,突厥以北,置邮驿,总六十六所,以通北荒,号为参天可汗道,俾通贡马,以貂皮充赋税"③。

参天可汗道是唐都长安通往回纥牙帐的交通要道,关于其走向,严耕望的《唐代交通图考》有载:"长安北通河上三驿道,分达灵(今宁夏灵武南)、丰(今内蒙古狼山、晏江间)、胜(今托克托西黄河南十二连城)三州,丰州驿使通传长安不过四日余,亦盖中古驿传快捷之能事。"④从长安通往灵、丰、胜的三条驿道可以称作参天可汗道的起始段,从长安到丰州,只需四日,较为快捷。过了此段再向北行,即是被称为"草原丝路"的回纥道。回纥道在中受降城一带分为两条支线,一条沿"灵州北达丰州、西受降城、天德军道及西城出高阙至回纥、黠戛斯道。由灵

---

① 欧阳修等撰:《新唐书》卷四三《地理志下》,中华书局 1975 年版,第 1147 页。
② [日]真人元开著,汪向荣校注:《唐大和上东征传》,中华书局 1979 年版,第 74 页。
③ [北宋]王溥:《唐会要》卷七十三《安北都护府》,中华书局 1955 年版,第 1314 页。
④ 严耕望:《唐代交通图考》,中央研究院历史语言研究所 1985 年版,第 218 页。

州向北微东循黄河而下至天德军为一道,取西受降城路及取丰州路皆约一千一百里"①;另一条沿"中受降城正北如东八十里,有呼延谷(今昆都仑河谷),谷南口有呼延栅,谷北口有归唐栅,车道也,入回鹘使所经。又五百里鸬鹚泉,又十里入碛,经麚鹿山、鹿耳山、错甲山、八百里至山燕子井。又西北经密粟山、达旦泊、野马泊、可汗泉、横岭、绵泉、镜泊、七百里至回鹘衙帐"②。

综上所述,唐代的陆路、海路和草原交通都非常发达。著名历史学家白寿彝也曾说:"隋唐宋时期的域外交通很发达,尤以唐底中叶为盛。无论从交通路线的远近说,或从交通的密度疏密说,均为隋宋所不及,并且也比秦汉时大有进步。"③

对外交通的发达,为唐代的中外艺术交流提供了便利的条件,从而使中外艺术交流人员络绎不绝、相望于道,进而有力地促进了中外艺术交流的发展和繁荣。

第二节　唐代丝绸之路发达的原因

唐代丝绸之路空前发达,无论是陆路、海上,还是草原丝路,都空前畅通。造就唐代发达的丝路交通的原因有很多,本节仅从经济、政治以及对传统丝路的继承与拓展三个方面进行分析。

一、经济原因

唐代经济较为发达,这为丝绸之路的繁荣奠定了坚实的物质基础。唐代的经济发展,主要表现在农业、手工业和商业三方面。

(一)农业

在唐代,由于国家统一,政局稳定,均田制推行,农业科技提高等原因,农业得到了高度发展。主要表现在耕地面积的扩大和粮食产量的增加两方面。

1.耕地面积的扩大

唐代,由于筒车、曲辕犁等先进生产工具的使用和水利工程的兴修,大量荒

---

① 严耕望:《唐代交通图考》,中央研究院历史语言研究所1985年版,第209页。
② 《新唐书》卷四十三下《地理志七下》,中华书局1975年版,第1148页。
③ 白寿彝:《中国交通史》,上海书店1984年版,第130页。

地得以开垦。《全唐文》即载:"开元、天宝之中,耕者益力。四海之内,高山绝壑,未耜已满。……"①唐垦田的增长主要通过推行均田制和屯田、营屯两种方式。民间垦荒辟地,大多在均田制的形式之下进行;国家的开发则以带有军事性质的屯田、营田为主。通过这两种方式,唐代的耕地面积扩大了。据今人考证,天宝年间的垦田总面积为 750 万顷左右。② 可见,唐代的耕地面积是较大的。

2. 粮食产量的增加

唐代的粮食产量,无论亩产还是总产都较前代有了明显增长。首先来看亩产。唐代的亩产和汉代相比提高了不少。吴慧认为:"唐代的亩产比汉代增长了四分之一还多。"③杨际平也认为从汉代至唐代,"粮食的亩产约提高了50% ~60%"④。笔者认为他们的观点是正确的,因为随着农业生产技术的提高和生产工具的改进,粮食亩产量不断得以提高是必然的。

唐代的粮食总产量也较高。在贞观年间,老百姓的生活就比较富足。吴兢在《贞观政要》中说:"马牛布野,外户不闭。又频致丰稔,米斗三四钱,行旅自京师至于岭表,自山东至于沧海,皆不赍粮,取给于路。入山东村落,行客经过者,必厚加供待,或发时有赠遗。此皆古昔未有也。"⑤可见,唐人的物质生活较为宽裕,因此他们才会如此厚待路人。在武则天统治年间,经济也得以快速发展。武则天非常重视农业发展,不但"劝农桑,薄赋徭"⑥,而且还兴修了一系列水利工程,从而促进了农业生产的发展。1971 年 1 月,考古学者在洛阳发掘了唐代的含嘉仓。出土的铭砖上记载了武则天时期的粮食储存量,当时最多时一次就藏入10 000余石糙米,少的时候一次也藏入了 600 石粟。⑦ 这说明武则天统治时期粮食产量较高,国力相当雄厚。到了玄宗年间,经济持续高速发展并出现了"开元盛世"。据《新唐书》记载:"(开元年间)天下岁入之物,租钱二百余万缗,粟千九百八十余万斛,庸、调绢七百四十万匹,绵百八十余万屯,布千三十五万余端。"⑧

---

① 《全唐文》卷三八〇元结《问进士第三》,中华书局 1983 年版,第 3860 页。
② 王仲荦:《隋唐五代史》,上海人民出版社 1998 年版,第 372 ~376 页。
③ 吴慧:《中国历代粮食亩产量研究》,农业出版社 1985 年版,第 155 页。
④ 杨际平:《从东海郡〈集簿〉看汉代的亩制、亩产与汉魏田租额》,《中国经济史研究》1998 年第 2 期,第 80 页。
⑤ 吴兢:《贞观政要》卷一《政体》,中国文史出版社 2003 年版,第 27 页。
⑥ 《新唐书》卷七六《后妃上》,中华书局 1975 年版,第 3477 页。
⑦ 河南省博物馆、洛阳市博物馆:《洛阳隋唐含嘉仓的发掘》,《文物》1972 年第 3 期,第 56 页。
⑧ 《新唐书》卷五一《食货志》,中华书局 1975 年版,第 1346 页。

可见开元年间的国库收入是相当可观的,这也说明当时的粮食产量较高。《通典》亦载,天宝八年(749年),官仓储存粟米共有9 600多万石①,为历史最高水平。

(二)手工业

唐代新增的手工业门类主要有印刷业、制糖业等。传统的陶瓷业、丝织业、冶铸业等手工业部门的技术都有了极大提高。在制陶业方面,唐代的铅釉陶制作技术达到娴熟,已能烧出享誉中外的"唐三彩";在制瓷方面,唐朝掌握了秘色瓷、花釉瓷、褐釉瓷、绞胎釉瓷、黑釉瓷、青花瓷、黄釉瓷等烧造技术;在丝织业方面,唐代的工匠们不仅能织传统的平纹经锦,还能织出各种技艺高超的斜纹纬锦。

唐代后期,随着经济重心的南移,不少手工业部门逐渐在南方兴起,这就使手工业的分布区域更加广泛。如,唐代生产瓷器的地点就很普遍,名瓷所出,北至邢州,西达蜀地,再由中部长江流域及于东南的闽越。当时名窑颇多,有越、邢、鼎、婺、岳、寿、洪、蜀窑及江西新平县的霍窑等。其中以越窑的青釉瓷和邢窑的白釉器最为著名。② 此外,唐代的冶铁业、制盐业、造船业等也都得到了较大发展,分布范围也从中原扩大到江南。

(三)商业

唐代,由于交通发达,政治稳定,农业和手工业发展等原因,商业也得以较快发展。主要表现在商业大都市的发展和商品种类增多两个方面。

1. 商业大都市的发展

唐代,随着经济的发展,商业大都市也日渐增多,其中著名的有长安、洛阳、扬州、汴梁、苏州、杭州、江陵、成都、广州等。这些城市大多位于交通要冲或地理条件优越之处,经济发达,人口众多,商品经济也较为繁荣。如长安,其内有东、西二市,"街市内财货二百二十行,四面立邸,四方珍奇皆所积聚……"西市内店铺也很多,其"店肆如东市之制",并且汇集了众多商人,正如《长安志》所云:"商贾所凑,多归西市。"③又如扬州,其城内"十里长街市井连"④,"富商大贾,动辄百

---

① 杜佑:《通典》卷一二《食货·轻重》,中华书局1985年版,第291页。
② 齐涛:《中国古代经济史》,山东大学出版社1999年版,第311页。
③ 宋敏求:《长安志》卷八《东市》,上海人民出版社1998年版,第372~376页。
④ 《全唐诗》卷五一一张祜《纵游淮南》,中华书局1960年版,第5846页。

万"①,扬州"富庶甲天下,时人称扬一益二"②;再如苏州,"人稠过扬府,坊闹半长安"③,即其热闹程度可以和长安、扬州相提并论。

2. 商品种类的增多

唐代的商品种类较多,涉及人们日常生活的吃、穿、住、行、用等各个方面。不但有一般的消费品,而且还有奢侈品。吐鲁番出土的物价表中就记载了多种商品的名称。据《中国古代籍帐研究·录文》记载,该物价残表所载有河南府生绢、漫绯、梓州小练、蒲陕州缦紫、常州布、火麻布、大绵、维州布、小水布、小绵、紫熟绵绫、杂色隔纱、绯熟绵、夹绿绫、丝织品等。日本学者池田温说,现存唐代物品名目完整的有175个,不完整者有23个,两者相加近200,但这个数字只是全部物品名目的1/6到1/5。④ 可见,当时商品种类之多。

综上所述,唐代的农业、手工业、商业都非常繁荣,这对丝绸之路的发展具有较大的促进作用。

第一,经济的发达使唐朝有实力拓展丝绸之路。丝绸之路的拓展,依靠的是雄厚的经济实力和军事实力,归根结底还是要凭借强大的经济实力。只有经济发展了,才能有力地开拓丝绸之路,才能有效地控制丝绸之路,从而保证丝路的畅通。而唐朝的农业、手工业和商业都较发达,这为丝绸之路的拓展奠定了坚实的物质基础。

第二,唐代经济繁荣,手工业和商业门类众多,产品丰富,一方面为丝绸之路贸易提供了充足的商品,从而使丝绸之路充满了活力;另一方面,商业大都市的发展,商品种类繁多,市场范围扩大,也为外商提供了较多商机,从而吸引他们前来唐朝进行贸易,这也使丝路呈现出勃勃生机。

二、政治原因

唐代丝绸之路较为发达,除了经济原因外,还有政治原因。主要表现在稳定的政治局面和统治者的重视两方面。

---

① 李昉等编:《太平广记》卷二九〇《妖妄三》,中华书局1961年版,第2304页。

② 《资治通鉴》卷二五九"昭宗景福元年"条,中华书局1956年版,第8430页。

③ 《全唐诗》卷四四七白居易《齐云楼晚望偶题十韵兼呈冯侍御周殷二协律》,中华书局1960年版,第5034页。

④ [日]池田温:《中国古代物价之考察》,《史学杂志》77编第1,2号。转引自王双怀《论盛唐时期的商业》,《人文杂志》1997年第5期,第80页。

（一）稳定的政治局面

隋朝结束了中国自东汉末年以来数百年的分裂割据、战乱不休的局面,使中国再次走向了统一。唐朝建立后,继续维持了统一的局面,政局比较稳定。尤其是唐朝前期的统治者,更是励精图治,使唐代社会出现了盛世。唐太宗在位期间,注意汲取隋朝灭亡的历史教训,以人为本,善于纳谏,重用贤才,注重制度建设,使当时社会出现了"贞观盛世",政局空前稳定。武则天当政时期,沿袭了唐太宗的统治政策,不仅注重以法治国,赏罚分明,而且注意选拔贤才,善于用人。《资治通鉴》记载:"(武则天)挟刑罚之柄以驾御天下,政由己出,明察善断,故当时英贤亦竞为之用。"①此外,武则天在处理对外关系等问题时,也采取了比较恰当的措施,避免了矛盾和冲突,从而巩固了国家统一,维护了社会稳定。唐玄宗在位前期,励精图治,广罗贤才,任用贤相姚崇、宋璟、张说、张九龄等,使当时出现了"开元之治"的盛世。盛世之下,社会秩序井然,人民安居乐业。但天宝十四年(755),"安史之乱"爆发,并持续了八年。后来虽然被平定,但唐王朝从此便由盛转衰。之后,又出现了藩镇割据、朋党之争、宦官专权等一系列社会问题,唐朝更是一步步走向衰落,直至最后灭亡。即使如此,但总的来说,唐代的局势还是以统一、稳定占主流。

政局的长期稳定、统一,一方面使唐朝能够致力于经营丝绸之路而无后顾之忧,从而促进了丝绸之路的畅通和发达;另一方面,和平稳定的政局也为中外丝路贸易提供了良好的外部环境,使丝绸之路贸易日益繁荣。

（二）统治者的重视

唐代统治者重视经营丝绸之路,他们采取多种手段来开拓陆上、海上和草原丝绸之路。

在陆上丝路方面,唐朝采取了军事征服,设置行政、军事管理机构等措施。630年,唐太宗李世民率领军队降服东突厥,解除了突厥游牧民族对唐北部的威胁②,之后,唐先后在伊吾、高昌及天山北部设立伊、西、庭三州和安西都护府,在今新疆广大地区建立了统治政权;640年唐军讨平高昌汉族曲氏政权,其王曲智

---

① 《资治通鉴》卷二〇五"则天长寿元年"条,中华书局1956年版,第6478页。
② 《旧唐书》卷一九四《突厥传》(上),中华书局1975年版,第5160页。

盛降[1];644 年唐派兵讨焉耆,648 年又发铁勒十三部兵十余万骑以伐龟兹,破西突厥处月、处密部,平龟兹,"遣使者谕降小城七百,西域震惧,西突厥、安两国归军饷焉"[2];657 年,唐又出兵讨伐西突厥的贵族分裂势力,并顺利地消灭了他们,其十姓部落居地全部归入唐朝。[3] 在唐朝战事节节胜利的情况下,西域和中亚诸国迫于唐朝强大的武力,纷纷向唐朝示好,表示愿意臣服于唐,唐朝就在这些地方建立了都护府、都督府、州、县行政军事管理机构。如,650 年以后,唐朝在天山以北及中亚地区设置了都督府、州等,并全部归安西大都护府管辖;702 年后又于庭州设北庭大都护府,天山以北包括蒙池、昆陵两都护府,都归北庭都护府管辖。两都护府为唐在西域最高统治机构,它们主要负责西域的各项行政事务。此外,唐朝还在安西、北庭辖境内各重要地区和交通要道,设有军、镇、守捉、烽、戍等军事单位,负责守卫边疆及稽查行旅。这些行政、军事管理机构的设置,有利于唐朝加强对西域的统治,确保了西域的政局稳定,也保障了陆上丝绸之路的畅通。

在海上丝路方面,唐代也加强了对重要港口的管理。如广州是当时海上丝路的重要城市,它"地当要会,俗号殷繁,外国之货日至,珠香象犀玳瑁,稀世之珍,溢于中国,不可胜用"[4]。于邵的《送刘协律序》也载:"南海,有国之重北方之东西,中土之士庶,连毂击,会合于其间者,日千百焉。"[5]为了加强对外贸易管理,唐朝政府在广州首次设立了市舶使,掌管海上往来的船舶贸易、接待蕃客和征税。唐政府要求前来贸易的外国商人,只要按规定依数交付货税和官市之后,就可以进行自由买卖。这对于外国舶商具有极大的吸引力。此外,唐政府还在广州设置了"蕃坊",以供外国人居住。当时"蕃坊"人数至少 12 万,唐政府给他们高度的自治权。诸多措施都表现了初唐政府对海上丝路贸易的重视,这也使更多的外国商人通过海上丝路纷纷来唐,从而促进了海上丝路的进一步繁荣。

在草原丝路方面,唐朝采取了武力和怀柔两种手段来开拓经营。在武力方面,唐朝出兵征服了突厥和薛延陀部,统一了大漠南北;之后,唐朝又采用了怀柔的手段,于贞观二十一年(公元 647 年),以铁勒、回纥诸部设置六个都督府和七

---

① 《新唐书》卷二二一《西域传》,中华书局 1975 年版,第 6223 页。
② 《新唐书》卷二二一《龟兹传》,中华书局 1975 年版,第 6231 页。
③ 《新唐书》卷二一五《突厥传》(上),中华书局 1975 年版,第 6040 页。
④ 董诰等编:《全唐文》卷五五六,中华书局 1983 年版,第 5626 页。
⑤ 董诰等编:《全唐文》卷四二七,中华书局 1983 年版,第 4351 页。

州,"各以其酋长为都督、刺史,各赐金银缯帛及锦袍"①;贞观年间唐太宗还派遣汉族知识分子去帮助少数民族处理文书,又"亲赍"其首领大量的"绯黄瑞锦及标领袍"②。通过两种手段,唐朝有效地加强了对丝绸之路的控制,从而使草原丝路空前畅通。

此外,唐代丝绸之路发达的第三个原因是它对传统丝绸之路的继承和拓展。关于此问题,前文已有论述,故略。

---

① 《资治通鉴》卷一九八"则天长寿元年"条,中华书局 1956 年版,第 6244 页。
② 王溥:《唐会要》卷九六《铁勒》,中华书局 1955 年版,第 1726 页。

第三章　唐代的中外艺术交流

　　唐代是中外文化交流的繁荣时期,当时与唐朝进行交往的国家大约有 70 余个,主要有东亚的日本、朝鲜半岛,东南亚的林邑、真腊、参半(今泰国清迈一带)、室利佛逝(今印度尼西亚苏门答腊岛)、骠国(缅甸)等,南亚的泥婆罗(今尼泊尔)、罽宾(今阿富汗东部巴格拉姆)、天竺、师子国(斯里兰卡),中亚、西亚地区的昭姓九国(即康国、曹国、安国、石国、米国、何国、石国)、吐火罗、波斯、大食,欧洲的希腊和拂菻(东罗马)等。而当时频繁与唐朝进行艺术交流的国家主要有西域诸国、日本、朝鲜、印度、阿拉伯、波斯、东罗马等。唐代的中外艺术交流涉及各个方面,本书仅以乐舞、百戏、书法、绘画、雕塑为中心进行考察。需要指出的是,当时中国和异域在各个艺术领域的交流都是互相的,既有唐代艺术输出异域,又有异域艺术传入唐朝。但是由于罗马、波斯、印度、大食等国对历史疏于记载,加之时代久远,存留下来的遗迹较少,从而使某些艺术领域的交流呈现出单向输出的状态。此外,希腊作为文明古国,虽然已经灭亡,但其发达的艺术也对唐朝产生了较大的影响。

第一节　与西域的艺术交流

　　“西域”一词,不见于先秦典籍记载,首次把西域作为重要的地域单元载入史籍则自《汉书·西域传》始。关于西域的地理范围的界定,历来说法不一。不过根据历代正史记载和学者考订,现在学界已经有了比较一致的看法:西域有狭义和广义两种概念。狭义的西域,一般即指天山以南,昆仑山以北,葱岭以东,玉门以西的地域;广义的西域,则指古代中原王朝西部边疆及其以西的所有地域,除包含狭义的西域外,还包括南亚、西亚,甚至北非和欧洲地区。① 本书采用狭义的西域概念。

中原和西域诸国间的艺术交流由来已久,最早可追溯至新石器时代。当时,源于中原的彩陶艺术已经传到了新疆等地,考古工作者在新疆各地,如哈密、巴里坤、鄯善、吐鲁番、乌鲁木齐、轮台、库车、和阗、皮山、沙雅等地都发现了不少新石器时代的彩陶。② 到了夏商周时期,中原与西域间的艺术交流日益加强,如在原妇好墓中曾出土了一种龙首刀,而在新疆哈密盆地也出土了与之形制完全相同的刀。③ 相似的制作工艺,说明二者在造型艺术方面互有交流和影响。到了西汉时期,随着丝绸之路的开通,西域与内地间的艺术交流揭开了新的篇章。公元前60年,汉代在西域置"西域都护",将整个西域地区置于中央王朝的直接统辖之下,则进一步促进了西域与中原的艺术交流。魏晋南北朝是我国历史发展的一个重要时期,虽然政治上动荡不安,但民族间交流频繁,形成民族大融合的趋势。这一时期,内地割据纷争,但西域同中原之间的艺术交流渠道不但始终畅通,而且较两汉还有发展。当时,北方的前梁、前赵、前秦、北魏、西魏、北周诸政权以及南方的宋、齐、梁、陈诸国都和西域进行着艺术交流。公元581年隋朝建立后,中原与西域的艺术交流有了新的进展。尤其是炀帝大业年间,隋朝势力最为强盛。当时,西域的高昌、康国、安国、石国、焉耆、龟兹、疏勒、于阗、吐火罗、挹怛、米国、史国、曹国、何国、乌那曷、穆国、漕国等30余国"相率而来朝",帝因置"西域校尉以应接之"。④ 随着外国使节的到来,中原和西域间的艺术交流更为频繁。但好景不长,隋朝迅速衰亡,双方间的艺术交流也就此终结。

公元618年唐朝建立,之后随着国力的日益增强,唐朝遂开始进一步经营西域。随着双方关系的改善,丝绸之路也空前畅通。正是在这种背景下,中原和西域诸国间的艺术交流方兴未艾,双方在乐舞、百戏、绘画和雕塑等方面都有交流。

一、乐舞

在唐代,中原和西域诸国之间的乐舞艺术交流非常频繁,并且相互产生了深

---

① 海滨:《唐诗与西域文化》,华东师范大学2007年版,第29页。
② 石云涛:《早期中西交通与交流史稿》,学苑出版社2003年版,第37页。
③ 石云涛:《早期中西交通与交流史稿》,学苑出版社2003年版,第63页。
④ 魏徵:《隋书》卷八三《西域传》,中华书局1973年版,第1841页。

远的影响。

（一）西域对中原的乐舞输出

在唐代，西域乐舞异常繁荣，并且随着双方间的贸易往来、文化交流和宗教传播而源源不断地进入中原。西域乐舞因其清新的风格、热情的表演和浓郁的异域色彩而赢得了中原观众的深深喜爱，以至在内地风靡一时。唐朝传入中原的西域乐舞艺术主要有乐舞作品、乐器等。此外，大量西域乐人也纷纷东来，他们也把西域乐舞艺术带入了中原。

1. 乐舞作品

唐朝保留了许多西域传入的乐舞作品，如前述宫廷十部乐中有七部就来自西域诸国，它们分别为《西凉乐》《龟兹乐》《安国乐》《疏勒乐》《康国乐》《高昌乐》。其中《龟兹乐》《安国乐》《疏勒乐》《康国乐》《高昌乐》都来自西域，因此被列入胡部。而《西凉乐》也被列为胡乐，是因为它是由胡乐演化而来的，带有浓重的异域色彩。《隋书》卷一五记载："西凉者，起苻氏之末，吕光、沮渠蒙逊等据有凉州，变龟兹声为之，号为秦汉伎。"[①]尽管后来它被魏太武帝带回代北，并加入了一些鲜卑音乐因素，但仍无法完全抹去其鲜明的西域艺术色彩。此外，设于乐署而未列入十部的西域乐舞还有《于阗乐》《悦般乐》《伊州乐》。其实它们都是由汉魏以来流入中原的西域乐舞融合中原传统乐舞而形成的新型乐舞艺术，唐王朝非但没有摒弃它们，反而丰富了它们的内容和表现形式，使之具有了更高的艺术价值。唐时，这些西域乐舞不但风靡于朝廷，而且也备受贵戚富豪和庶民百姓喜爱。

西域乐舞中著名的作品很多，主要有：《龟兹乐》，盛唐教坊大曲；《醉浑脱》，盛唐教坊大曲；《苏莫遮》，盛唐教坊曲，太乐署供奉曲；《达摩支》，教坊健舞曲；《圣明乐》，盛唐法曲；《穆护》，曲名《穆护煞》，为盛唐以前大曲；《凉州》，盛唐教坊大曲；《伊州》，盛唐教坊大曲；《甘州》，盛唐教坊曲；《柘枝》，盛唐教坊大曲；《渭州》，盛唐教坊健舞曲，亦称《大渭州》；《轮台》，玄宗时边地舞曲。[②]　此外，还有《西国朝天》《北庭子》《酒泉子》《沙碛子》《镇西乐》《西河剑器》《赞普子》《蕃

---

①　魏徵：《隋书》卷一五《音乐志》，中华书局1973年版，第378页。
②　高人雄：《西域传入的乐曲与词牌雏形考论》，《新疆师范大学学报》2005年第1期，第109～110页。

将子》《定西蕃》①《胡旋舞》《胡腾舞》《柘枝舞》《马舞》《乞寒舞》等。

这些乐舞作品有的是原汁原味的西域歌舞,有的则吸收了唐代乐舞艺术的成分。

原汁原味的西域歌舞以《胡旋舞》和《胡腾舞》最为有名。《胡旋舞》出自康国。《新唐书·五行志二》载:"又有胡旋舞,本出康居,以旋转便捷为巧,时又尚之。"②"康居"即康国的古称。此舞盛行于唐天宝间,其最大特点便是连续、急速地旋转,热烈而奔放。正如白居易在《胡旋女》中所描述的:"胡旋女,胡旋女,心应弦,手应鼓。弦鼓一声双袖举,回雪飘飘转蓬舞。左旋右转不知疲,千匝万周无已时。人间物类无可比,奔车轮转旋风迟。"③《旧唐书·音乐志二》也有这样的记载:"舞急转如风,俗谓之胡旋。"④钱易在《南部新书》中也说:"天宝末,康居国献胡旋舞,概左旋右转之舞。"⑤敦煌第 220、341、215、197、331 窟唐代壁画中伎乐急转如风的舞姿图,以及宁夏盐池唐墓出土的石刻舞人⑥,都在一定程度上反映了唐代《胡旋舞》的风姿。《胡旋舞》风靡中原,人们竞相学习。正如《胡旋女》诗所言:"臣妾人人学圜转。"⑦其中跳得最好的当数安禄山和杨贵妃,白居易的《胡旋女》中就有"中有太真外禄山,二人最道能胡旋"⑧之句。这也是他们受宠的重要原因。

《胡腾舞》是中亚粟特胡人流行的一种舞蹈,于北朝后期经丝绸之路传入中原。《北史·魏收传》记载:"收既轻疾,好声乐,善胡舞。"⑨《北史·祖珽传》亦载:"帝于后园使珽弹琵琶,和士开胡舞,各赏物百段。"⑩文中虽然没有说明"胡舞"为何舞,但笔者认为应为胡腾舞。原因有二:第一,舞者和士开、魏收俱为男性,这符合"胡腾舞的表演者为男性"的特点;第二,"祖珽弹琵琶",这也符合胡腾舞"以琵琶伴奏"的特点。⑪ 胡腾舞在唐代盛极一时,主要是因为当时中亚与唐

---

① 崔令钦:《教坊记》,古典文学出版社 1957 年版,第 10 页。
② 《新唐书》卷三五《五行志二》,中华书局 1975 年版,第 921 页。
③ 《全唐诗》卷四二六,中华书局 1960 年版,第 4692~4693 页。
④ 《旧唐书》卷二九《音乐志二》,中华书局 1975 年版,第 1071 页。
⑤ 钱易:《南部新书》己集,中华书局 2002 年版,第 61 页。
⑥ 罗丰:《胡汉之间——"丝绸之路"与西北历史考古》,文物出版社 2004 年版,第292~294页。
⑦ 《全唐诗》卷四二六白居易《胡旋女》,中华书局 1960 年版,第 4693 页。
⑧ 《全唐诗》卷四二六白居易《胡旋女》,中华书局 1960 年版,第 4693 页。
⑨ 李延寿:《北史》卷五六《魏收传》,中华书局 1974 年版,第 2038 页。
⑩ 李延寿:《北史》卷四七《祖珽传》,中华书局 1974 年版,第 1739 页。
⑪ 据《全唐诗》卷四六八刘言史《王中丞宅夜观舞胡腾》中"四座无言皆瞪目,横笛琵琶遍头促"的记载,可知胡腾舞以琵琶伴奏。

朝间的道路畅通,这就使胡腾舞大规模地涌入唐朝。唐诗中就有不少描写《胡腾舞》的篇章,如李端的《胡腾儿》和刘言史的《王中丞宅夜观舞胡腾》。前者曰:"扬眉动目踏花毡,红汗交流朱帽偏。醉却东倾又西倒,双靴柔弱满灯前。环行急蹴皆应节,反手叉腰如却月。"①后者曰:"石国胡儿人见少,蹲舞尊前急如鸟。织成蕃帽虚顶尖,氍细胡衫双袖小。手中抛下蒲萄盏,西顾忽思乡路远。跳身转毂宝带鸣,弄却缤纷锦靴软。"②这两首诗都生动地描绘了胡腾舞的特点,即步态迅速敏捷、腾踏跳跃,舞姿轻巧快速、炫目多变,情感如醉如痴、热烈奔放,具有显著的西域舞蹈特色。《胡腾舞》在文物资料中亦多有反映,如 1952 年在西安东郊发掘的唐代苏思勖墓中,就出土了一幅乐舞壁画。此壁画中,中间起舞者为胡人,高鼻深目络腮胡,头包白巾,穿长袖衫,腰系黑带,足蹬黄靴,正在做腾跃动作③,他表演的就是胡腾舞。

除了上述这些纯粹的西域乐舞作品外,还有一些融合了西域和中原乐舞艺术的作品。它们有的吸收了胡舞艺术成分创作而成,有的则根据中原文化的审美要求和禁忌、习俗等对胡舞加工改造而成。前者如《天授乐》《鸟歌万岁乐》《龙池乐》《小破阵乐》《春莺啭》《秦王破阵乐》等,后者如《柘枝舞》等。本书择要介绍《春莺啭》和《柘枝舞》。

《春莺啭》是唐代创制的乐曲与舞蹈,作者为白明达。《教坊记》记载了此曲的创作经过:"高宗晓声律,晨坐闻莺声,命乐工白明达写之为《春莺啭》。后亦为舞曲。"④《春莺啭》既然由龟兹音乐家创作,那么它必然含有龟兹乐的成分。此曲后来才配以舞蹈,成为唐代教坊中著名的节目。

《柘枝舞》是流行于唐宋时期的著名舞蹈,但关于其起源,则历来说法不一。概括起来,大致有三种观点:第一种是"石国说",代表人物为向达⑤,他的理由是:第一,《新唐书·西域传》记载:"(石国)或曰柘支、曰柘折、曰赫时,汉大宛北鄙也。"⑥因此,此舞当源于石国。第二,《文献通考·四裔考·突厥考》中记载"柘

---

① 《全唐诗》卷二八四,中华书局 1960 年版,第 3238 页。
② 《全唐诗》卷四六八,中华书局 1960 年版,第 5323 页。
③ 张倩:《唐代咏胡旋舞与胡腾舞诗研究》,《哈尔滨工业大学学报》2006 年第 2 期,第 129 页。
④ 崔令钦《教坊记》,古典文学出版社 1957 年版,第 15 页。
⑤ 见向达《柘枝舞小考》,《唐代长安与西域文明》,生活·读书·新知三联书店 1957 年版,第 101 页。
⑥ 《新唐书》卷二二一下《西域传下》,中华书局 1975 年版,第 6246 页。

羯亦当石国",因而此舞当源于石国。王克芬①、赵世骞②等赞同此种观点。第二种观点认为该舞源自北魏时期拓跋魏,代表人物为韩国学者沈淑庆③,其观点主要来自《因话录》,认为"柘枝"为"拓跋"之误,因为其字很相近。第三种认为柘枝舞出自南蛮诸国,代表人物为杨宪益④。他对舞曲的内容和舞人的服饰做了分析,认为它们具有鲜明的南方少数民族的特点,因而此舞当源于南蛮。笔者认为第二种观点是错误的,纯属作者的主观猜测,而缺乏事实根据;第三种观点也有失偏颇,它仅仅根据舞曲和舞服的特点就判定它源自南蛮,理由也不充分;第一种观点较为科学,因为作者根据语言学进行分析判断,较为合情合理。

关于《柘枝舞》传入中原的时间,韩国学者沈淑庆认为应在公元4世纪,她的这一观点是基于她的"《柘枝舞》源自北魏时期拓跋魏"的结论而得出的,她认为当时《柘枝舞》是随着鲜卑族拓跋部入主中原而传入内地的。⑤ 既然"《柘枝舞》源自北魏时期拓跋魏"是不科学的,那么在此基础上得出的"《柘枝舞》于4世纪传入中原"的结论也就是错误的了。那《柘枝舞》究竟何时传入中原?文献中没有说明,但根据考古资料,《柘枝舞》传入中原应在隋朝。隋代虞弘墓石棺后壁上就绘有两个舞人形象,舞者虽裸露上身,但是和柘枝舞有较大一致性。第一,虞弘墓绘画中舞者头后侧有两条飘带,这同唐大雁塔石刻门楣、兴福寺残碑上的舞者形象较为相似。第二,虞弘墓石椁后壁绘画中之舞人飘带末端饰珠饰,颈戴项圈,圈下带饰物,手腕处戴手镯,手镯上亦饰小铃等饰物,正是柘枝舞"带垂钿胯花腰重,帽转金铃雪面回"的真实写照。

到了唐代,《柘枝舞》非常盛行。《乐府诗集》对"双柘枝"有详细的描述:"用二舞童,衣帽施金铃,抃转有声。始为二莲花,童藏其中,花坼而后见。对舞相占,实舞中雅妙者也。"⑥文物资料中也有不少表现双柘枝的作品。如,现藏陕西西安碑林博物馆的唐兴福寺残碑上就刻了一对舞童形象。两人穿长袖舞衣,头戴系有飘带的帽子,二人舞姿对称,一脚直立踏于莲花上,一脚盘于膝部,稍倾

---

① 见王克芬《中国舞蹈史·隋唐五代部分》,文化艺术出版社1987年版,第15页。
② 见赵世骞《试论西域乐舞对中原的影响》,《新疆师范大学学报》1987年第1期,第16页。
③ 见沈淑庆《关于莲花台舞历史演变的研究》,《舞蹈》2000年第2期,第50页。
④ 见杨宪益《柘枝舞的来源》,《译余偶拾》,山东画报出版社2006年版,第11~15页。
⑤ [韩]沈淑庆:《关于莲花台舞历史演变的研究》,《舞蹈》2000年第2期,第51页。
⑥ 郭茂倩编:《乐府诗集》,中华书局1979年版,第818页。

身,正拂袖相对而舞。又如,在西安大雁塔保存有一唐代石雕门楣,其上有一对舞人形象,左边舞人下部残缺,右边舞人左足立莲花上,右足后钩,十指交叉,双臂前伸,扭头回顾。① 两人的舞姿健美有力,表现的正是《柘枝舞》的形象。此外,在敦煌莫高窟第 217 窟的盛唐壁画中,也有两个站在莲花上舞蹈的伎乐天。② 此后,《柘枝舞》又由健舞之柘枝演变出软舞之曲柘枝,表演者除了胡人,还有大量的汉人。随着《柘枝舞》的盛行,唐代也出现了不少颂咏《柘枝舞》的诗篇,如张祜的《周员外席上观柘枝》③、《观杨瑗柘枝》④、《李家柘枝》⑤、《观杭州柘枝》⑥、白居易的《柘枝词》⑦、《柘枝奴》⑧,薛能的《柘枝词三首》⑨,刘禹锡的《观柘枝舞二首》⑩等。大量文物作品和诗作的出现,反映了《柘枝舞》在中原的盛行。

此外,中亚乐舞还通过拜火教(亦称火祆教、祆教)传入中国。拜火教于 5 世纪中叶传入中国⑪,到了唐代已流行于长安、洛阳等地。据韦述《两京新记》等书记载,长安城就设有五处祆祠,分布在布政坊西南隅、醴泉坊西北隅、普宁坊西北隅、靖恭坊街南之西,此外崇化坊亦立有一处祆祠。洛阳有四处祆祠,分布在会节坊、立德坊、修善坊、南市西坊等。除唐两京之外,哈密、敦煌、武威、宁夏、邺城、湖北、扬州、镇江、广州等地也有祆教徒活动或建有祆教教堂。⑫ 胡商经常在这些场所举行盛大的宗教活动,"每岁胡商祈福,烹猪羊,琵琶鼓笛,酣歌醉舞"⑬。这里所说的"胡商"大多是祆教徒,他们表演的乐舞也应是中亚乐舞。这是因为:第一,祆教虽源于波斯,但之后通过中亚传入中国,因此其中不少乐舞都经过了粟特人的加工,融入了中亚乐舞艺术成分;第二,歌舞以"琵琶鼓笛"伴奏,这符合中亚乐舞的特点。因为中亚不少乐舞中都有"琵琶、鼓、笛"等乐器,如康国乐、安

---

① 刘海涛:《来自文明十字路口的民族——唐代入华粟特人研究》,商务印书馆 2006 年版,第 369～370 页。
② 王克芬:《中国舞蹈史·隋唐五代部分》,文化艺术出版社 1987 年版,第 20 页。
③ 彭定求:《全唐诗》卷五一〇,中华书局 1960 年版,第 5827 页。
④ 彭定求:《全唐诗》卷五一〇,中华书局 1960 年版,第 5827 页。
⑤ 彭定求:《全唐诗》卷五一一,中华书局 1960 年版,第 5844 页。
⑥ 彭定求:《全唐诗》卷五一一,中华书局 1960 年版,第 5837 页。
⑦ 彭定求:《全唐诗》卷四四八,中华书局 1960 年版,第 5053 页。
⑧ 彭定求:《全唐诗》卷四四六,中华书局 1960 年版,第 5006 页。
⑨ 彭定求:《全唐诗》卷五五八,中华书局 1960 年版,第 6476 页。
⑩ 彭定求:《全唐诗》卷五一一,中华书局 1960 年版,第 5844 页。
⑪ 林悟殊:《波斯拜火教与古代中国》,新文丰出版公司 1995 年版,第 510～511 页。
⑫ [美]希提著,马坚译:《阿拉伯通史》(上册),商务印书馆 1979 年版,第 184 页。
⑬ 张鷟:《朝野佥载》卷三,中华书局 1979 年版,第 64 页。

国乐等。①

2.乐人

在唐代,中原的西域艺术家也很多。他们有的通过官方途径来华,或作为被派乐舞使节,或作为被献乐舞艺人,或作为中原与西域诸国间通婚的陪嫁;有的则通过民间途径来华,如通过经贸往来和宗教交流;而有的则是前朝入华胡人的后裔。其具体情况如下表:

唐代西域乐人表

序号	姓名	国别	特伎	时代	文献出处
1	曹保保	曹国	琵琶	贞元年间	《乐府杂录》"琵琶"条
2	曹善才	曹国	琵琶	贞元年间	《白居易集笺校》卷一二
3	曹 刚	曹国	琵琶	唐末	《太平御览》卷五八二"乐部"二一"琵琶"
4	曹供奉	曹国	琵琶		《全唐诗》卷四五五
5	曹叔度	曹国	散乐	武宗朝	《乐府杂录》"俳优"条
6	曹 赞	曹国	散乐		《因话录》卷六
7	曹触新	曹国	弄婆罗门		《乐书》卷一七三"弄婆罗门"条
8	安叱奴	安国	舞蹈	高祖朝	《旧唐书》卷六二
9	安金藏	安国	俳优	睿宗朝	《旧唐书》卷一八六、《新唐书》卷一九一
10	安万善	安国	筚篥		《全唐诗》卷一三三
11	康老胡雏	康国	歌唱	唐末	《全唐诗》卷一六二
12	康太宾	康国	歌唱		《教坊记》、《因话录》卷四、《唐语林》卷五
13	康 乃	康国	俳优	大中年间	《乐府杂录》"俳优"条
14	康昆仑	康国	琵琶	贞元年间	《乐府杂录》"琵琶"条
15	米和稼	米国	弄婆罗门	太和初	《乐书》卷一七三"弄婆罗门"条
16	米万槌	米国	弄婆罗门	太和初	《乐书》卷一七三"弄婆罗门"条
17	米嘉荣	米国	琵琶	元和、长庆年间	《乐府杂录》"歌"条,《全唐诗》卷三五五
18	米和郎	米国	琵琶	咸通年间	《乐府杂录》"琵琶"条

① 魏徵:《隋书》卷一五《音乐志下》,中华书局1973年版,第379~380页。

续表:

序号	姓名	国别	特伎	时代	文献出处
19	米都知	米国	歌、琴	咸通年间	《全唐诗》卷七八二、《南部新书》癸部
20	何满子	何国	歌唱	开元、天宝年间	《全唐诗》卷四二一
21	何 懿	何国	歌唱	唐末	《新唐书》卷一一九
22	何 戡	何国	歌唱	元和、长庆年间	《全唐诗》卷三六五
23	史敬约	史国	筚篥、筝	唐末	《太平御览》卷五六八
24	史汉瑜	史国	筚篥		《乐书》卷一三〇"银字觱篥"条
25	石国胡儿	石国	胡腾舞	唐末	《全唐诗》卷四六八、卷二八四
26	石宝山	石国	俳优	大中年间	《乐府杂录》"俳优"条
27	石野猪	石国	俳优	僖宗年间	《资治通鉴》卷二五三、《北梦琐言》卷一〇、《唐语林》卷七
28	石 㳇	石国	胡琴	昭宗年间	《北梦琐言》卷六
29	穆善才	穆国	琵琶	元和年间	《全唐诗》卷七七六
30	穆 氏	穆国	歌唱	贞元年间	《全唐诗》卷三六五
31	白明达	龟兹	乐律、作曲	隋炀帝至唐太宗	《唐会要》卷三四
32	白傅间	龟兹		唐末	岸边成雄:《论西域艺术家及其对古代文化史的贡献》,载于《交响》1987年第2期,第47页
35	尉迟敬德	于阗	清商乐	唐初	《旧唐书》卷六八,《新唐书》卷六九
36	尉迟青	于阗	筚篥	德宗朝	《乐府杂录》"筚篥"条
37	尉迟章	于阗	笙、歌	文宗朝	《旧唐书》卷一七三
38	裴神符	疏勒	琵琶、作曲	贞观年间	《旧唐书》卷一〇五,《新唐书》卷一三四
39	裴兴奴	疏勒	琵琶	贞元年间	《乐府杂录》"琵琶"条,《旧唐书》卷二八
40	王长通		胡小儿	唐初	《北史》卷九二

此表中共列举了40位西域乐人。除了这些有名有姓的宫廷乐人外,当还有不少缺载于史籍的宫廷乐人。他们一方面把西域的乐舞作品、乐器等传入中原,另一方面又参与了中原的乐舞创作,从而促进了西域乐舞艺术在中原的流传。此外,还有很多活跃于民间的西域乐人,如前文提到的胡姬们,她们当垆卖酒,并以歌舞招徕顾客。因此,她们也传播了西域乐舞艺术,扩大了西域乐舞在中原的

影响。

3. 乐器

唐朝也有很多源于西域的乐器,有的在唐代传入,也有不少于唐代以前已传入。它们在唐代乐曲中得以广泛使用,其中著名的乐器有羯鼓、筚篥、鸡娄鼓等。

羯鼓源于戎羯,故名为羯鼓。南卓的《羯鼓录》曰:"羯鼓出外夷,以戎羯之鼓,故曰羯鼓。"[①]《通典》也云:"以出羯中,故号羯鼓。"[②]羯为古族名,源于小月氏,是匈奴的一个分支。可见,羯鼓的确源于西域。常任侠先生也曾说:"羯鼓是从西域传入的,因为中间保存有不少西域的语言。"[③]常任侠先生从语言学的角度进行分析,也不无道理。

关于羯鼓的外形,《羯鼓录》和《通典》也都有详细的描述,前者曰:"鼓腔如漆桶,下以小牙床承之。击用两杖,其声焦杀鸣烈。"[④]后者曰:"羯鼓,正如漆桶,两头俱击,⋯⋯亦谓之两杖鼓。"[⑤]由此可以看出,羯鼓为圆筒形,两头可以用鼓杖敲击。关于羯鼓传入中原的时间,林谦三认为"大致是在晋代,尤其是东晋"[⑥]。至唐,羯鼓已非常盛行,"龟兹、高昌、疏勒、天竺部皆用之"[⑦]。甚至当时还出现了关于羯鼓的专著《羯鼓录》,足见羯鼓在唐代的流行程度。羯鼓在玄宗朝时更是风靡一时,出现了众多善击羯鼓者,如汝南王琎、黄幡绰、宋璟等。[⑧] 当然,这与玄宗对羯鼓的喜爱是分不开的。玄宗曾曰:"羯鼓,八音之领袖,诸乐不可方也。"[⑨]可见,在玄宗看来,羯鼓是独领风骚的。羯鼓的曲调,"如《太簇曲》《色俱腾》《乞婆娑》《曜日光》等九十二曲名"[⑩],都是玄宗所作。玄宗对羯鼓的喜爱由此可见一斑。在玄宗的倡导下,羯鼓在当时占尽风流。之后虽然也出现了李琬(代宗朝)、杜鸿渐(代宗朝)、宋沇(德宗朝)、嗣曹王皋(德宗朝)等羯鼓高手,但羯鼓却日益走向衰落,因而也鲜见于文献记载。

---

① 南卓:《羯鼓录》,古典文学出版社 1957 年版,第 3 页。
② 杜佑:《通典》卷一四四《乐四》,中华书局 1988 年版,第 3677 页。
③ 常任侠:《丝绸之路与西域文化艺术》,上海文艺出版社 1981 年版,第 96 页。
④ 南卓:《羯鼓录》,古典文学出版社 1957 年版,第 3 页。
⑤ 杜佑:《通典》卷一四四《乐四》,中华书局 1988 年版,第 3677 页。
⑥ [日]林谦三著:《东亚乐器考》,钱稻孙译,人民音乐出版社 1962 年版,第 93 页。
⑦ 《新唐书》卷二二《礼乐十二》,中华书局 1975 年版,第 476 页。
⑧ 南卓:《羯鼓录》,古典文学出版社 1957 年版,第 3~6 页。
⑨ 《新唐书》卷二二《礼乐十二》,中华书局 1975 年版,第 476 页。
⑩ 南卓:《羯鼓录》,古典文学出版社 1957 年版,第 3 页。

　　筚篥是以芦茎为簧,短竹为管的竖笛。陈旸《乐书》卷一三〇《觱篥》记载:"筚篥,一名悲篥,一名笳管……以竹为管,以芦为首,状类胡笳而九窍。"筚篥系由龟兹传入。唐代李颀的《听安万善吹觱篥歌》载:"南山截竹为筚篥,此乐本自龟兹出。流传汉地曲转奇,凉州胡人为我吹。"①《乐书》卷一三〇《觱篥》载:"筚篥,一名悲篥,一名笳管,羌胡龟兹之乐也。"《乐府杂录》亦云:"筚篥者,本龟兹国乐也,亦曰悲篥,有类于笳。"②关于筚篥传入中原的时间,《太平御览》中有载:"《龟兹》起自吕光灭龟兹,因得其声乐,记有竖箜篌、琵琶、五弦、笙、笛、箫、觱篥、毛员鼓、都昙鼓、答腊鼓、腰鼓、羯鼓等十五种,为一部,工二十人。"③因此,筚篥传入中原应在吕光灭龟兹当年,即公元382年。日本学者林谦三认为"在六朝之后"④,也大致不错。觱篥传入中原后,一直相沿不衰,至唐代已出现多类变种,如大觱篥、小觱篥、双觱篥、银字觱篥、漆觱篥等⑤,并在天竺乐、安国乐、高丽乐、西凉乐中得到广泛使用。当时也涌现出不少善吹筚篥者,如王麻奴、尉迟青、黄日迁、刘楚材、尚陆陆、史敬约等。⑥筚篥也多见于考古资料中,如在西安出土的唐代鲜于庭诲墓中就出土了一件三彩载乐驼俑,驼背上四人环坐,手持觱篥等乐器;在西安东郊发掘的唐苏思勖墓中就出土了乐人吹奏觱篥的壁画;在成都王建墓有吹觱篥的乐人石雕形象。⑦

　　鸡娄鼓是一种打击乐器,也由西域传入。《乐书》卷一二七《鸡娄鼓上》记载:"鸡娄鼓,龟兹、疏勒、高昌之器也。"可见,鸡娄鼓确实源于西域。关于鸡娄鼓的形状,《古今乐录》有载:"鸡娄鼓,正圆,而首尾可击之处,平可数寸。"⑧可见,鸡娄鼓的鼓框近于球形,两端张有面积狭窄的革面。其演奏方法,马端临的《文献通考》有载:"鸡娄鼓,其形如瓮,腰有环,以绶带系之腋下。"⑨可见,表演时,往往先用绶带将此鼓固定于腋下,然后敲击。值得一提的是,此鼓常与鼗鼓并奏。

---

　　①　彭定求:《全唐诗》卷一三三,中华书局1960年版,第1354页。
　　②　段安节:《乐府杂录》"觱篥"条,古典文学出版社1956年版,第34页。
　　③　李昉等编、任明等点校:《太平御览》卷五六七《乐部五·四夷乐》,河北教育出版社1994年版,第480页。
　　④　[日]林谦三著:《东亚乐器考》,钱稻孙译,人民音乐出版社1962年版,第375页。
　　⑤　马端临:《文献通考》卷一三八《乐十一》,中华书局1986年版,第1225页。
　　⑥　段安节:《乐府杂录》"觱篥"条,古典文学出版社1956年版,第34~35页。
　　⑦　杜文玉:《丝绸之路与新罗乐舞》,《人文杂志》2009年第1期,第127页。
　　⑧　释智匠:《古今乐录》,艺文印书馆1973年版,第16页。
　　⑨　马端临:《文献通考》卷一三六《乐九》,中华书局1986年版,第1208页。

《乐书》卷一二七《鸡娄鼓下》就载:"左手持鼗牢,腋挟此鼓,右手击之,以为节焉。"即表演时,左手奏鼗牢,而右手击此鼓。在中亚、敦煌等地的古画里,也常有二鼓并用的图像。到了唐代,鸡娄鼓非常盛行,龟兹、疏勒、高昌乐都依然用之[①],莫高窟、榆林窟中都有唐代鸡娄鼓的雕漆彩绘,在敦煌壁画和五代王建墓石刻浮雕中均可见其形状。[②]

(二)中原对西域的乐舞输出

乐舞交流往往是双向的,不但有西域乐舞进入唐朝,而且也有中原乐舞传入西域。中原乐舞对西域的影响,一是通过军政官员、屯田士卒和游僧商贾等,他们携中原乐舞入西域;二是通过入侍质子,他们回国时把中原乐舞带回;三是通过宗教方式,即中原乐舞随道教流入西域。中原乐舞艺术对西域的影响主要表现在乐舞作品和乐器两方面。

1. 乐舞作品

唐代乐舞对西域产生了深远的影响,这体现在文物资料中。如,在龟兹昭怙厘佛寺遗址出土了一个舍利盒,其上绘有乐舞图。其中的将军扮相,一个个颇似我国古代戏曲人物造型。从舞蹈者所戴的各种面具和乐舞气氛威武雄壮的特点来看,应是在表演载歌载舞、带有故事情节的"苏莫遮"。[③] 但由于表演者使用了中原传统戏曲中的舞蹈人物造型,所以整个画面洋溢着浓郁的汉文化色彩。又如,考古工作者在吐鲁番阿斯塔那古墓群中发现了不少舞蹈偶人及绢画、壁画等,舞者面部贴花钿,上身着翻领胡服,下身穿唐初时装间色条纹裙,足蹬云头鞋,肩披薄纱。[④] 从外貌、服装和妆容来看,她们应是中原乐人;从舞姿来看,她们表演的正是唐代舞蹈。可见,这些乐人把中原的舞蹈传到了西域。

此外,唐朝的祭祀乐舞也传到了西域。姜伯勤先生通过研究敦煌吐鲁番资料发现了一个重要现象:作为一种外来宗教,高昌"胡天"及"萨宝"在6世纪中叶即参与了地方政权依中原礼制进行的祭祀,而敦煌安城祆祠则于8世纪中叶前参与官式的"雩祭"。[⑤] 既然唐朝官方在高昌等西域之地举行中原式的祭祀活动,

---

① 《旧唐书》卷二九《音乐志二》,中华书局1975年版,第1070~1071页。
② [日]林谦三著:《东亚乐器考》,钱稻孙译,人民音乐出版社1962年版,第126页。
③ 王嵘:《多元文化背景下的"苏莫遮"》,《民族艺术研究》1997年第2期,第64页。
④ 王克芬:《西域与中原乐舞:交流及影响》,《寻根》1994年第2期,第38页。
⑤ 姜伯勤:《敦煌艺术宗教与礼乐文明》,中国社会科学出版社1996年版,第478页。

那中原的祭祀乐舞传入西域也就不足为怪了。

2. 乐器

当时处于领先地位的西域乐舞,在乐队编制中就吸收了许多汉族乐器。如,龟兹乐制中常用的"笙、箫"①等,都来自中原。西凉乐就是龟兹乐融合了中原器乐而形成的,《旧唐书·音乐志》就云:"西凉乐者,后魏平沮渠氏所得也。……其乐具有钟磬,盖凉人所传中国旧乐,而杂以羌胡之声也,魏世共隋咸重之。"②由此可见,西凉乐正是中原的钟磬与羌胡之声相结合的产物。

中原乐器在西域的文物资料中也有反映。阮咸作为汉族的传统乐器,就多次出现在西域的文物资料中。如,库木吐拉洞窟壁画中就有阮咸这种乐器。又如,解放后发现了一个极精美的螺钿镶嵌唐镜,背部也有高士弹阮咸图。再如,斯坦因在新疆高昌阿斯坦那古墓揭取了绢本彩画断片,其中有一唐装束的女子,她就抱一阮咸式乐器。③ 这些文物资料充分说明中原的阮咸已传到了西域。

中原的大鼓和羯鼓也传到了西域,如在龟兹昭怙厘出土的舍利盒乐舞图中,歌舞表演者使用的乐器中有大鼓和羯鼓。④ 图中大鼓和羯鼓几乎与中原的形状完全一样,亦系由中原传入。

排箫是一种源自中国的编管乐器,最早出现于远古社会。舜时的乐舞《韶》,其主要伴奏乐器即是"箫",因此,《韶》又称《箫韶》。《风俗通》记载:"舜作箫,其形参差,以象凤翼,十管,长一尺。"⑤此后,文物资料中也可见大量排箫的形象。如,1983 年 4 月,河南省光山县宝相寺黄国国君及夫人墓出土了 44 根竹制箫管,复原成 4 件竹排箫,其年代为公元前 648 年以前,属春秋早期。

源于中原,而它出现在中亚的壁画上,这充分说明中原的排箫已传到了中亚。

中亚的排箫也由唐朝传入。如,位于撒马尔汗东约 70 公里的品治肯特是粟特壁画的又一宝库,VI 号遗址 13 室绘有 3 名乐人,其中一名乐人手持排箫。⑥

① 《旧唐书》卷二九《音乐志二》,中华书局 1975 年版,第 1071 页。
② 《旧唐书》卷二九《音乐志二》,中华书局 1975 年版,第 1068 页。
③ 常任侠:《汉唐间西域音乐艺术的东渐》,《音乐研究》1980 年第 2 期,第 12 页。
④ 王嵘:《中原文化在西域的传播》,《新疆大学学报》1999 年第 1 期,第 66 页。
⑤ 应劭撰、王利器校注:《风俗通义校注》卷六《声音》,中华书局 1981 年版,第 311 页。
⑥ 姜伯勤:《敦煌壁画与粟特壁画的比较研究》,《敦煌研究》1988 年第 2 期,第 83 页。

二、百戏

在百戏方面,中原和西域之间也进行了广泛的交流。

(一)西域对中原的输出

在唐代,西域的百戏通过丝绸之路传入中原,并促进了中原百戏的发展。西域传入中原的百戏杂技有《拨头》、幻术、驯狮、舞马、寻橦、跳剑、踏索等。

《拨头》,又名《钵头》,是著名歌舞戏。关于它的由来,杜佑在《通典》中曰:"《拨头》出西域。胡人为猛兽所噬,其子为兽求之。为此舞以象之也。"①《乐府杂录》"鼓架部"对此有更详细的记载:"钵头,昔有人父为虎所伤,遂上山寻其父尸,山有八折,故曲八叠。戏者披发素衣,面作啼,盖遭丧之状也。"②由此可见,《拨头》是模仿胡人之子因父丧之悲啼状而作。关于《拨头》的起源,如前所述,杜佑认为它源自西域,王国维在《宋元戏曲史》中也阐释了自己的观点。他说:"《拨头》戏出自拨豆国,或由龟兹国而入中国。"③他进一步认为,此戏在北齐时就已产生并传入内地,中原的《兰陵王》《踏摇娘》等戏都模仿了《拨头》。④《拨头》在唐代已非常盛行,并东传至日本。

西域幻术作为宗教活动的重要组成部分,是随着宗教而进入唐朝的。如粟特人信奉火祆教,因此随着火祆教的东渐,火祆教的幻术也流入了中原。《朝野佥载》卷三记载:"河南府立德坊及南市西坊,皆有僧祆神庙。每岁商胡祈福,烹猪羊,琵琶鼓笛,醋歌醉舞。酹神之后,募一僧为祆主,看者施钱并与之。其祆主取一横刀,利同霜血,……吹毛不过,以刀刺腹,刃出于背,仍乱扰肠肚流血。食顷,喷水呪之,平复如故。此盖西域之幻法也。"⑤同卷又记:"凉州祆神祠,至祈祷日,祆主以铁钉从额上钉之,直洞腋下,即出门,身轻若飞,须臾数百里。至西祆神前舞一曲即却,至旧祆所乃拔钉,无所损。卧十余日,平复如故。莫知其所以然也。"⑥可见,祆教的幻术表演主要有以刀刺腹而扰肠、以钉钉身而飞走等内容。他们的表演极富刺激性,以至于吸引了大量观众。虽然祆教幻术表演的目的是

---

① 杜佑:《通典》卷一四六《乐六》,中华书局1988年版,第3729页。
② 段安节:《乐府杂录》,古典文学出版社1956年版,第24页。
③ 王国维:《宋元戏曲史》,上海古籍出版社1998年版,第8页。
④ 王国维:《宋元戏曲史》,上海古籍出版社1998年版,第8页。
⑤ 张鷟:《朝野佥载》卷三,中华书局1979年版,第64~65页。
⑥ 张鷟:《朝野佥载》卷三,中华书局1979年版,第65页。

为了传教,但客观上却促进了西域幻术在中原的传播。

苏鹗的《杜阳杂编》还记载了粟特艺人米宝神奇的幻术表演。他能在粗两寸、长尺许的蜡烛上,施五色光,燃亮后,能呈现楼、台的形状,而"竟夜不尽"①。这显示了米宝高超的表演水平。

西域幻术的神奇之处在于它能够使人起死回生。《隋唐嘉话》卷中记载:"贞观中,西域献胡僧,咒术能死生人。太宗令于飞骑中拣壮勇者试之,如言而死,如言而苏。"②可见西域幻人的表演水平非常高超,已达到了出神入化的程度。他们在中原进行幻术表演,就把西域的幻术传入了唐朝。

西域的舞马、驯豹、驯狮等杂技也都传入了中原。《明皇杂录·补遗》记载:"玄宗曾命教舞马,……时塞外亦有善马来贡者,上俾之教习,无不曲尽其妙。"③此处的"塞外"当指西域。《唐会要》亦载:"……康国贡马,……以供天子之御,或作打球马和舞马使用。"④可见,西域的舞马技艺已传入唐朝,但最初主要是供帝王享乐的。这在考古资料中也有反映,如1970年10月在西安南郊何家村曾出土了一件"舞马衔杯仿皮囊壶",其上就浮压出涂金舞马口衔酒杯而舞的画卷。舞马表演往往用于为帝王庆祝生日等重大场合,"舞马衔杯"即是在表演即将结束之时,马以此动作向皇帝祝寿。

有关"驯豹"的贡使活动也屡有记载,如《唐会要》卷九九记载:"开元初,(康国)屡遣使献锁子甲、水晶杯……兼狗、豹之类。"⑤同卷又载:"开元十五年,其(史国)王阿忽比多延屯遣使献胡旋女及豹。"⑥随着狗、豹等方物的呈献,西域的驯豹等杂技艺术也传入了中原。乾陵懿德太子墓出土的《驯兽图》就提供了驯豹这一杂技活动的实物证据。此外,粟特还向中原进献过狮子,如贞观九年七月,"(康国)献狮子"⑦。继康国之后,米国于开元十五年、十七年"两次贡狮"⑧。异域的狮子进入中原,这也促进了中原舞狮杂技的发展。

---

① 苏鹗:《杜阳杂编》卷下,江苏广陵古籍刻印社1983年版,第151页。
② 刘餗著,程毅中点校:《隋唐嘉话》卷中,中华书局1979年版,第21页。
③ 郑处海:《明皇杂录补遗·唐玄宗舞马》,中华书局1979年版,第45页。
④ 《唐会要》卷九九《康国》,中华书局1955年版,第1774页。
⑤ 《唐会要》卷九九《康国》,中华书局1955年版,第1775页。
⑥ 《唐会要》卷九九《史国》,中华书局1955年版,第1777页。
⑦ 《唐会要》卷九九《史国》,中华书局1955年版,第1777页。
⑧ 王钦若等:《册府元龟》卷九七一《外臣部·朝贡第四》,中华书局1960年版,第3850页。

另外,西域的竿技也传入了中原。如敬宗生日时,幽州伎女石火胡就曾进行过竿技表演。她"挈养女五人,才八九岁,于百尺竿上张弓弦五条,令五女各居一条之上,衣五色衣,执戟持戈,舞破阵乐曲,俯仰来去,赴节如飞。是时观者目眩心怯。火胡立于十重朱画床子上,令诸女迭踏以至半空,手中皆执五彩小帜床子,大者始一尺余。俄而手足齐举,为之踏浑脱,歌呼抑扬,若履平地上"①。石火胡就是来自中亚石国的竿技艺人或其后裔,她们的竿技表演技艺非常高超,既能于百尺竿上舞破阵舞,又可在十重床上跳浑脱舞。她们在中原进行竿技表演,就把西域的此项杂技带入了唐朝。

(二) 中原对西域的输出

中原的"踏摇娘"、参军戏和大面歌舞戏也传入了西域,这从出土文物资料中可窥其一斑。

"踏摇娘"又名"苏中郎",产生于隋朝末年,流行于黄河以北一带地区。它的故事情节《教坊记》有载:"北齐有人姓苏,疱鼻。实不仕,而自号为郎中。嗜饮,酗酒,每醉辄殴其妻。妻衔怨,诉于邻里。时人弄之。"②1960年考古工作者在吐鲁番阿斯塔那336号唐墓发掘出了"弄踏摇娘"俑,一组两件,男、女俑各一件,男俑着对襟长袍,左手做扶杖状,右臂前摆,看似步履蹒跚。女俑上身侧扭,右臂前屈,双臂摆动,做舞蹈状。从他们的动作特点可以看出,他们表演的正是中原流行的百戏——"踏摇娘"。吐鲁番阿斯塔那唐墓"弄踏摇娘"俑的出土,说明"踏摇娘"这一中原传统百戏已传入了西域。

参军戏是从优戏演变而来,一般两个角色,一名参军,一名苍鹘,即兴表演,内容以滑稽调笑为主。至晚唐,参军戏发展为多人演出,戏剧情节也比较复杂,除男角色外,也有女角色。在唐代,中原盛行的参军戏也传到了西域之地。如1973年在阿斯塔那206号唐墓出土了一批形象丰富的绢衣木俑,发掘简报将其中7件"着黄色花绫袍、黑腰带"的男俑称为"宦者俑"。而金维诺、李遇春则认为,此组男木俑为正在表演"弄参军"的傀儡戏。③ 他们的观点不无道理,因为与这些木俑一起出土的还有大量木构建筑模型残件,其中有雕梁、画柱、斗拱、回

---

① 苏鹗:《杜阳杂编》卷中,江苏广陵古籍刻印社,1983年版,第147页。
② 崔令钦:《教坊记》,古典文学出版社1957年版,第14页。
③ 赵丰:《丝绸之路美术考古概论》,文物出版社2007年版,第280页。

廊,组合为一体竟然成了可供傀儡木偶表演的木构戏台模型。① 这充分证明中原的参军戏也传到了西域之地。

此外,大面歌舞戏也输入了西域。关于大面的起源,历来有三种不同的说法:一为印度说;二为西域说;三为本地说。持印度说的代表学者为日本学者高楠顺次和法国学者勒维。他们将我国北齐《兰陵王》与日本《罗陵王》视为同一剧目,并认为《罗陵王》Ranrryoo 此语之原意,似为《罗龙王》Raryoo,此语可谓古印度传说中的娑竭罗龙王 Sagara rai des Dragons 之略语。持西域说的是我国学者傅芸子,他认为《兰陵王》歌词多用“胡儿”等第一人称吟诵,因而当源于西域。② 持本地说的学者为任半塘,他认为《兰陵王》源于北齐,为我国北方游牧民族之艺术创举,在形成过程中深受西域胡乐之影响。③ “印度说”是不科学的,因为他们仅据“《兰陵王》《罗陵王》和《罗龙王》三个舞蹈中的舞人都戴龙头面具”,就把三者混为一谈,显然证据不足。“西域说”是片面的,因为他只看到了歌词中的西域化的称呼,而忽视了舞蹈、舞服等方面的中原特色。只有任半塘的“本地说”是科学的。“大面舞”源于北齐,据《教坊记》记载:“大面出北齐,兰陵王长恭性胆勇,而貌若如人,自嫌不足以威敌,乃刻木为假面,临阵著之。”④并且此歌舞戏也确实深受胡乐的影响,因为北齐建朝之后,历代帝王都酷爱胡乐,并且北齐有曹妙达、安未弱、安马驹众多西域乐人,他们在《兰陵王》的创作中当发挥过一定作用。

到了唐代,大面歌舞戏大盛并不断外传。在阿斯塔那 336 号唐墓就出土了一件保存较好的“大面”舞泥俑,通高10.2厘米。⑤ 此男俑豹目、狮鼻,貌似胡人。身着白衣裤,幞头有若干小球装饰,彩绘头巾于背后垂至腰下。“大面”舞泥俑的出土,有力地证明了中原的大面歌舞戏已传入西域之地。

三、绘画

唐朝和西域在绘画方面也有交流。同样,这种交流也是双向的,其中既有西

---

① 黎蔷:《中国道教与乐舞戏曲西渐考》,《山西师大学报》(社会科学版)2000 年第 2 期,第 11 页。
② 转引自李强《中西戏剧文化交流史》,人民音乐出版社 2002 年版,第 403 页。
③ 任半塘:《唐戏弄》,上海古籍出版社 1984 年版,第 614 页。
④ 崔令钦:《教坊记》,古典文学出版社 1957 年版,第 14 页。
⑤ 赵丰:《丝绸之路美术考古概论》,文物出版社 2007 年版,第 281 页。

域对中原的绘画输出,也有中原绘画艺术流入西域。

(一)西域绘画艺术对中原的影响

在唐代,一些西域画家东来,他们把西域的绘画技法带到了中原,著名的有中亚名画家康萨陀等。《历代名画记》记载:"康萨陀,为振威校尉。僧悰云:'亡所服膺,虚心自悟,初花晚叶,变态多端,异兽奇禽,千形万状。'"①可见,通过康萨陀的刻苦自学,他已具有了高超的绘画技艺。他的画作千姿百态,变化无穷,具有很高的艺术价值。此外,还有来自于阗的尉迟跋质那和尉迟乙僧父子,他们是"于阗画派"的代表人物。所谓"于阗画派",是一种诞生于佛教东传过程中,并经过于阗画家兼容并蓄、不断发展,最终形成的介于东西方之间的颇具地方特色的艺术新风格。于阗画派的特点,一为"用笔紧劲如屈铁盘丝"②,适于表现有着健美人体和结构关系的西域人物;二为采用西域佛教壁画中常见的"凹凸画法",来表现画面的立体效果。此画风通过尉迟乙僧等人的介绍而传入中国,并对中原绘画艺术产生了深远的影响。尉迟乙僧在唐朝主要进行壁画创作。据晚唐朱景玄的《唐代名画录》记载:"乙僧今慈恩寺塔前功德,又凸凹花面中间千手千眼大悲像,精妙之状不可名焉。又光宅寺七宝台后面画降魔像,千态万状实奇踪也。凡画功德人物、花鸟,皆是外国物像,非中华之仪。"③可见,乙僧在唐朝进行的绘画创作颇具异域色彩,由此,他把西域的绘画艺术也传入了中原。又据段成式的《酉阳杂俎续集》卷六《寺塔记》记载:"(乙僧于普贤堂所绘壁画)颇有奇处,四壁画像及脱皮白骨,匠意极险。又变形三魔女,身若出壁。"可见,乙僧的作品使用了西域的"凸凹画法",其中的人物、花鸟等都栩栩如生,呼之欲出。乙僧在中原的佛寺壁画作品较多,吴焯的《尉迟乙僧综考》一文就考证了尉迟乙僧绘制壁画的基本情况。这些寺院分别为:光宅寺、大云寺、慈恩寺、罔极寺、奉恩寺和安国寺。④ 可见,它们主要集中在长安和洛阳这两个城市。而这些寺院壁画作品又备受唐人瞻仰、模仿,从而对中原绘画产生了深远的影响。此外,乙僧还创作了不少其他佛教画作。据《宣和画谱》记载,北宋时御府所藏乙僧画有八幅:"弥

---

① 张彦远:《历代名画记》卷九《唐朝上》,上海人民美术出版社1964年版,第172页。
② 张彦远:《历代名画记》卷九《唐朝上》,上海人民美术出版社1964年版,第172页。
③ 转引自张彦远《历代名画记》卷九《唐朝上》,上海人民美术出版社1964年版,第172页。
④ 吴焯:《中亚学刊》第五辑《尉迟乙僧综考》,新疆人民出版社2000年版,第321~326页。

勒佛像一、佛铺图一、佛从像一、外国佛从图一、大悲像一、明王像二、外国人物图一。"①可见,乙僧在中原创作了大量的绘画作品,随着它们在中原的流传,必将对唐代绘画产生较大的影响。

西域绘画对中原的影响还体现在壁画敷色方面。据《中国石窟·敦煌莫高窟》记载:敦煌壁画的设色,据初步统计,有石青、石绿、朱砂、银朱、朱膘、赭石、藤黄、靛青、蛤粉、白土、土红、墨等十数种,敷色渲染技巧发展得更加纯熟,尤其是叠晕方法,同一色相层层晕染,十几层,多至二十几层。② 可见,来自西域的叠晕等方法已经融入到了中原的壁画创作中。

在壁画内容方面,内地壁画中的不少人物形象都来自西域。如在诸天形象绘制方面,敦煌莫高窟就深受中亚粟特的影响,这集中体现在第 285 窟中。此窟中的帝释天与那罗延天形象为椭圆脸,斜眼睛,长鼻子,小嘴,两短髭。此种形象与中亚品治肯特 22 号点 1 号居址发现的 8 世纪粟特壁画中的神像极为相似。据 M.M. 梯亚阔诺夫观察,粟特壁画中的人物形象是这样的:"脸是椭圆形的,鼻子长而直,嘴小紧贴着鼻子,长眼睛,稍微有点斜。"③可见,两地的诸天都具有"椭圆脸,小嘴,长鼻子"等特征。那么,这种相似性是如何形成的?格鲁塞在《印度的文明》一书中说,印度的诸天样式,"似乎是大月氏的征服者们带到北部印度来的"④。即是说,北部印度的诸天形象源自大月氏人居住的中亚地区。此说法较为合理,因为公元 1—6 世纪,贵霜帝国统治着中亚地区及印度北部,二者间的交流自然较为频繁,此时中亚的诸天形象传入北部印度是很便利的。由此可以说,诸天形象是中亚传统的艺术形象。因此,敦煌莫高窟壁画中的诸天形象也当源于中亚。又如考古工作者在敦煌洞窟中发现了不少身着锦缎长袍或大翻领上衣的佛像,它们的形象与勒柯克探险队从吐鲁番石窟壁画中揭走的"武士"像是近亲或同族,尤其与 7 世纪"剑士洞"中的人物形象极为相似。⑤ 可见,莫高窟中的不少人物形象源于西域。

---

① 潘运告编:《宣和画谱》,江苏美术出版社 1999 年版,第 38 页。
② 敦煌文物研究所编:《中国石窟·敦煌莫高窟》第 3 卷,文物出版社 1987 年版,第 174 页。
③ 姜伯勤:《敦煌壁画与粟特壁画的比较研究》,《敦煌研究》1988 年第 2 期,第 83 页。
④ [法]雷奈·格鲁塞著,常任侠·袁音译:《印度的文明》,商务印书馆 1965 年版,第 52 页。
⑤ [英]巴兹尔·格雷著,李崇峰译:《中亚佛教绘画及其在敦煌的影响》,《敦煌研究》1991 年第 1 期,第 64 页。

总之,唐代壁画,无论在制作技术方面,还是内容方面,都深受西域绘画艺术的影响。

此外,中亚的绘画艺术也伴随着火祆教传入了唐朝,文物资料中就有不少这方面的内容。如,敦煌文书 P. 2005《沙州图经》卷三就记载了敦煌县(今敦煌市)四所杂神之一:"祆神:右在州东一里,立舍,画祆主,总有廿龛。其院周回一百步。"① 又如,S. 367《沙州伊州地志》(晚唐抄本,所记为唐前期事)伊州条也载:"火祆庙中有素书(画)形像无数。"② 再如,P. 4518(24)敦煌纸本绘画中也有一幅祆教神像,其上绘有两个女神,左面一位一手执盅,一手执盘,盘中蹲坐一小犬;右面的女神共有四臂,后两臂一手执日,一手执月,前面两臂一手执蛇,一手执蝎。③ 此外,在和田还出土了一些木版画,上面也有祆教神的形象。④ 这里的"祆主画像""素书""祆教女神图"和"木版画"无疑都是粟特的美术作品,它们有可能是祆教徒在唐朝创作的,也有可能是自中亚带来的。虽然其来历不明,但它们却把中亚的绘画艺术传入了唐朝。这些祆教绘画不但进入了唐朝,而且在中原也传播开来。这是因为:第一,祆教绘画绝大多数被悬挂在祆祠中,而祆祠是对内地民众开放的,因此这些祆教绘画很有可能被内地民众观瞻、膜拜和摹画。第二,现有文献资料中亦有这方面的记载。《广川画跋》卷四记载:"元祐八年(1093)七月,常彦辅遇寒热疾,……及夜,祷于祆神祠,明日良愈,乃祀于庭,又图像归事之。"⑤常彦辅因拜祆神而病愈,故画祆神像以祭拜,这样,祆教绘画就在中原得以传播。这虽然是宋代之事,但距离唐代并不遥远,因此祆教绘画在唐朝得以流传也极有可能。

(二)中原绘画艺术对西域的影响

随着唐朝对西域统治的加强,许多中原官员、士兵、僧侣、画家、工匠等纷纷涌入西域,他们成为中原和西域间艺术交流的使者。

---

① [日]池田温:《沙州图经略考》,《榎博士还历记念东洋史论丛》,山川出版社 1975 年版,第70~71页。

② 唐耕耦等编:《敦煌社会经济文献真迹释录》,书目文献出版社 1986 年版,第40页。

③ 姜伯勤:《敦煌白画中的粟特神祇》,《敦煌艺术宗教与礼乐文明》,中国社会科学出版社 1996 年版,第179页。

④ M. Mode:Sogdian Gods in Exile-some iconographic evidence from Khotan in the light of recently excavated material from Sogdiana,Silk Road Art and Archaeology,1991—1992,p. 179 – 214.

⑤ 董逌:《广川画跋》卷四《书常彦辅祆神像》,影印文渊阁四库全书,台湾商务印书馆 1986 年版,第476页。

如，在西域就出土了不少绘画作品，有的附题唐代年号，有的虽无年号，但从画风、共存物以及题跋的书体看，无疑属于唐代的优秀作品。其中多为佛画，但也有风俗画和人物画。佛画中有珍贵的水墨画。[①] 这些绘画表明，住在西域的众多唐人中有以绘画为专业或至少能画得不错的艺术家，他们把唐代的绘画技艺也带入了西域，从而使中原的绘画艺术对西域诸国产生了深远的影响。

又如，在丹丹乌里克出土了一幅于阗绘画《龙女图》，该图描绘的是《大唐西域记》中"龙女索夫"的故事。画面正中是一裸女，站在莲花池上，梳高髻，系纱巾，佩项圈、臂钏、手镯，胯有饰物，她左手抚胸，右手置腹，扭腰出胯，面带娇羞之态。全图以白描画成，轮廓简练，线条优美，形象生动，充满活力。[②] 此画的绘画技法也深受中原绘画艺术的影响。首先，龙女面部五官勾描及晕染方法与唐代人物画和壁画的画法极其相似；其次，此画运用了刚柔兼济并具有高度概括力的线描手法，这也取自中原。

再如，今新疆库车境内渭干河畔的库木吐拉千佛洞中，残留了一批与敦煌唐代壁画风格相同的壁画，被学界形象地称作"汉风窟"[③]。在这些汉风窟中，壁画的布局、绘画技法、人物形象、服饰、背景、图案等，都属于标准的中原风格。日本学者羽田亨认为这应当是"这里（西域）的唐代艺术家采用了西域风格的结果"[④]。可见，唐代艺术家在西域进行过绘画创作，这样他们就把中原的绘画艺术传入了西域。

最后，我们来看著名的柏孜克里克石窟群。此石窟群保存的鞠氏高昌和唐代西州时期的壁画虽然不多，但汉风色彩仍随处可见：第60窟的田园牧牛图特别引人注目，整个画面洋溢着中原文人理想中的田园野趣；第62窟地坪中绘方形水池，四角有中原盛行的卐字图案，其边沿以卷云纹装饰，两侧绘身着红布肚兜的汉童形象。画面上下部点缀的几只水鸭，透出一派中原风光；第9窟的供养比丘和小僧人的衣着纯为汉装，衣褶袍带均用毛笔勾出，刚柔相济，为内地汉画风格；第32窟礼佛的贵妇虽是回鹘人，但其相貌却是汉人风韵，佛寺中的主体佛

---

① ［日］羽田亨著，耿世民译：《西域文化史》，新疆人民出版社1981年版，第56页。
② 王嵘：《中原文化在西域的传播》，《新疆大学学报》1999年第1期，第65页。
③ 余太山：《西域文化史》，中国友谊出版社1996年版，第206页。
④ ［日］羽田亨著，耿世民译：《西域文化史》，新疆人民出版社1981年版，第61页。

像,也完全是汉人形象。后期洞窟壁画的风格有所变化,被称为"高昌回鹘风格"①,但其仍是汉风的延续,绘画技巧与唐代汉画一脉相承。另外,在高昌墓葬中还出土了许多绢画,绢画中的妇女体形丰满、衣着华丽,完全是唐人风采。这应是中原画样输入高昌,并影响了高昌绘画艺术的结果。

此外,在吐鲁番古墓中还出土了伏羲像、女娲像、王母娘娘像、老子像、元始天尊像、四神图、八卦图等②,这些都是中原道教绘画的内容。由此可见,随着中原道教传入西域,道教的绘画艺术对西域也产生了广泛的影响。在吐鲁番古墓中,也曾发现类似周昉风格的仕女形象,皆衣着艳丽,体态丰腴。③ 可见周昉的绘画风格也影响了西域的绘画艺术。

唐代的绘画艺术还影响到了中亚之地,这是因为当时中亚归唐朝统治,唐朝在那里遍设都督府,这就使中原人士纷至沓来,他们把中原的绘画艺术也传到了中亚。如,在何国都城卡塞尼亚附近的重楼上绘有中华古帝像,从画风和内容看,它们都模仿了阎立本的《列帝图》中的十三帝王像。④ 这说明阎立本的画作已传入中亚,并对中亚的绘画艺术产生了一定影响。又如,考古工作者在粟特故地片治肯特地区发现了一处7—8世纪的居室遗址壁画,与7世纪唐代第二阶段类型中几座墓葬壁画相比较,二者之间有惊人的相似:"有穿着与执失奉节墓、李爽墓墓室壁画中相同的衣裙和高头髻的成排的女乐舞,有和阿史那忠夫妇墓过洞天井壁画、苏定方墓天井壁画中相似的腰垂鞶囊、手持笏板的属吏,还有与执失奉节墓墓室所绘舞女衣饰相似的女近侍。"⑤ 可见中原的绘画风格已大量输入中亚,并深深影响了当地的绘画艺术。再如,在片治肯特以西约70公里的撒马尔罕郊外阿弗拉西阿勃古城,即古代康国都城遗址,也发现了人物形象和服饰与中原极为相似的壁画。其中最具代表性的是阿弗拉西阿勃北壁西侧的一幅唐妆仕女风舟图,图中一只凤舟上坐有10名女子,其中船首一红衫女子持杆,船尾一侍女撑桨,另有女乐二人,一人持筝,一人持弹拨乐器。⑥ 10名女子的装束都与敦

① 薛宗正:《唐代碛西的汉风美术》,《新疆艺术》1994年第1期,第44~45页。
② 周菁葆:《丝绸之路音乐文化》,新疆人民出版社1998年版,第135~139页。
③ 肖本建:《中国唐朝绘画与域外绘画的交流》,《电影文学》2008年第4期,第120页。
④ 戴小江:《汉唐时期中国文化对中亚的影响》,《菏泽师范专科学校学报》2004年第3期,第18页。
⑤ 宿白:《西安地区唐墓壁画的布局与内容》,《考古学报》1982年第2期,第142页。
⑥ 姜伯勤:《敦煌艺术宗教与礼乐文明》,中国社会科学出版社1996年版,第160页。

煌吐鲁番壁画中的唐代女子形象极为相似,显然依据了从中国传入的画样。最后,在品治肯特遗址 VI42 室墙檐上有四歌女图,图中乐伎持曲项琵琶,服初唐窄袖长裙高头履,与莫高窟初唐 329 窟女供养人服饰相同。诚如宿白先生所证实,属于初唐女乐形制。[①] 这也反映了唐人画样向粟特地区流传的史实。

此外,在阿富汗丰都基斯坦(在唐代属于中亚),曾发现 7 世纪手持莲花及水瓶的菩萨像[②],其线描法亦是敦煌式中国画法在西域的推广。可见,在 7 世纪前后,具有盛唐风采的敦煌式中国画样也曾输入中亚。

综上所述,唐代绘画艺术大量输入西域,对西域绘画的风格、内容和技法等都产生了较大的影响。

四、雕塑

在唐代,西域和中原在雕塑艺术方面交流频繁,并且相互产生了很大影响。

(一)西域雕塑艺术对中原的影响

西域雕塑对中原雕塑的影响集中体现在金银器方面,其中尤以粟特金银器对唐代雕塑艺术的影响最大。如,1970 年在西安西郊出土了一件银碗,现收藏于西安市文管会。该银碗呈八曲瓣花形,腹壁稍斜,至下部内收。碗底为多棱喇叭形矮圈足,器腹为凸凹起伏的造型,外壁 8 条分瓣内凹线较深,在碗内形成 8 条凸起的棱线,使碗体呈八曲瓣花形,各瓣凸鼓明显。碗内沿着分瓣棱线布置 8 枝花草,每株有对称花叶,花叶顶端一圆两尖三瓣,花草下部互相联结呈八角状,整体具有图案化倾向。壁底心饰有两层同心圆的联珠圈纹。碗的外壁按器体的八瓣分为 8 个单元,每单元内的纹样内容相同,主题由两枝完全对称的缠枝卷蔓花草组成。足的底边饰一周联珠。齐东方认为它"具有浓厚的粟特银器风格"。他的理由如下:第一,粟特银器的分瓣做法,常常是凸鼓较明显,而唐式金银碗的分瓣一般都很浅,此碗碗体呈八曲瓣花形,各瓣凸鼓明显,正符合粟特银器的分瓣做法;第二,粟特银器足呈多棱形,并在底周以联珠为边饰,此银碗也具有这一特点;第三,此碗上所饰花草的枝头都是三瓣式,中瓣基本都作圆状,两边瓣向外分

---

①　姜伯勤:《敦煌壁画与粟特壁画的比较研究》,《敦煌研究》1988 年第 2 期,第 83 页。

②　姜伯勤:《敦煌壁画与粟特壁画的比较研究》,《敦煌研究》1988 年第 2 期,第 84 页。

为尖叶状,这种纹样在粟特装饰艺术中常常出现。① 他的分析合情合理,充分说明这件器物具有鲜明的粟特金银器特征。又如,在陕西西安何家村窖藏出土了人物纹带把金杯、乐伎纹带把银杯、乐伎纹八棱金杯等。齐东方认为它们均是"典型的仿粟特器物",因为它们具有粟特器物的"八棱形、环形把、联珠纹"等特点。② 此外,杯把指垫上长髯下垂的胡人头像等充满趣味的细节也是地道的粟特银器的做法。再如,在西安沙坡村窖藏、韩森寨也出土了一些金银带把杯,它们也都具有上述特征,因此也是典型的仿粟特器物。另外,在西安何家村还出土了水晶八曲长杯和白玉忍冬纹八曲长杯。③ 二者的造型可能都源于中亚,因为它们的纹样都具有浓厚的粟特风格。

此外,中亚金银器对中原的陶器制作也产生了一定影响。如,大英博物馆就收藏了一个唐代的陶壶,该壶制作于 8 世纪早期,高 28 厘米,高细颈,椭圆壶身,有一长把。④ 这是中亚水壶的典型模式。可见,大量的中亚金银器流入中原,对唐代的雕塑艺术产生了广泛的影响。

(二)中原雕塑艺术对西域的影响

唐代的雕塑艺术大量流入西域,其途径主要有二:第一,可能是中央赏赐。唐时的西域隶属于中原统治之下,出于加强对西域统治的政治目的,中央经常都会给西域地方高级官员一定的赏赐。而西域出土的陶俑、木俑等可能就是唐政府赐给他们的陪葬品。第二,通过僧侣、工匠等传入。当时,不少内地的僧侣、工匠前往西域,帮助修建寺院、墓葬,他们将中原的雕塑艺术带到了西域。丰富的考古资料证明了这点。如,吐鲁番出土了大量陪葬泥俑,其中有头戴薄纱帷帽的骑马女俑,有身着袍带、神态威严的宦官俑,还有一些文吏俑,它们则显示出一副公事繁忙的神态。⑤ 这批泥俑,从艺术风格看,完全是中原风格;从内容看,其中骑马女俑、宦官俑、文吏俑的形象完全来自中原。又如,在阿斯塔那曾出土一批泥俑,其造型、题材、组合都和同时期的关中陶俑极其相似。⑥ 这些俑极有可能是

---

① 齐东方:《西安市文管会藏粟特式银碗考》,《考古与文物》1998 年第 6 期,第23～24页。
② 齐东方:《何家村的大唐遗宝》,《文物天地》2004 年第 6 期,第23～24页。
③ 齐东方:《何家村遗宝与大唐文化》,引自荣新江等编《粟特人在中国——历史、考古、语言的新探索》,中华书局 2005 年版,第 381 页。
④ [英]罗森著,孙心菲等译:《中国古代的艺术与文化》,北京大学出版社 2002 年版,第 247 页。
⑤ 王嵘:《中原文化在西域的传播》,《新疆大学学报》1999 年第 1 期,第 67 页。
⑥ 赵丰:《丝绸之路美术考古概论》,文物出版社 2007 年版,第 275 页。

从中原传入的。唐朝的雕塑艺术大规模流入西域,并对西域的雕塑艺术产生了广泛的影响。

龟兹作为唐朝统治西域的中心之一,它的雕塑艺术亦深受中原的影响。唐时,由于龟兹拥有重要的地理位置和政治作用,一直有大批汉人长期居住于此,他们也把中原的雕塑艺术带到了这里。库车作为龟兹的文化中心,其艺术受中原艺术影响尤深。如,考古工作者在安西都护府故址(今新疆库车县东郊皮朗古城)就发掘出许多莲纹铺地花砖、篮纹砖、筒瓦等,砖的形制、纹饰与唐长安大明宫麟德殿铺地砖相同。[1]这些砖是中原制造还是西域仿制,至今仍是一个谜,但这些砖雕艺术当对西域雕塑艺术产生一定的影响,这一点则是毋庸置疑的。

中原雕塑艺术对中亚也有影响。如,在金银器造型和纹饰方面,粟特雕塑就吸收了唐代文化的因素,唐代的缠枝卷草纹、云气纹和鱼子纹等纹饰工艺都为粟特银器所取法。齐东方就说:"现已查明的粟特银器中,便有许多与唐代金银器相近,有的应是接受了中国的影响。"[2]又如,在康国,曾有7—8世纪的仿中国方孔圆廓的铜币、葡萄纹铜镜等出土。[3]可见,唐代的铜币和铜镜也曾传入中亚,其造型、装饰等都对中亚雕塑艺术产生了一定的影响。

综上所述,唐代雕塑艺术传入西域,在造型、纹饰、题材等方面都对西域雕塑艺术产生了深远的影响。在中原雕塑艺术的影响下,西域雕塑的造型更加丰富,纹饰也趋向多样化。

第二节　希腊艺术对唐朝的影响

中国和希腊作为东西方两大文明古国,其交往的历史源远流长。从公元前7世纪开始,双方就有了往来。据希罗多德的《历史》卷四记载,公元前7世纪前半叶,一希腊诗人阿利司铁亚斯曾经沿着斯基泰贸易路,从黑海沿岸的塔纳伊司出发去东方。翻过乌拉尔山,抵达阿尔泰山脉,在布迪诺依,希腊商人使用7种语言来做交易。由于斯基泰人远至阿尔泰地区做生意,他们的文化也必然会波及这一地区。21世纪前叶在阿尔泰山脉北麓的巴泽雷克古墓出土的物品,就反映

---

①　余太山:《西域文化史》,中国友谊出版社1996年版,第206页。
②　齐东方:《唐代金银器研究》,中国社会科学出版社1999年版,第320页。
③　齐东方:《唐代金银器研究》,中国社会科学出版社1999年版,第320页。

出这种影响。在出土文物中,有欧洲风格骑士图案的毛制壁毯,有斯基泰纹饰的马镳以及绣有花鸟图案的中国丝制绣品等。① 由此可知,早在公元前 7 世纪前后,中国和希腊等西方国家之间就有了文化交流。公元前 4 世纪末亚历山大发动东征以前,希腊人的活动始终限于地中海沿岸,中国和希腊间的交流较少。之后,罗马迅速崛起,并取代了希腊人在亚洲和非洲北部的统治,中国和希腊间的直接交流几乎中断。但发达的希腊艺术还持续影响着唐朝,这种影响是以波斯、印度以及中亚诸国为媒介而产生的。希腊艺术对唐朝的影响主要表现在乐舞、百戏、绘画、雕塑等方面。但乐舞方面的资料很少,上述的"希腊音乐随景教输入唐朝"的考古资料是这方面的孤证。即1908 年,在甘肃敦煌千佛洞发现了唐代的景教赞美诗卷子手抄稿。② 因为景教音乐源于希腊和罗马音乐,所以我们据此可以判断,希腊的乐舞艺术也传入了唐代。由于资料匮乏,本节就不再专门介绍双方间的乐舞艺术交流,而重在论述百戏、绘画、雕塑等艺术的交流情况。

一、百戏

汉唐时期,希腊的百戏曾传入中国,并深深地影响了中国的戏剧艺术。这在考古资料中多有反映。据阿布都秀库尔·穆罕默德·伊明教授介绍:"和田地区已发现了属于公元初几世纪的印有各种戏剧人物形象凸纹的陶器,其中有手持琵琶、觱篥的人像和装扮成猴子样的图像,还有各种喜剧演员与图像。"其中的人物形象都有长长的胡子,深陷的眼睛,颇具希腊人特征。可见,公元初几世纪,希腊戏剧已传入新疆。今天,在日本奈良正仓院、法隆寺、东大寺仍然保存着借道中国"丝绸之路"而东传的 300 余枚戏剧人物面具③,其中"醉胡""醉胡王""醉胡从"几种面具酷似古希腊酒神狄俄倪索斯的形象。

到了唐代,希腊百戏对中国百戏艺术的影响依然存在。如,当时盛行于中国的百戏《大面》《苏莫遮》《神白马》等饰演者所戴面具与华夏人形象相距甚远,而与古希腊酒神狄俄倪索斯的形象极为相似。此外,我国南北朝至唐初盛行于黄河流域的歌舞戏《苏中郎》中的男性装扮,也极有可能借鉴过西方酒神的表演形

---

① 〔日〕长泽和俊著,张英莉译:《丝绸之路与古代欧亚大陆的东西方文化交流》,载于张志尧主编的《草原丝绸之路与中亚文明》,新疆美术摄影出版社 1994 年版,第 312 页。
② 冯文慈:《中外音乐交流史》,湖南教育出版社 1998 年版,第130～131页。
③ 黎蔷:《古希腊罗马戏剧东渐史实论》,《戏剧艺术》2000 年第 4 期,第 110 页。

式与化妆技艺。[①] 许地山先生就曾说："中国剧的理想完全是希腊的,其面具、歌曲、音乐、科目、出头、动作,都是希腊的。……中国剧的思想是外国的,只有情节和语言是中国的而已。"[②]可见,希腊戏剧艺术的面具、歌曲、音乐、动作、服装、思想等都影响了中国戏剧艺术。

二、绘画

希腊绘画艺术早在 2000 多年前就传入中国。如,距今 2200 余年的"马人"武士壁挂就出土于新疆山普拉的一座墓葬中。这件壁挂上部是希腊神话中吹奏竖笛的人首马身像,下部是执矛武士像,色泽鲜艳,整个画面虽然是毛织物,但是极富立体感,像一幅油画。[③]

希腊绘画艺术传入中国后,对中国绘画产生了广泛而深远的影响。中国的佛教壁画就深受希腊绘画艺术的影响。在中国佛教建筑的壁画中,就有不少裸体形象。如,克孜尔千佛洞壁画中有众多的裸体壁画。按照壁画反映的内容,克孜尔的裸体画可分为乐神、卧裸女、闻法菩萨和供养菩萨、舞女、娱乐太子图、耶输陀罗入梦、太子降生图、降三魔女、龙王等 11 类。[④] 在龟兹壁画中,裸体形象更多,特别是男性裸体人像随处可见,这也是受希腊艺术影响的结果。因为按照古代希腊人的信仰,神作为最完美的人,是不需要穿戴的,裸体的表现具有最神圣的意义。

在龟兹石窟壁画中,也有不少艺术形象源于希腊,其中最典型的为日天形象。在库木吐拉石窟 46 号窟拱形顶的中心部位,就画有一个日天的形象。他头戴四角帽,坐在一辆战车上,双脚交叉,他的上衣似乎被风吹动着,成几个三角状,他的头上有一圈黑色的光环,全身被一环白色的光圈包围着。[⑤] 这个日天形象与古希腊太阳神赫利俄斯或阿波罗的形象十分相似,当是受希腊绘画艺术影响的结果。龟兹石窟中的月天形象也来自希腊。在这个拱形顶的中心位置就有一个月天形象,她头戴两角帽,双脚交叉坐在双轮车上,身上的衣服被风吹动着,

---

① 黎蔷:《古希腊罗马戏剧东渐史实论》,《戏剧艺术》2000 年第 4 期,第 114 页。
② 李肖冰、夏写实等编:《中国戏剧起源》,知识出版社 1990 年版,第 94 页。
③ 玛依努尔·吾甫尔:《新疆地区发现的希腊——罗马文化遗存》,《文博》2010 年第 5 期,第 43 页。
④ 余太山:《西域文化史》,中国友谊出版社 1996 年版,第 204 页。
⑤ 朱英荣:《论龟兹石窟中的希腊文化》,《新疆大学学报》1989 年第 2 期,第 28 页。

成为几个尖角状。她的全身被一环黑色的光圈包围着,与日天的白色光圈正好相反。这个月天形象与古代希腊的月亮神阿尔迪美斯的形象十分相似。阿尔迪美斯在古代希腊的神话中,既是月亮女神,又是狩猎女神。所以,龟兹石窟壁画中的月天形象也是希猎绘画艺术在中国传播,并影响当地艺术的产物。

唐代铜镜中的海兽葡萄纹也源自希腊。古代希腊常用狮子、葡萄纹样来装饰工艺品,这样的纹饰也多出现在唐代的铜镜上。如,扬州邗江出土的一面铜镜就把葡萄、瑞兽复杂地结合起来,组成了生动、活泼、丰富的图案。图案中间为变异的狮形怪兽,周围是葡萄纹,外圈是由马、狮、虎、鹿和葡萄纹交织的纹样。此外,在礼泉、西安、洛阳等地也都出土了初唐的瑞兽葡萄纹铜镜。① 无独有偶,在大量出土的萨珊银币上也出现了狮子葡萄纹,这是由于萨珊艺术接受了希腊艺术的影响,之后又传入了唐朝。这样看来,唐代铜镜中的海兽葡萄纹确实是受希腊艺术影响的产物。

中国艺术中的有翼人像也是受希腊艺术濡染的结果。如 1903 年,日本的大谷光瑞探险队来到库车,对昭怙厘寺的遗址进行发掘,获得文物颇多。其中有一件舍利盒,现存日本,为私人所收藏。……盒盖上有四个用联珠纹组成的环状,圆形里面各绘一个有翼人像,分别手执觱篥、竖箜篌、琵琶等乐器进行演奏。这四个有翼人像的外貌是:裸体、直身跪坐,背上张开双翅,小尖鼻、大眼睛,留一缕顶发。② 显然,有翼人像属于欧罗巴人种,而画风也是犍陀罗艺术的希腊、罗马形式。

新疆若羌米兰古城的佛教绘画也具有鲜明的犍陀罗艺术色彩。在绘画内容方面,有双翼天使、赫密士等希腊神话中的人物,他们都有着希腊人的面部特征③;在绘画技术上,画师大多采用古代罗马的绘画技巧和方法。米兰佛教绘画的这些特征充分说明,犍陀罗艺术已进入中国,并对中国绘画艺术产生了极大的影响。

三、雕塑

希腊雕塑艺术对唐朝的影响也非常大,尤其是犍陀罗艺术,对中国的影响非

---

① 刘华年:《唐代铜镜纹样的胡化成分探析》,《苏州工艺美术职业技术学院学报》2008 年第 3 期,第43 页。
② 钱伯泉:《从新疆发现的有翼人像看希腊罗马文化的东传》,《丝绸之路》1995 年第 5 期,第 33 页。
③ 周青葆:《丝绸之路宗教文化》,新疆人民出版社 1998 年版,第276 ~286 页。

常广泛、深远。

所谓犍陀罗美术,就是西纪前4世纪过半,亚历山大东征,侵入今俄属中亚以至印度内地,建立了希腊人的王国,使所谓希腊文明者昌盛其间。后在今阿富汗斯坦与印度交界的犍陀罗地方,渐见印度佛教美术与希腊美术相接触,成了二者融混的一种新机轴,这种新美术就叫犍陀罗美术,也因性质而称为希腊佛教美术。① 法国符歇(Foucher)氏认为犍陀罗美术是印度的情感与希腊的美的协调的结合。② 可见,犍陀罗艺术富有希腊、罗马和印度的艺术特色。犍陀罗艺术产生后,通过中亚大量流入我国新疆地区,如在尼雅、楼兰等地出土了雅典娜等头像图章、装饰于壁画和建筑上的有翼天使等。此外,还有1980年楼兰古城出土的贵霜铜币,以及极具犍陀罗风格的焉耆七个星发现的供养人头像等。③ 又如,英国考古学家斯坦因在南疆多莫科西北客答里克发现过几具泥模,其中有专门用来模制大佛头的螺髻的;又曾在于阗附近的约特干、拉瓦克与尼雅等遗址发现过古罗马式凹刻印章,其中刻绘有艺术女神雅典娜、大神宙斯、爱神埃罗斯与大力神海克利士等形象;还在喀拉沙尔西南硕尔楚克发现了灰泥模型,完全是犍陀罗式浮雕……画面主题多作收获葡萄或爱神埃罗斯和山林水泽之精赛该的故事。灰泥浮雕多雅典娜或葡萄丰收,完全是希腊题材。④ 再如,和田出土了两件人首牛头陶注,它们属于希腊的酒器,被希腊人称为"来通"。它们用细泥黄陶制成,人的头顶为器口,用于注酒,下部残缺。这件酒器的价值在于实用器与雕塑艺术巧妙的结合,酒器的上端雕出一男子形象,器颈和口部自然形成男子所戴的高顶帽,帽子呈螺旋状。男子雕塑逼真写实,颧骨凸起,高鼻大眼,隆眉深目,双眼圆睁,目光犀利,炯炯有神,双唇紧闭,表情严肃,活似一个希腊雕塑,也许是酒神狄奥尼索斯的形象。⑤ 以上艺术品的人物形象来自希腊,而创作风格和手法则是罗马式的,属于典型的犍陀罗艺术。这些作品在新疆大量出现,充分说明犍陀罗艺术已大规模传入新疆。

犍陀罗艺术之后又由新疆传入中国内地,并对内地的雕塑艺术产生了一定

① [日]羽田亨:《西域文明史概论》,中华书局2005年版,第25页。
② A. Foucher:The Beginnings of the Buddhist Art, Indological Book House,1972,p. 136.
③ 玛依努尔·吾甫尔:《新疆地区发现的希腊——罗马文化遗存》,《文博》2010年第5期,第41页。
④ 沈福伟:《中西文化交流史》,上海人民出版社2006年版,第110页。
⑤ 玛依努尔·吾甫尔:《新疆地区发现的希腊——罗马文化遗存》,《文博》2010年第5期,第45页。

影响。如,六朝梁武帝父萧顺之建陵、梁武帝侄萧景和梁武帝弟萧秀墓前,就有一种希腊式石柱,高约 7 米,刻有瓜棱形凹纹,颇似希腊爱奥尼亚式石柱①,这显然是受犍陀罗艺术影响的产物。又如,云冈第三窟之佛像,也是希腊——印度式雕刻,即犍陀罗式雕刻。②

第三节　与罗马的艺术交流

在中国史书上,罗马有两个名字,即大秦和拂菻,一般认为称呼罗马为大秦,而称呼后来的拜占庭为拂菻。中国和罗马的艺术交流最早可追溯至西汉时期,当时张骞出使西域,开辟了丝绸之路,从而沟通了东西方的交往。据《史记·大宛传》记载:"初,汉使至安息,安息王令将二万骑迎于东界……而后发使随汉使来,观汉广大,以大鸟卵及黎轩善眩人献于汉。"③这里的"犁轩善眩人"即罗马的魔术师,他们把罗马的幻术传入了中国。可见,早在汉武帝时期,中国和罗马之间就有了艺术交流。到了东汉,双方间的艺术交流依然相沿不断。据《后汉书》记载:"永宁元年,掸国王雍由调复遣使者诣阙朝贺,献乐及幻人,能变化吐火,自支解、易牛马头,又善跳丸,数乃至千,自言我海西人,海西即大秦也。"④可见,东汉时期,罗马的吐火等幻术就传入了中国。

到了唐代,双方间的交往更加频繁。据史籍记载,拂菻曾 7 次派遣使者来到长安:贞观十七年(643),拂菻王波多力遣使献赤玻璃、绿金精等物,太宗降玺书答慰,赐以绫绮焉;乾封二年(667),遣使献底也伽;大足元年(701),复遣使来朝;景云二年(708)十二月,拂菻国献方物;开元七年(719)正月,其主遣吐火罗大首领献狮子、羚羊各二;不数月,又遣大德僧来朝贡。⑤ 天宝元年(742)五月,拂菻国王遣大德僧来朝。⑥ 随着友好关系的发展,唐朝和罗马间的艺术交流也空前频繁。

---

① 沈福伟:《中西文化交流史》,上海人民出版社 2006 年版,第 110 页。
② 方豪:《中西交通史》,华冈出版有限公司 1953 年版,第 245 页。
③ 司马迁:《史记》卷一二三《大宛传》,中华书局 1963 年版,第 3173 页。
④ 范晔:《后汉书》卷八六《南蛮西南夷列传》,中华书局 1965 年版,第 2851 页。
⑤ 《旧唐书》卷一九八《拂菻传》,中华书局 1975 年版,第 5314~5315 页。
⑥ 王钦若等:《册府元龟》卷九七一《外臣部·朝贡第四》,中华书局 1960 年版,第 3852 页。

一、乐舞

唐朝和罗马间也有乐舞交流。如,唐代著名的健舞《拂菻》即来自罗马。何志浩先生说:"唐人健舞中有'拂菻',非由中亚各国间接输入,即为由拂菻直接输入的。"①此说颇有道理,因为如上所述,唐与拂菻间有密切来往,拂菻曾多次遣使入唐,因此《拂菻》舞极有可能是由使节直接带入唐朝的。

此外,随着景教的输入,景教音乐也传入了唐朝。景教传入中国,是在唐太宗贞观九年(635),当时聂斯脱利派教士、叙利亚人阿罗本等经波斯来到长安讲经布道,受到太宗的热烈欢迎。《大秦景教流行中国碑》详细记述了此事:"太宗文皇帝光华启运,明圣临人。大秦国有上德曰阿罗本,占青云而载其经,望风津以驰艰险。贞观九祀,至于长安。帝使宰臣房公玄龄总仗西郊,宾迎入内;翻经书殿,问道禁闱。深知正真,特令传授。"②随景教传入唐朝的还有景教音乐等艺术。如,光绪三十四年(1908)在甘肃敦煌千佛洞就发现了唐代的景教赞美诗卷子手抄稿,题为《景教三威蒙度赞》,为景净所译。这是有关景教在中国流传的珍贵的音乐资料,大约写于 8 世纪。因为景教艺术是由希腊和罗马艺术发展而来的,因此景教音乐带有鲜明的希腊、罗马艺术风格。

二、百戏

唐朝和罗马在百戏方面也有交流。如前所述,早在西汉时期,罗马的幻术就传入了中国。当时,风靡中国的"侏儒与巨人"就深受罗马百戏的影响。李尤《平乐观赋》记载:"有仙驾雀,其形虫幻虬,骑驴驰射,狐兔惊走。侏儒巨人,戏谑为偶。"③这里,一对演员扮作侏儒和巨人,来表演滑稽的动作。常任侠经过认真考证,认为"此戏与古罗马斗兽场中的表演颇复相类"④。考虑到当时东西间交通发达,因此罗马的百戏东传西汉也是极有可能的。

中国幻术中的吞刀、吐火节目,亦系由罗马传入。此戏至迟于东汉已传至中国。如前所述,在东汉安帝永宁元年,掸国向中国献罗马幻人,这些幻人就擅长

① 何志浩:《中国舞蹈史》,香港印书馆1970年版,第130页。
② 冯文慈:《中外音乐交流史》,湖南教育出版社1998年版,第130~131页。
③ 欧阳询:《艺文类聚》,上海古籍出版社1965年版,第1134页。
④ 常任侠:《丝绸之路与西域文化艺术》,上海文艺出版社1981年版,第225页。

吐火等技艺。到了魏晋南北朝时期,吞刀吐火之类的节目依然存在。《晋书》卷九四《夏统传》载:"撞钟击鼓,间以丝竹,丹、珠乃拔刀破舌,吞刀吐火,云雾杳冥,流光电发。"①《搜神记》亦载:"……其吐火,先有药在器中,取火一片与黍糖合之,再三吹呼。已而张口,火满口中。因就爇取以炊,则火也。"②到了隋朝,吐火幻术表演水平更是高超。《隋书》记载:"又有神鳌负山,幻人吐火,千变万化,旷古莫俦。"③到了唐代,吞刀、吐火幻术更加盛行。据《独异志》卷上记载:"高祖时有西国胡僧,能口吐火以威胁众。"④又据《太平广记》记载:"唐朝有轻薄士流出刺一郡,郡人集其歌乐百戏以迓之。至有吞刀吐火、吹竹按丝、走圆跳索、歌喉舞腰。"⑤唐代老百姓以"吞刀吐火"之戏来迎接赴任的刺史,足见此戏在民间的盛行程度。

三、绘画

在绘画艺术方面,唐朝和罗马之间也互有交流。

(一)唐代绘画艺术传入罗马

唐代绘画艺术输入罗马是以丝绸为载体的,因为丝绸上往往有各种图案和纹饰。西汉时期,随着丝绸之路的开辟,中国的丝绸就开始输入罗马。公元1世纪的罗马科学家普林尼说:"由里海及西梯亚海岸线折而向东……赛里斯人即处此。其林中产丝,驰名宇内。丝生于树叶上,取出,湿之以水,理之成丝,后织成锦绣文绮,贩运至罗马。"⑥这里的"赛里斯"即指中国,可见,在两汉时期,就有大量的丝绸输入了罗马。魏晋南北朝时期,由于陆上丝绸之路被阻断,这就直接影响了中国对罗马的丝绸输出。直到隋唐时期,陆上丝路才得以恢复,与此同时,海上丝路也被开辟,这就使唐朝的丝绸大规模地输入罗马。遗憾的是,文献和文物中都鲜见这方面的资料,但唐代绘画艺术伴随丝绸进入罗马却是一个不争的事实。

---

① 房玄龄:《晋书》卷九四《夏统传》,中华书局1974年版,第2428页。
② 干宝:《搜神记》卷二《天竺胡人》,中华书局1979年版,第23页。
③ 魏徵:《隋书》卷一五《音乐志下》,中华书局1973年版,第381页。
④ 李冗:《独异志》卷上,商务印书馆1941年版,第18页。
⑤ 李昉:《太平广记》卷二六六《轻薄士流》,中华书局1961年版,第2089页。
⑥ Pliny,The Natural History,Vol.6,p.54.

（二）罗马绘画传入唐朝

早在隋代，就有不少罗马绘画流入中国。唐初的裴孝源在《贞观公私画史》中提道："拂菻图人物器样二卷。鬼神样二卷。外国杂兽二卷。……西域僧迦佛陀画,并得杨素家。"[1] 显然,从隋代开始,中国人就已经注意到来自拂菻的器样了。虽然他们的目的是求宝,但这也在客观上促进了罗马绘画艺术在中国的传播。

唐代,景教绘画艺术也传入了中国。如在克孜尔石窟中,有一幅画师的自画像。图中人物垂发披肩,身穿镶边骑士短装,上衣敞口,翻领右衽,腰佩短剑,右手执中国式毛笔,左手持颜料杯。[2] 从其外部特征可以判断,他极可能是拜占庭人。因为《旧唐书》记载:"(拂菻)风俗男子剪发,披帔而右衽。"[3] 可见,随着景教的东渐,希腊、罗马风格的绘画艺术也传入了中国。

此外,1900 年英国探险家斯坦因在敦煌藏经洞找到了一幅景教画,1904 年勒柯可在高昌古城郊外也发现了一批景教壁画和绢画,这些作品中都有信徒和基督的形象。[4] 这表明希腊、罗马艺术的确曾在一定范围内盛行过,并对中国绘画的内容产生过影响。

四、雕塑

在所有艺术门类中,罗马雕塑艺术对唐朝的影响最为深远。早在北周时期,罗马雕塑艺术就对中国产生了一定的影响。如在北周时期宁夏固原的李贤墓中就出土了一件鎏金银胡瓶,它具有许多罗马式胡瓶的特征:第一,壶身捶揲的图案属于希腊罗马神话题材,表现帕里斯的审判、掠夺海伦回归的场面;第二,在壶身下部靠近圈足的部分,也用横纹同上面的图案相隔,这一部分刻画出虎头鱼尾的神兽,背景是水纹与鱼纹,这也同希腊罗马神话有关;第三,把手上安放着胡人头像,这一点同 4—5 世纪的罗马器物极其接近。[5] 可见,北周胡瓶的装饰图案深受罗马的影响。但是到了唐代,胡瓶已被改造为中国的执壶,其形体不再瘦削挺

---

[1]　裴孝源:《贞观公私画史》第 812 册,景印文渊阁四库全书本,台湾商务印书馆 1983 年版,第 25 页。
[2]　周青葆:《丝绸之路宗教文化》,新疆人民出版社 1998 年版,第 163 页。
[3]　《旧唐书》卷一九八《拂菻传》,中华书局 1975 年版,第 5314 页。
[4]　张绪山:《景教东渐及传入中国的希腊——拜占庭文化》,《世界历史》2005 年第 6 期,第 88 页。
[5]　林英:《唐代拂菻丛说》,中华书局 2006 年版,第 156 页。

拔,而是趋向秀丽丰满,流口不再出现在器身顶端的口沿部,而是演变为长形的管状流,接在器物的肩部。

1997年10月,在新疆伊犁哈萨克自治州昭苏县波马74团出土了一批6—7世纪的工艺精湛的金器,其中有一件镶嵌红玛瑙的虎柄金杯格外引人注目。发掘简报中这样描述它的造型和工艺:"金质,通高16厘米,口径8.8厘米,腹径10.5厘米,底径7厘米,重7克。……虎形柄焊接在口沿下至中腹部,虎头宽而圆,两耳竖立,四肢雄健,腰身细长,虎尾下垂,通体刻虎斑纹,形象生动。器底为凸起的同心圆纹,中心锤出八瓣花纹。"① 林英认为这件金杯上的虎柄很可能是仿照拜占庭银器上的虎豹手柄制作的。② 这一观点是正确的,因为在拜占庭帝国境内还出土了一些带有虎豹造型手柄的金银酒器。如,1914年至1919年在苏格兰特普雷恩出土了一处5世纪初的窖藏珍宝,其中就有两只银制的豹形雕像。根据研究者的观察,它们应该分别是两个银制器皿的手柄。③ 又如,1992年在英国发现的胡瑟窖藏中,也有一尊5世纪初的银铸虎形小雕像,同时出土的还有14 000多枚罗马金银币和200多件金银器。④ 可见,虎、豹雕像在拜占庭帝国非常盛行。这当与希腊的酒神崇拜有关,在希腊神话中,酒神狄奥尼索斯的坐骑就是虎和豹,因此虎和豹经常出现于希腊的艺术作品中。后来罗马完全继承了希腊艺术,因此虎和豹也是罗马艺术中常见的题材。

中国的高足杯造型也是在拜占庭高足杯艺术的影响下产生的。高足杯造型最早出现于罗马时代,拜占庭时代继续使用并传入中国。在内蒙古呼和浩特附近的毕克齐镇和西安李静训墓中都发现隋代金银高足杯,同时还出土了拜占庭列奥一世时制造的金币、头冠金饰片、金戒指及刀鞘等。因此,高足杯可能是拜占庭的制品。唐代的银高足杯发现较多,目前所知已达20余件。⑤ 它们可能都直接或间接地接受了拜占庭造型艺术的影响。

此外,几十年来,中国还出土了其他拜占庭遗物,如新疆、甘肃、陕西、内蒙

---

① 安英新:《新疆伊犁昭苏县古墓葬出土金银器等珍贵文物》,《文物》1999年第9期,第4～14页。

② 林英:《唐代拂菻丛说》,中华书局2006年版,第161页。

③ Alexander O. Curle and F. S. A. Scot. ,The Treasure of Traprain, A Scottish Hoard of Roman Silver Plate, Glasgow,1922,p. 1 – 5,79 – 80.

④ Roger Bland and Catherine Johns, The Hoxne Treasure, An Illustrated Introduction, (Trustees of the British Museum,1993) ,p.24.

⑤ 齐东方:《唐代金银器研究》,中国社会科学出版社1999年版,第300页。

古、河北等省区的许多地点发现有拜占庭金币,它们多为 6 世纪后期到 7 世纪中期所铸,此外,还有一些玻璃制品传入。[①] 这些文物本身即是雕塑作品,它们的传入,也扩大了罗马雕塑艺术在中国的影响。

第四节　与印度的艺术交流

印度艺术与中国艺术是东方最具影响力的两种艺术,它们之间相互传播、交互影响的历史非常悠久。在绵延几千年的历史演进中,两国艺术交相辉映,共同谱写了世界艺术史上的绚丽篇章。尤其在唐代,随着中印两国间友好关系的发展、丝绸之路的空前畅通和佛教的东渐,双方间的艺术交流进一步加强,主要表现在乐舞、百戏、绘画、雕塑等方面。

一、乐舞

唐朝与印度在乐舞方面互有交流和影响,主要表现在乐舞作品、乐器两方面。

(一)乐舞作品

1. 传入印度的唐代乐舞

由唐朝传入印度的乐舞作品不多,其中最有名的当数《秦王破阵乐》。《大唐西域记》中记载:玄奘在到达印度东部邦国迦摩缕波国的时候,拘摩罗王问他:"今印度诸国多有歌颂摩诃至那国(指中国)《秦王破阵乐》者,闻之久也,岂大德之乡国邪?"曰:"然。此歌者,美我君之德也。"[②]当时印度诸邦国都在称赞《秦王破阵乐》,可见其对印度诸邦国有较大的影响。同书卷五又载:玄奘到达印度中部邦国羯若鞠阇国的时候,戒日王问他:"尝闻摩诃至那国有秦王天子,少而灵鉴,长而神武。昔先代丧乱,率土分崩,兵戈竞起,群生荼毒。而秦王天子,早怀远略,兴大慈悲,拯济含识,平定海内,风教遐被,德泽远洽,殊方异域,慕化称臣。氓庶荷其亭育,咸歌《秦王破阵乐》。闻其雅颂,于兹久矣。盛德之誉,诚之有乎?

---

① 宿白:《中国境内发现的中亚与西亚遗物》,《中国大百科全书·考古卷》,中国大百科全书出版社 1986 年版,第 677 页。
② 玄奘著,季羡林校注:《大唐西域记校注》卷一○《拘摩罗王招请》,中华书局 1985 年版,第 797～798页。

大唐国者,岂此是邪?"①这里,戒日王也提到了《秦王破阵乐》,并且说"闻其雅颂,于兹久矣"。可见,《秦王破阵乐》在羯若鞠阇国确实享有很高的声誉。

此外,唐朝还有一种"击瓯"的音乐节目,也传入了印度。"击瓯"即击水杯,源于击缶。唐代击瓯,"率以邢瓯越瓯共十二只,旋加减水于其中,以箸击之其音妙于方响也"②。"击瓯"不知何时传入印度,至今盛行于民间,演奏时用小鼓伴奏。

2.印度乐舞作品传入唐朝

早在魏晋南北朝时期,由于国内战乱频仍,致使中国的传统乐舞艺术遭到严重破坏,这就为印度乐舞艺术的大量传入提供了契机。当时传入中国的印度乐舞很多,其中最具代表性的是苏祇婆之琵琶七调,即:娑陀力、鸡识、般赡、沙腊、沙识、沙侯加滥和侯利。③ 虽然七调是经龟兹传入中原的,但它却源于印度,为印度北宗音乐之一。④ 印度七调在隋、唐两代的音乐实践中得到了普遍运用,并对中国音乐产生了深远的影响。

到了唐代,随着中印交流的进一步加强,更多的印度乐舞艺术进入唐朝。唐代宫廷十部乐中即有《天竺乐》,此外,唐代的大曲和杂曲中还有《霓裳羽衣曲》《菩萨蛮》《南天竺》《望月婆罗门》《苏合香》⑤等曲目。这些乐舞作品都与印度有一定的关系。

《霓裳羽衣曲》为唐代著名法曲,它由印度乐曲《婆罗门曲》改编而来。常任侠先生说:"《霓裳羽衣曲》为《婆罗门曲》。"⑥诸多文献资料也证实了这一观点。据宋王灼的《碧鸡漫志》记载:"《霓裳羽衣曲》,说者多异。予断之曰:'西凉创作,明皇润色,又为易美名,其他饰以神怪者,皆不足信也。'《唐史》云:'河西节度使杨敬述献,凡十二遍。'白乐天和元微之霓裳羽衣曲歌云:'由来能事各有主,杨氏创声君造谱。'"自注云:"开元中,西凉节度使杨敬述造。"⑦文中并未点明杨敬述所献为何曲,但《近世会元》引《唐野史》云:"明皇开元中,道人叶法善引上

① 玄奘著,季羡林校注:《大唐西域记校注》卷五《玄奘会见戒日王》,中华书局1985年版,第436页。
② 段安节:《乐府杂录》"击瓯"条,古典文学出版社1957年版,第36页。
③ 魏徵:《隋书》卷一四《音乐志中》,中华书局1973年版,第345～346页。
④ S. levi:Le"tokharien B",langue de Koutcha,Journal Asiatique,1913,p. 311–380.
⑤ 崔令钦:《教坊记》,古典文学出版社1957年版,第8～12页。
⑥ 常任侠:《丝绸之路与西域文化艺术》,上海文艺出版社1981年版,第145页。
⑦ 王灼:《碧鸡漫志》卷三,古典文学出版社1957年版,第70页。

入月宫。时秋,上苦凄冷,不能久留。归于天半,尚闻仙乐。及归,但记其半曲,遂笛中写之。会西凉都督杨敬述进《婆罗门曲》,与其声调相符,遂以月中所闻为之散序。因敬述所进为曲身,名霓裳羽衣曲也。"①由此可知,《霓裳羽衣曲》即改编自杨敬述所献的《婆罗门曲》。

《苏合香》也源于印度,日本史书《体源抄》②和《教训抄》③都说《苏合香》是天竺乐。传天竺阿育王病脑,服苏合香而愈,王喜因命育竭传此乐。冠苏合草而舞。这说明天竺有苏合香这种草药,因而也就出现了以这种植物命名的音乐。日本学者田边尚雄在《东洋音乐史》中也说:"《苏合香》有谓原出天竺,传至西域,以入中国者。"④可见,《苏合香》源自印度,后又通过西域传入唐朝,成为唐代著名大曲。《教坊记》把它列为教坊大曲⑤,《乐府杂录》把它归于软舞曲⑥,《羯鼓录》所载曲目中也有《苏合香》⑦,可见《苏合香》在唐代非常盛行。之后它又经唐朝传入日本。

（二）乐器

根据文献资料和文物资料可知,印度传入中国的乐器主要有凤首箜篌、五弦琵琶、答腊鼓、都昙鼓、毛员鼓、铜钹等。

凤首箜篌因其形制而得名。《文献通考》载:"其制作曲颈凤形焉。"⑧日本学者林谦三在《东亚乐器考》中也说:"最初因其（凤首箜篌）头上有着鸟形装饰,故冠以凤首之名。"⑨《通典》卷一四四对凤首箜篌的形象亦有描述:"凤首箜篌,颈有轸。"⑩中唐时传入中国的《骠国乐》中亦用凤首箜篌,《新唐书》卷二二二即详细记载了骠国所献乐器凤首箜篌的形制:"凤首箜篌二:其一长二尺,腹广七寸,凤首及项长二尺五寸,面饰虺皮,弦一十有四,项有轸,凤首外向;其一顶有条,轸有笼首。"⑪由此可知,凤首箜篌的形制大致是:周身弯曲,下方有横木,且横木的

①　李上交:《近事会元》,台湾商务印书馆1986年版,第282页。
②　丰原统秋:《体源抄》卷一二《苏合香秘说日记事》,株式会社昭和五十三年刊,第1545页。
③　正宗敦夫编纂校订:《教训抄》卷二《苏合香》,现代思潮社昭和三年。
④　转引自向达:《唐代长安与西域文明》,生活·读书·新知三联书店1957年版,第69页。
⑤　崔令钦:《教坊记》,古典文学出版社1957年版,第11页。
⑥　段安节:《乐府杂录》"舞工"条,古典文学出版社1957年版,第28页。
⑦　南卓:《羯鼓录》,古典文学出版社1957年版,第12页。
⑧　马端临:《文献通考》卷一三七《乐十》,中华书局1986年版,第1215页。
⑨　[日]林谦三著,钱稻孙译:《东亚乐器考》,人民音乐出版社1962年版,第215页。
⑩　杜佑:《通典》卷一四四《乐四》,中华书局1988年版,第3680页。
⑪　《新唐书》卷二二二下《南蛮下》,中华书局1975年版,第6312页。

部位应是音箱所在,曲颈项端雕有凤头,张弦数根,向上的曲木则设有轸,用以紧弦。凤首箜篌源于印度。《文献通考》载:"凤首箜篌出于天竺伎也。"①林谦三在《东亚乐器考》中对它的来源也进行了详细的考证。他以印度古典文学及古代绘画雕刻为资料,证明它是在岌多王朝(320—495)及其以前产生的一种弓形竖琴。②关于凤首箜篌传入中国的时间,《隋书》云:"天竺者,起自张重华据有凉州,……乐器有凤首箜篌、琵琶、五弦、笛、铜鼓、毛员鼓、都昙鼓、铜钹、贝等九种……"③由此可知,在东晋初张重华据有凉州之后,凤首箜篌即由天竺传入我国。凤首箜篌传入中国的路线,应是先由印度传入新疆,之后传入甘肃,最后进入内地。唐五代时期,凤首箜篌已得到广泛使用,这在壁画中多有反映。如敦煌初唐壁画第 335 窟,中唐第 134 窟,晚唐第 12、14、54、85、107、138、141、148、161窟,五代第 22、61、146、361 窟④中都出现了凤首箜篌。凤首箜篌大量出现在唐五代时期的壁画上,充分说明它在这一时期异常流行。

关于琵琶,一般认为有三种:第一种是我国的华夏旧器,即所谓的秦琵琶(或称秦汉子、阮咸),其形制为圆形音箱,直项,四弦,品有 10 余个;另外两种为曲颈琵琶和五弦琵琶,均为外来乐器。这里重点介绍五弦琵琶。

五弦琵琶,又名五弦。其形制据《通典》记载:"五弦琵琶,稍小。"⑤梨形音箱,直项,有五弦和五柱。关于五弦琵琶的起源,有的学者认为源于印度,如赵维平、李维路、林谦三、岸边成雄等;有的学者认为它源于龟兹,如周青葆等;有的学者则认为它源于西域(从广义上而言),如常任侠等。本书采用"印度说"。因为据上文所引《隋书》卷一五《音乐下》的记载可知五弦琵琶由印度传入,传入时间也在张重华占据凉州之时。

五弦琵琶历经十六国、北魏、北齐、隋等历史时期,一直被广泛使用于宫廷乐舞之中,至唐而大盛。唐代的宫廷十部乐中有八部都使用了五弦琵琶,这八部乐分别为:燕乐、高丽乐、天竺乐、高昌乐、龟兹乐、疏勒乐、西凉乐、安国乐。⑥ 唐代

---

① 马端临:《文献通考》卷一三七《乐十》,中华书局 1986 年版,第 1215 页。
② [日]林谦三著,钱稻孙译:《东亚乐器考》,人民音乐出版社 1962 年版,第 215 页。
③ 魏徵:《隋书》卷一五《音乐志下》,中华书局 1973 年版,第 379 页。
④ 周青葆:《丝绸之路上的凤首箜篌》(上),《乐器》2010 年第 4 期,第 63 页。
⑤ 杜佑:《通典》卷一四四《乐四》,中华书局 1988 年版,第 3679 页。
⑥ 《旧唐书》卷二九《音乐志二》,中华书局 1975 年版,第1068～1071页。

还出现了多位善弹五弦琵琶的音乐家,如前述的赵璧、裴神符、康昆仑等。此外,教坊中还有许多擅长五弦琵琶的"搊弹家"。文物资料中也有许多五弦琵琶图像,如在新疆克孜尔第8、14、38、80、98、100、192、196窟等,库木吐拉第56、58窟,森木赛姆第42、48窟中都可见到。① 可见,五弦琵琶在唐代十分盛行。

毛员鼓亦源于印度。据林谦三的《东亚乐器考》论述,毛员鼓与都昙鼓等细腰鼓均来自印度。②《文献通考》亦记载:"毛员鼓,……扶南、天竺之乐器也。"③关于毛员鼓的形制,《文献通考》云:"毛员鼓,似都昙鼓而大。"④根据前述《隋书》的记载,可知它也是在张重华据有凉州之际与五弦琵琶、凤首箜篌等乐器一起传入中国的。唐时"胡乐"中的天竺、龟兹、扶南、高昌乐都用毛员鼓。⑤ 此鼓于中唐时被弃绝。

都昙鼓是一种细腰鼓,形似腰鼓而小。《通典》记载:"都昙鼓,似腰鼓而小,以槌击之。"⑥此鼓亦来自印度,《文献通考》就载:"都昙鼓,扶南、天竺之器也,其状似腰鼓而小,以小槌击之。"⑦丰富的文物资料也证明了这一观点,如在印度的巴尔胡提塔浮雕、阿摩罗缚底塔浮雕,以及笈多王朝的绘画、雕刻里都有不少都昙鼓的形象。⑧ 可见,都昙鼓的确源于印度。关于都昙鼓传入的时间,根据前引资料可知,也是在张重华据有凉州之际。至唐,都昙鼓得到广泛使用,在唐十部乐中,天竺乐、龟兹乐、高昌乐、扶南乐都使用了都昙鼓。⑨ 唐代敦煌壁画,如第220窟(初唐),第124、148、172、188、217窟(盛唐),第231窟(中唐)中都有此鼓的图像⑩,这充分说明都昙鼓在中唐以前非常盛行,进而证明了林谦三"都昙鼓大概在唐的前半期已沦于废绝"⑪的观点是错误的。但都昙鼓鲜见于晚唐敦煌壁画这一现象,也说明此鼓在晚唐已经由盛转衰,并可能已被废弃。

答腊鼓,又名揩鼓,也源于印度。在古印度桑志浮雕里,就有酷似答腊鼓的

---

① 周青葆:《琵琶溯源》,《音乐探索》1985年第3期,第47页。
② [日]林谦三著,钱稻孙译:《东亚乐器考》,人民音乐出版社1962年版,第106页。
③ 马端临:《文献通考》卷一三六《乐九》,中华书局1986年版,第1208页。
④ 马端临:《文献通考》卷一三六《乐九》,中华书局1986年版,第1208页。
⑤ 《旧唐书》卷二九《音乐志二》,中华书局1975年版,第1070~1071页。
⑥ 杜佑:《通典》卷一四四《乐四》,中华书局1988年版,第3677页。
⑦ 马端临:《文献通考》卷一三六《乐九》,中华书局1986年版,第1208页。
⑧ [日]林谦三著,钱稻孙译:《东亚乐器考》,人民音乐出版社1962年版,第106页。
⑨ 《旧唐书》卷二九《音乐志二》,中华书局1975年版,第1070~1071页。
⑩ 庄壮:《敦煌壁画上的打击乐器》,《交响——西安音乐学院学报》,2002年第4期,第18页。
⑪ [日]林谦三著,钱稻孙译:《东亚乐器考》,人民音乐出版社1962年版,第110页。

一种鼓[①],这应是答腊鼓的原型。而其演奏法则源于西亚乃至埃及地方,因为演奏答腊鼓时"以手揩之"[②],这种演奏方法最初见于西亚[③]。关于此鼓的形制,《通典》有载:"答腊鼓,制广羯鼓而短,以指揩之,其声甚震,俗谓之揩鼓。"[④]由此可知,答腊鼓比羯鼓短,但体形却比羯鼓大。答腊鼓先由印度传入中亚,之后又"于六朝后半期"传入中国。[⑤] 至唐代,"燕乐、龟兹乐、疏勒乐、高昌乐等都使用答腊鼓"[⑥]。在敦煌石窟壁画第220窟(初唐)南壁,第126、180窟(盛唐),第112窟(中唐)的乐队中均有此种鼓。另外,在自鸣乐中也有不少答腊鼓图像,如第321窟(初唐)。[⑦] 这进一步说明此鼓在唐代非常流行。但尤其要注意的是,148窟中的一件答腊鼓竖胸前演奏[⑧],这与传统的演奏方法截然不同,应是一种新的方法。考虑到答腊鼓传入中国时经过了龟兹等地,因而有可能受了西域竖箜篌等器乐的竖弹法的影响。此鼓在唐代盛极一时,之后便开始衰落,并迅速消失。

二、百戏

唐代的很多百戏都源于印度。《旧唐书·音乐志》即载:"大抵散乐杂戏多幻术。幻术皆出西域,天竺尤甚。"[⑨]印度百戏的种类很多,《法苑珠林》引王玄策《西国行传》讲到,王玄策等人在高宗显庆年间到了五印度国,印度国王就"设乐"以招待远道而来的贵客。西国的杂技表演让他们大开眼界,"或有腾空走索,履屐绳行,男女相避,歌唱如戏。或有女子手弄三伎(刀矟枪等),掷空手接,绳走不落。或有截舌自缚,解伏依旧,不劳人功"[⑩]。随着双方交流的进一步加强,印度的百戏也传入了中国。

印度杂技中的舞刀、走绳、截舌、抽肠等都沿丝绸之路传入了唐朝。据《法苑珠林》卷七六记载,唐贞观二十年(646),西国有"五婆罗门来到京师",他们擅长

---

① [日]林谦三著,钱稻孙译:《东亚乐器考》,人民音乐出版社1962年版,第86页。
② 杜佑:《通典》卷一四四《乐四》,中华书局1988年版,第3677页。
③ [日]林谦三著,钱稻孙译:《东亚乐器考》,人民音乐出版社1962年版,第86页。
④ 杜佑:《通典》卷一四四《乐四》,中华书局1988年版,第3677页。
⑤ [日]林谦三著,钱稻孙译:《东亚乐器考》,人民音乐出版社1962年版,第88页。
⑥ 《旧唐书》卷二九《音乐志二》,中华书局1975年版,第1070~1071页。
⑦ 庄壮:《敦煌壁画上的打击乐器》,《交响——西安音乐学院学报》,2002年第4期,第19页。
⑧ 庄壮:《敦煌壁画上的打击乐器》,《交响——西安音乐学院学报》,2002年第4期,第19页。
⑨ 《旧唐书》卷二九《音乐志二》,中华书局1975年版,第1075页。
⑩ 释道世撰,周叔迦校注:《法苑珠林校注》卷七六《感应缘》,中华书局2003年版,第2254页。

"音乐、祝术、杂戏、截舌、抽腹、走绳、续断"①等艺术,长安市民好之者甚众。

印度杂技中的自断手足和刺肠胃之技也曾传入唐朝。据《唐会要》记载:"显庆元年(656)正月,高宗御安福门。观大酺。有伎人欲持刀自刺。以为幻戏。"②后高宗因其太过残忍而下令禁断。此事《新唐书》亦有载:"天竺伎能自断手足,刺肠胃,高宗恶其惊俗,诏不令入中国。"③可见,印度的自断手足和刺肠胃之技因不符合中国人的审美心理,很快就被废止,在唐代存在的时间是比较短暂的。

倒立技亦从印度传入。据《新唐书》记载:"睿宗时,有婆罗门国献人倒行以足舞,仰置銛刀,俯身就锋,历脸下,复植于背,笮篥者立腹上,终曲而不伤。又扶伸其手,二人蹑之,周旋百转。"④这里的"婆罗门国"即指印度。可见,至迟在睿宗时,印度的倒立技已传入中国。倒立技为柔术和硬气功表演,表演者不仅要"倒行以足舞",还要"仰置銛刀,俯身就锋",十分惊险动人。

三、绘画

在绘画方面,印度对中国的影响非常大,尤其是"凹凸画法"对中国的影响更为深远。"凹凸画法"即叠晕法,也就是现在所说的明暗法、透视法,是指由浅入深或由深渐浅地层层赋色,从而形成层次分明的色阶。而色阶的浓淡疏密则使画作呈现出光影、明暗等效果,从而具有立体感和质感。这种晕染凹凸法,最初见于印度犍陀罗艺术。⑤ 传入西域后,于阗、龟兹画家吸收了此画法人物衣褶紧窄、人体肌肉明暗晕染以及裸体等表现手法,同时又借鉴了中原的画法和艺术观念,创造了具有西域风格及地方特色的绘画,形成了于阗画派、龟兹画派等。在唐代,随着中西文化交流的日益频繁,"凹凸画法"经西域传入中国,并对唐代绘画产生了很大的影响,主要表现在人物画、山水画和壁画三方面。

(一)人物画

在人物画方面,唐代著名画家吴道子等都深受"凹凸画法"的影响。吴道子被誉为中国绘画史上的"画圣",他在绘画创作中就使用了印度"凹凸画法"的技

---

① 释道世撰,周叔迦校注:《法苑珠林校注》卷七六《感应缘》,中华书局2003年版,第2254页。
② 王溥:《唐会要》卷三四《杂录》,中华书局1955年版,第628页。
③ 《新唐书》卷二二《礼乐十二》,中华书局1975年版,第479页。
④ 《新唐书》卷二二《礼乐十二》,中华书局1975年版,第479页。
⑤ 牛克诚:《色彩的中国绘画》,湖南人民美术出版社2002年版,第8页。

巧和方法。苏东坡在《东坡题跋》中云:"道子画人物如以灯取影,逆来顺往,旁见侧出,横斜平直,各相乘除,得自然之数,不差毫末。"①即是说吴道子的人物画采用印度的"凹凸画法",使用晕染等手法,制造出光影、明暗等效果,从而使画作显得准确而真实。《历代名画记》引汤垕《画鉴》曰:"吴道子笔法超妙,为百代画圣。早年行笔磊落挥霍,如莼菜条。人物有八面,生意活动,方圆平正,高下曲直,折算停分,莫不如意。其敷采,于焦墨痕中略施微染,自然超出纤素,世谓之'吴装'。"②从"人物有八面"可以看出,吴道子的画作极具立体感,这是运用了"凸凹画法"的结果。《历代名画记》又引米芾《画史》曰:"苏子瞻家收吴道子画佛及侍者志公十余人,破碎甚,而当面一手精彩动人。点不加墨,口浅深晕成,故最如活。"③"略施微染""点不加墨,口浅深晕成"等都是"晕染凹凸法"的特点。从以上论述可以看出,吴道子已深得"凹凸画法"之精要,巧妙地从物象外轮廓向中间由深渐浅地着色,使画面顿时出现高下错落、阴阳分明的艺术效果。可见,印度的"晕染凹凸法"对吴道子的绘画技艺产生了很大的影响。

(二)山水画

唐代的山水画亦深受印度"凹凸画法"的影响。向达在《唐代长安与西域文明》中说:"或谓凸凹画派传入中国,仅在人物画方面微受影响,山水画则仍以骨法为主干。实则中国之山水画至吴道玄亦复起一大变局。"④也就是说,"凹凸画法"传入中原后,只是稍微改变了人物画的画法,而山水画仍沿用了传统的骨法。但从吴道子开始,中国的山水画从根本上发生了变化。关于其原因,《唐代长安与西域文明》中也有记载:"吴道玄画怪石崩滩若可扪酌,颇疑其用凸凹法,不然不能至此也。"⑤即是说,吴道子笔下的怪石险滩富有立体感,令人感到非常真实。这当是他将"凹凸画法"中的体积观念运用于山水画创作的结果。可见,印度的"凹凸画法"对唐代的山水画也产生了影响。

(三)壁画

从唐代壁画中,我们亦可以看出印度"凹凸画法"的影响。"凹凸画法"在唐

---

① 苏轼:《东坡题跋》卷五《书吴道子画后》,商务印书馆1992年版,第95页。
② 张彦远:《历代名画记》卷九《唐朝上》,上海人民美术出版社1964年版,第178页。
③ 张彦远:《历代名画记》卷九《唐朝上》,上海人民美术出版社1964年版,第177页。
④ 向达:《唐代长安与西域文明》,生活·读书·新知三联书店1957年版,第409页。
⑤ 向达:《唐代长安与西域文明》,生活·读书·新知三联书店1957年版,第409页

代墓室壁画中得到了普遍使用,其中尤以章怀太子墓、永泰公主墓和懿德太子墓壁画最具代表性。章怀太子墓室画在用色上变化多样,叠晕法使用频率很高,一般沿着衣纹走向进行晕染,具有较强的写实风格和立体感。《客使图》就充分体现了这一特点,该图敷色以晕染为主,深浅变化明显。对于人物的脸部,则层层涂色进行晕染,而对额、鼻、下巴等突出的部分,则用色极淡,这就使整幅画作顿时呈现不同的层次,具有了立体感,画中人物也显得更加真实。永泰公主墓中的壁画创作也多使用晕染法,不但青龙图、白虎图使用叠晕法,而且《宫女图》中人物的服饰,如裙、衫、袍,女侍的披帛等,也多用晕染技法,衣纹的转折处用晕染法来表现色彩变化,为了显示出人物衣着的厚重质感,则层层积染同一色彩。① 懿德太子墓壁画中的人物面部多晕染成淡赭或淡红色,马匹也多用晕染法。

四、雕塑

在雕塑方面,唐朝和印度也有交流,并且相互产生了影响,但总体而言,印度雕塑对唐朝产生的影响比较大。

（一）印度雕塑艺术对唐朝的影响

印度的雕塑艺术传入中国,对唐代的佛教雕塑、金银器制作等都产生了广泛的影响。

在唐代,随着中印交流的日益频繁和印度佛教的东传,印度笈多式的佛像造型艺术也传入中国。在印度佛像造型艺术的影响下,中国的石刻佛像显示出了明显的印度佛像的造型艺术风格。如,著名的天龙山石窟佛像,几乎完全抄自印度。因此,许多学者推测,当时可能有印度的雕刻家参与了石窟的造像工作。② 他们的分析不无道理,因为如果单单由中国工匠雕刻,肯定要有显著的中国风格。而天龙山石窟佛像呈现出如此纯粹的印度雕塑艺术风格,当是印度雕刻家参与创作的结果,并且他们从中还起了关键作用。又如,长安敬爱寺的雕塑也深受印度雕塑艺术的影响。《历代名画记》记载:"佛殿内《菩萨》、《树下弥勒菩萨塑像》,高宗麟德二年(665)自内出王玄策取到西域所图菩萨像为样。"③ 即是说,

① 邹满星:《唐代墓室壁画人物画"胡化"风格研究》,陕西师范大学2008年版,第25页。
② 李琳:《中国石刻佛像的风格及其断代》,《文史杂志》2000年第4期,第47页。
③ 张彦远:《历代名画记》卷九《唐朝上》,上海人民美术出版社1964年版,第71页。

敬爱寺的弥勒菩萨塑像是仿照王玄策从印度取回的菩萨像而塑造的,因此从这尊塑像身上我们亦可看到印度雕塑艺术的影响。

龙门石窟寺左室中庭佛像和五台山佛光寺的佛像造型,是唐代佛像造型的代表,它们亦深受印度佛像造型艺术的影响,体现在以下几个方面:

第一,从佛像的衣着来看。唐代佛像的着装直接承袭了印度佛像的风格,穿全身很少裸露的印度式袈裟,衣纹虽多但却紧贴皮肤,故玲珑的线条清晰可见;佛像的头发已变为印度珠宝帽的形式,少数戴有佛冠的造像,其佛冠式样亦是印度式的。

第二,从佛像的姿态来看。唐代佛像的眼帘稍微下垂,表现出安宁静谧的神态,这是印度笈多式的佛像特有的神情。佛像小腰细颈,有女性化的趋势,身体呈"三曲立姿"的印度风格,重心落在一腿,另一腿膝盖微向前曲,臀部稍斜,两肩向前后微斜。[①] 这也是典型的印度石刻佛像的姿势。

除了佛像造型艺术深受印度影响外,唐代金银器纹饰中也保留了不少印度雕塑的元素。如唐代金银器上的摩羯纹就源于印度。摩羯本是印度神话中的一种长鼻、利齿、鱼身的动物,其形象来源于鲸、象、鱼、鳄等。这种纹饰从公元前3世纪起在印度就一直非常流行,常见于印度雕塑之中。大约在东汉,摩羯形象随着佛教传入。它在唐代被大量应用于金银器制作中,如何家村摩羯纹金长盘、凯波高足银长杯、何家村摩蝎纹弧腹银碗等。[②] 可见,唐代金银器的制作亦深受印度雕塑艺术的影响。

(二)唐代雕塑艺术传入印度

唐代雕塑艺术传入印度主要是通过陶瓷贸易。唐代的陶瓷畅销海外,其中也有不少远销到了印度,如印度南部的迈索尔邦博物馆就藏有晚唐五代的越窑系青瓷和白底褐釉的长沙窑瓷,其中不少就出土于印度。[③] 又如,法国考古工作者在印度本地治里市的阿里加梅杜村就发掘出了一些9—10世纪的越州窑瓷盘碎片,它们如今被收藏在附属于法国图书馆的本地治里博物馆中。[④] 可见,唐代的陶瓷大量地销往印度,它们独特的造型也会对印度的雕塑艺术产生一定的

---

① 李琳:《中国石刻佛像的风格及其断代》,《文史杂志》2000年第4期,第48页。
② 齐东方:《唐代金银器研究》,中国社会科学出版社1999年版,第319页。
③ [日]三上次男著,胡德芬译:《陶瓷之路》,天津人民出版社1983年版,第204页。
④ [日]三上次男著,胡德芬译:《陶瓷之路》,天津人民出版社1983年版,第207页。

影响。

综上所述,唐朝和印度之间在乐舞、百戏、绘画、雕塑等方面都有交流。通过交流,双方的艺术都得到了发展。

第五节 与波斯的艺术交流

中国和波斯分别作为东亚和西亚的文明古国,交往的历史非常悠久。波斯在安息王朝时(公元前248—公元227),随着张骞出使西域开通丝路,便与中国间有了友好往来。在中国古代史书中,如《史记》、前后《汉书》、《魏略》等,都称它为安息国。萨珊朝于公元224年或226年兴起后,中国史书,如《魏书》《周书》《隋书》、两《唐书》等,改称它为波斯国,并记载了它曾派使臣与中国交聘的史实。唐时的波斯包括萨珊波斯王朝(226—650)后期和伊斯兰教前期(651—1290年)。波斯与唐朝间始终保持着友好关系。唐太宗贞观六年(632),萨珊朝末代国王伊嗣俟继承王位,未几,大食人便开始大举入侵波斯。伊嗣俟与大食交战兵败,后被人杀害,历时数百年的萨珊波斯王朝最终灭亡。此后,伊嗣俟之子卑路斯避居波斯东境,在吐火罗的支持下建立了流亡政权。唐朝于661年在"于阗以西,波斯以东"设置了16个都督府,其中于卑路斯所在的"疾陵城设置了波斯都督府",并"以卑路斯为都督"。其后,卑路斯"数遣使贡献焉"。高宗咸亨年间,卑路斯还"自来朝贡",高宗"甚加恩赐",并拜他为"右武卫将军"。① 波斯人因大食人的进攻,也有不少逃入中国。由于他们信仰祆教,677年卑路斯还"奏请于醴泉坊置波斯胡寺"。卑路斯去世之后,唐朝册立卑路斯之子泥涅师为波斯王,客居长安,其后病死长安。② 波斯与唐朝间这种良好的政治关系也促进了双方的艺术交流。

一、乐舞

唐朝与波斯的乐舞交流主要表现在乐器方面。当时,不少波斯乐器都传入了唐朝,其中最著名的当数竖箜篌、四弦琵琶和纵笛。

---

① 王溥:《唐会要》卷一〇〇《波斯》,中华书局1955年版,第1783页。
② 王溥:《唐会要》卷七三《安西都护府》,中华书局1955年版,第1322页。

　　竖箜篌为箜篌之一种,关于竖箜篌的形制和弹奏方法,《通典》卷一四四《乐典四》有载:"竖箜篌,胡乐也,汉灵帝好之。体曲而长,二十二弦。竖抱于怀中,用两手齐奏,俗谓之擘箜篌。"①可见,竖箜篌属于竖琴之类,由两手一起弹奏。从"汉灵帝好之"可窥知,竖箜篌至迟已于东汉灵帝时传入了中国。但林谦三先生对此有不同看法,他认为竖箜篌最早传入中国当在东晋初年,因为竖箜篌鲜见于东汉时的考古资料中。② 牛龙非先生的看法与林谦三大致相同,他认为"竖箜篌传入时间当在东晋末期之时",其理由是"甘肃永靖炳灵寺石窟西秦建弘元年壁画中的竖箜篌图像,以及北魏第267窟壁画的竖箜篌图像,是中原地区迄今为止发见的竖箜篌形象资料中年代最早的两例"。③ 周青葆先生则认为竖箜篌早于公元前8世纪就传入了中国,因为在新疆扎滚鲁克二期文化的 M14 号墓(距今2711年左右)就出土了竖箜篌,而新疆自古就是中国的领土。④ 可见,因为学者们所依据资料和对"中国"概念理解的差异,所以就产生了不同的观点。牛龙非与林谦三先生的"东晋说"只依据考古资料,而忽视了文献资料;而"东汉说"则只依据文献资料,而缺乏考古资料;周青葆先生的观点也有失偏颇,因为春秋时期,新疆并不隶属于中国。可见,这一问题至今仍无定论。但随着考古事业的发展和更多文物资料的面世,这一问题定会有一个科学的答案。

　　竖箜篌传入中国后,盛行于六朝至唐宋时期,因为在这一时期的绘画、雕塑等艺术作品中,就有不少竖箜篌的形象。如敦煌第390窟、第112窟的壁画中以及前蜀王建墓石雕中都有演奏竖箜篌的场景。公元5世纪开凿的山西云冈石窟中也有竖箜篌的形象。近十几年来,考古工作者在新疆也发掘了不少竖箜篌的实物,如在新疆切末扎滚鲁克墓地和鄯善洋海墓地就出土了6件竖箜篌。⑤ 这些文物资料有力地证明了竖箜篌是经西域传入中国内地的。文献资料也显示,隋唐时期竖箜篌被广泛使用于西凉、龟兹、安国、康国、疏勒、高丽、高昌、天竺等乐部中⑥,这也说明竖箜篌在中国备受欢迎,十分流行。

---

① 杜佑:《通典》卷一四四《乐器四》,中华书局1988年版,第3680页。
② 林谦三:《东亚乐器考》,音乐出版社1962年版,第225～226页。
③ 牛龙非:《敦煌壁画乐史资料总录与研究》,敦煌文艺出版社1991年版,第347页。
④ 周青葆:《丝绸之路与竖箜篌的东渐》,《中国音乐》2011年第3期,第53页。
⑤ 杜文玉:《丝绸之路与新罗乐舞》,《人文杂志》2009年第1期,第126页。
⑥ 《旧唐书》卷二九《音乐志二》,中华书局1975年版,第1068～1070页。

关于琵琶的来源，首见于后汉刘熙的《释名》："枇杷，本出于胡中，马上所鼓也。推手前曰枇，引手却曰杷。象其鼓时，因以为名也。"①这里的"枇杷"特指四弦琵琶，因为在中国史籍中，五弦琵琶往往被略记为五弦，而四弦曲项琵琶一般直称为琵琶。《隋书》卷一五亦载："今曲颈琵琶、竖箜篌之徒皆出自西域。"②由于在四弦琵琶、五弦琵琶和阮咸三种琵琶中，只有四弦琵琶是曲颈的，故这里言及的"曲颈琵琶"即指四弦琵琶。根据两书的记载可知，中国的四弦琵琶系由"胡"和"西域"传入。但此处的"胡"和"西域"当是广义的西域，指的是南亚、西亚，甚至北非和欧洲地区。那么它有没有确指的对象？笔者认为确指波斯。因为至迟在公元前，四弦琵琶就已在波斯出现，1世纪前后的 Barbiton 是其前身。传入中亚一带距今也有2 000多年的历史了，在撒马尔罕的小雕像和中亚 Airtam 壁画上都可见逼真的琵琶图像。出现于新疆则是在公元前后，在克孜尔第23、30窟，库木吐拉第24、46窟以及伯孜克里克第29窟中都有清晰的描绘。③但新疆琵琶的共鸣体要比波斯琵琶的共鸣体修长，这说明新疆并没有完全因袭波斯的旧制，而是进行了改革。四弦琵琶后又通过新疆、甘肃传入中原。到了唐代，在演奏方法上四弦琵琶舍弃了传统的拨子，改以手指弹拨。其后，四弦琵琶又不断得以改革，在音色、音域等方面都有了极大的发展，从而焕发出无限的生机和活力，并长期活跃在中国舞台上。

纵笛也叫竖笛，也由波斯传入中国。日本学者田边尚雄说："纵笛源于西亚，为美索不达米亚、犹太、埃及、希腊古代常吹的乐器，其种类有二，于吹口处插一芦舌，即觱篥的一种，另一于吹口处仅切斜口，与笛相类。"④纵笛系由苇管做成，因为古代西亚多苇，且苇管直而长，适于做笛。纵笛输入中国的时代很早，至迟周末已有之⑤，因为在相当于殷周时期的青海卡约文化遗址中已发现了竖吹的骨管⑥。纵笛材质较多，主要有竹笛、玉笛、铁笛等。玉笛在唐朝较为流行，它不但常见于唐诗中，而且也出现在《羯鼓录》中："玄宗尤爱羯鼓和玉笛。"纵笛传入

---

① 刘熙撰，王先谦证补：《释名疏证补》卷七《释乐器第二十二》，中华书局2008年版，第334页。
② 魏徵：《隋书》卷一五《音乐志下》，中华书局1973年版，第378页。
③ 周青葆：《琵琶溯源》，《音乐探索》1985年第3期，第50页。
④ ［日］田边尚雄著，陈清泉译：《中国音乐史》，上海书店1984年版，第165页。
⑤ ［日］田边尚雄著，陈清泉译：《中国音乐史》，上海书店1984年版，第165页。
⑥ 王秉义：《远古乐器"管"哪里去了？》，《乐器》2016年第9期，第14页。

中国的路线,应是先经过中亚,再由西域传入中国。

二、百戏

唐代百戏亦深受波斯影响。波斯传入中国的百戏主要有泼寒胡戏。泼寒胡戏又叫乞寒胡戏,是一种大型游戏活动,其特点是集歌、乐、舞于一体,并于寒冬举行。泼寒胡戏源于波斯,之后通过西域传入中国。其传入中国的时间当在北周。《周书·宣帝纪》最早记载了这一活动:大象元年(579)十二月,"宣帝御正午殿,集百官及宫人内外命妇,大列妓乐,又纵胡人乞寒,用水浇沃为戏乐"[1]。此戏至唐而盛行一时,唐代文献中有多处记载。《旧唐书》卷一〇一载:"自则天末年,季冬为泼寒胡戏,中宗尝御楼以观之。至是,因蕃夷入朝,又作此戏。"[2]《旧唐书》卷七亦载:"(景龙三年)十二月乙酉,令诸司长官向醴泉坊看《泼胡王》乞寒戏。"[3]《新唐书》卷四《中宗本纪》记载:"(神龙元年十一月)己丑,(中宗)御洛城南门,观泼寒胡戏。"[4]《新唐书》卷五《睿宗本纪》又载:"(景云二年)十二月丁未,作泼寒胡戏。"[5]可见,泼寒胡戏在唐代主要由皇帝本人或上层贵族发起,其主要功能是接待来使和节日欢庆。

泼寒胡戏后来逐渐盛行于民间,其表演场地也由宫殿前改为街市旁,而表演者也扩展到坊邑间人。关于其流行之盛况,《通典·乐六》有载:"腊月乞寒,外蕃所出,渐渍成俗,因循已久。"[6]但不久泼寒胡戏即因高级官员的反对而遭禁断。这些官员有县令吕元泰、左拾遗韩朝宗和中书令张说,他们反对泼寒胡戏的理由为它不合儒家传统礼俗。张说就曾上奏:"乞寒泼胡,未闻典故,裸体跳足,盛德何观;挥水投泥,失容斯甚。法殊鲁礼,褻比齐优,恐非干羽柔远之义,樽俎折冲之礼。"[7]关于其被禁断的原因,今天的学术界还存在不同看法。王克芬认为它"不符合中原民情,与中原的风俗习惯有较大距离","而玄宗本人对此也不感兴

---

① 令狐德棻:《周书》卷七《宣帝本纪》,中华书局 1971 年版,第 122 页。
② 《旧唐书》卷九七《张说传》,中华书局 1975 年版,第 3052 页。
③ 《旧唐书》卷七《中宗本纪》,中华书局 1975 年版,第 149 页。
④ 《新唐书》卷四《中宗本纪》,中华书局 1975 年版,第 108 页。
⑤ 《新唐书》卷五《睿宗本纪》,中华书局 1975 年版,第 118 页。
⑥ 杜佑:《通典》卷一四六《乐六》,中华书局 1988 年版,第 3725 页。
⑦ 《旧唐书》卷九七《张说传》,中华书局 1975 年版,第 3052 页。

趣"①；赵文润认为它"不合中原的礼俗"②。赵望秦则认为出于政治原因：泼寒胡戏已具有半军事性质，并且有众多王公贵族加入其中，客观上已成威胁皇位安全的隐患，故而不能不果断地予以禁止。③ 至于王克芬的观点，笔者查诸史册，并无"玄宗对泼寒胡戏也不感兴趣"的记载，可见，她的观点略显主观。而赵望秦的观点"泼寒胡戏已具有半军事性质，并已成威胁皇位安全的隐患"也有失准确。因为泼寒胡戏本质上只是一种游戏，并不具有军事性质。而他仅靠吕元泰对此戏"旗鼓相当，军阵之势也；腾逐喧噪，战争之象也"④的描述，就判断泼寒胡戏具有军事性质，理由显然是不充分的。只有"泼寒胡戏不合中原礼俗"这一观点比较合理，因为表演泼寒胡戏时要"裸体跳足"，这的确有悖于中国传统礼俗，作为统治者应该考虑到这种消极影响。泼寒胡戏虽然被禁断了，但这一活动中流行的曲子《苏莫遮》、舞蹈《浑脱》却仍然继续流传并有所发展变化。

三、绘画

唐朝与波斯在绘画方面进行了频繁的交流，并且相互产生了广泛的影响。

（一）波斯绘画对唐朝的影响

波斯绘画艺术对唐朝产生了广泛的影响，这基于三个原因：第一，当时双方道路畅通，不少波斯画匠来到唐朝并参与了绘画创作；第二，随着双方友好关系的发展，不少商人、使节等纷纷入唐，他们把波斯的绘画艺术也带入了唐朝；第三，随着摩尼教的东传，包括绘画在内的摩尼教艺术也大量流入唐朝。波斯绘画艺术对唐代绘画艺术的影响主要体现在壁画、纺织品、金银器、陶瓷器等物品的图案上。

波斯绘画艺术对唐代壁画产生了较大的影响，集中体现在新疆壁画和甘肃敦煌石窟壁画上。新疆作为波斯艺术进入中国的门户，其壁画受波斯绘画艺术的影响最深。如克孜尔千佛洞中的画师洞壁画、海马洞壁画、十六剑带洞壁画、摩耶洞骑士壁画、库木吐拉骑士洞壁画等都富有萨珊波斯的绘画格调，其中不少壁画甚至是由波斯画师参与创作的。而克孜尔壁画中的装饰图案和人物服饰与

---

① 王克芬：《中国舞蹈发展史》，上海人民出版社 1989 年版，第 176 页。
② 转引自赵望秦：《泼寒胡戏被禁原因发微》，《学术月刊》1998 年第 2 期，第 94 页。
③ 赵望秦：《泼寒胡戏被禁原因发微》，《学术月刊》1998 年第 2 期，第 95 页。
④ 《新唐书》卷一一八《吕元泰传》，中华书局 1975 年版，第 4277 页。

萨珊波斯的关系尤为密切,如壁画中随处可见的联珠纹图案和供养人穿的波斯翻领长袍,以及天人、菩萨脑后两条帛带的样式和弯曲形状,都生动地反映了波斯艺术对克孜尔壁画的影响。① 此外,吐鲁番附近哈拉和卓故址的摩尼教寺院壁画,也保留着萨珊艺术的风格。壁画人物都用白描线画,老翁白冠上绘有唐草花纹,色调均以白色为主②,富有萨珊波斯的绘画风格。可见,新疆壁画的纹饰、人物服饰、色调、绘画技法等都深受波斯绘画艺术的影响。

波斯绘画艺术对敦煌石窟壁画也产生了广泛的影响。在敦煌石窟的壁画上就出现了不少联珠纹边饰,其具体情况如下:

第 397 窟　　　初唐　　　　　　　西壁龛沿画联珠纹边饰③

第 283 窟　　　初唐　　　　　　　西壁龛沿画联珠纹边饰④

第 373 窟　　　初唐　　　　　　　西壁龛沿画联珠纹边饰⑤

第 381 窟　　　初唐　　　　　　　西壁龛沿画联珠纹边饰⑥

第 97 窟　　　唐代　　　　　　　主室窟顶绘联珠纹⑦

第 91 窟　　　盛唐至中唐　　　　西壁龛顶画联珠纹边饰⑧

第 15 窟　　　晚唐　　　　　　　西壁龛顶画联珠纹边饰⑨

此外,敦煌壁画中还有中唐 36 窟联珠对雁纹藻井和 420 窟西壁龛侧菩萨塑像裙上联珠狩猎驯虎纹等。联珠纹是波斯最有代表性的纹饰,它们大量出现在敦煌石窟的壁画中,充分说明敦煌壁画受波斯绘画艺术的影响十分广泛。

波斯绘画艺术对唐朝的影响还集中体现在汉锦的图案中。唐时,传统汉锦中那种卷云和各种鸟兽横贯全幅、前后连续的布局已很罕见,代之而起的是以联珠圆圈分隔成的多个花纹单元。如在新疆阿斯塔那地区出土了不少颈有绶带的立鸟纹锦。夏鼐认为:"这些颈有绶带的立鸟纹和我国旧有的鸾鸟和朱鸟纹不同。它的颈后有二绶带向后飘,口衔有一串颈链形物,下垂三珠。颈部和翅膀上

① 余太山:《西域文化史》,中国友谊出版社 1996 年版,第 204 页。
② 沈福伟:《中西文化交流史》,上海人民出版社 2006 年版,第 108 页。
③ 敦煌文物研究所整理:《敦煌莫高窟内容总录》,文物出版社 1982 年版,第 145 页。
④ 敦煌文物研究所整理:《敦煌莫高窟内容总录》,文物出版社 1982 年版,第 101 页。
⑤ 敦煌文物研究所整理:《敦煌莫高窟内容总录》,文物出版社 1982 年版,第 136 页。
⑥ 敦煌文物研究所整理:《敦煌莫高窟内容总录》,文物出版社 1982 年版,第 139 页。
⑦ 敦煌文物研究所整理:《敦煌莫高窟内容总录》,文物出版社 1982 年版,第 31 页。
⑧ 敦煌文物研究所整理:《敦煌莫高窟内容总录》,文物出版社 1982 年版,第 29 页。
⑨ 敦煌文物研究所整理:《敦煌莫高窟内容总录》,文物出版社 1982 年版,第 6 页。

都有一系列联珠纹。这些都是所谓萨珊式立鸟纹的特征。"①由此可见,阿斯塔那地区的立鸟纹锦图案源于波斯。又如,在新疆、青海、甘肃等地还出现了很多唐代的翼马纬锦。赵丰先生通过细致的对照、缜密的分析,认为织锦上的图案源于波斯。翼马纬锦上最常见的图案是对称的花树对马,花树下共有两马,通常是马身跃起,马首朝外,马体相背。马侧各站立一人,伸手挽住马颈,回顾马后,形成两人相对的局面。这种人在马侧的纹饰在波斯银器上也很常见,如现藏大都会博物馆的一件5—6世纪的伊朗银盘上就有此图案。两匹翼马相对,低头饮水,翼朝上,一人持直杆状物站于马前。②可见,唐代翼马纬锦上的花树对马等纹饰也来自波斯。

唐代金银器上的图案也深受波斯绘画的影响。波斯的很多工艺品上多以带双翼的动物形象作为装饰,并在动物四周加绳索纹圆框,这就是所谓的"徽章式纹样"③。这种"徽章式纹样"在唐代文物上也有发现,如在陕西西安何家村曾出土的"坛狮六出石榴花结纹银盒"和"凤鸟翼鹿纹银盒",盒盖上就有翼狮及翼鹿形象④,毫无疑问,它们都源于波斯。

唐代陶瓷器上的不少纹饰也来自波斯,典型器物有三彩凤首壶等。凤首壶腹两侧有浮雕状的模印纹饰,周围有流云。这是典型的波斯图案。此外,唐代陶瓷上的联珠纹、卷草纹、葡萄藤蔓、武士骑射、禽鸟踏枝、联珠镶宝石等图案,也都是波斯艺术品上常见的纹饰,显然是受波斯艺术影响的结果。

(二)唐代绘画艺术对波斯的影响

唐代绘画艺术对波斯的影响较小,主要体现在陶瓷器上。波斯在8—9世纪左右从中国输入了唐三彩后,就仿制出了"波斯三彩"。"波斯三彩"以白色为底色,表面施有绿釉、黄褐釉等,看起来五彩斑斓,恍若唐三彩。如,收藏于乌兹别克撒马尔汗市文化艺术博物馆的多彩釉流纹壶,它是公元9—10世纪时两河流域生产的多彩釉陶器,绿与黄褐釉条纹流淌自然,不事雕琢,又巧妙地利用露出的白色底釉,将两色变成了三色,形成独特的色彩效果。又如,日本出光美术馆

①　夏鼐:《新疆新发现的古代织品——绮、锦和刺绣》,《考古学报》1963年第1期,第45～76页。

②　赵丰:《唐系翼马纬锦与何稠仿制波斯锦》,《文物》2010年第3期,第77页。

③　P. O. Harper, The Royal Hunter, New York, 1978.

④　张旻萌:《丝路上的艺术交流——波斯萨珊艺术特色及其对唐朝艺术的影响》,《艺术理论》2009年第12期,第241页。

收藏的多彩釉烛台和连体钵,它们都是公元9—11世纪期间伊朗生产的多彩釉陶器,其施釉方法是在白色底釉上点撒不规则的绿、黄、褐釉斑,也是仿制唐三彩的杰作。① 可见,"波斯三彩"的色彩、纹饰都极似唐三彩。日本学者三上次男曾说:"波斯把进口的中国陶瓷作为模型,按照中国产品的特征、形状与花纹仿制相似的陶器。"② 可见,中国陶瓷的造型和纹饰都对波斯产生了影响。

四、雕塑

在雕塑方面,唐朝和波斯亦互有交流和影响,但波斯雕塑艺术对唐朝的影响要远远大于唐朝雕塑艺术对波斯的影响。

（一）波斯雕塑艺术对唐朝的影响

波斯雕塑艺术对唐朝的影响主要体现在金银器、陶瓷器、印章等工艺品的造型上。

1. 金银器的造型

唐代金银器的造型很多源于波斯。张广达曾说:"唐代金银器皿制造是在外国进口金银器皿影响下发展起来的新兴手工业。在初期阶段,曾受到波斯萨珊朝金银器工艺的影响。直到安史之乱以前,中国自制的金银器皿中还有较多的萨珊波斯式金银器器型,主题纹饰是忍冬、宝相花和多瓣小团花。……"③考古资料也证实了这一观点。如,萨珊波斯金银器常用的凸纹装饰工艺对唐代早期的金银器装饰工艺就产生了较大的影响。凸纹装饰技术属于捶揲工艺,又称为模冲,即在金银器物的表面,以事先预制好的模具冲压出凸起的花纹图案,其特点是主体纹饰突出,立体感强。西安南郊何家村窖藏出土的舞马衔杯纹皮囊式银壶、鎏金龟纹桃形银盘和鎏金双狐双桃形银盘就是用这种装饰技法制成的。可见,波斯的凸纹装饰技术已传入唐朝并影响了唐朝金银器的制作。又如,波斯的多曲长杯对唐朝金银器制作也有深远的影响。多曲长杯是典型的波斯萨珊式的器物,口沿和器身呈变化的曲线,宛如一朵开放的花朵。④ 唐人对这种造型奇特的器物十分喜爱,但是萨珊式多曲长杯内部有突出的棱线,与中国器物光滑的内

① 紫玉:《唐三彩的姊妹花——异域三彩》,《收藏界》2011年第2期,第67页。
② ［日］三上次男:《陶瓷之路》,天津人民出版社1983年版,第127页。
③ 张广达:《天涯若比邻》,中华书局(香港)有限公司1988年版,第116页。
④ 谭前学:《唐代金银器中的外来影响》,《荣宝斋》2006年第4期,第29页。

部不同,使用功能不符合中国人的习惯。优美的形态和使用上的缺陷成为实用与观赏之间的矛盾。为此,唐代工匠加高器足和器身,淡化内壁凸起的棱线,经过不断的改进和调整,中晚唐时期的多曲长杯表现出了全然不同于萨珊式长杯的面貌,并最终成为唐代的创新作品。可见,唐代金银器的制作不但吸收了波斯多曲长杯的造型艺术,而且又根据唐代的审美观念和使用习惯对它进行了改造,使之融入了中国因素。

2. 陶瓷器造型

在唐代,不少波斯陶瓷器就传入了中国,国内出土的波斯釉陶器即是明证。迄今为止,境内出土的波斯陶瓷器至少已有两批。一批出土于扬州,其中有一件绿釉陶壶。另外,在当地唐城遗址的晚唐地层中,还多次发现波斯釉陶器的碎片。另一批出土于福州莲花峰的刘华墓中,……墓中随葬了三件孔雀蓝釉的陶罐,其器型、釉色和腹部贴饰的纹饰,都与伊朗发现的9—10世纪釉陶罐相同。[①]当然,这里列举的只是少数几件,此外,还有不少未被发掘的。这充分说明波斯的陶瓷器已传入了唐朝。这些波斯陶瓷器流入唐朝后,对唐代陶瓷器的造型艺术也产生了一定影响。如唐陶瓷器中的凤首壶与波斯的胡瓶外形相似,唐白瓷贴花高足杯和波斯果实纹钵外形一样,唐白瓷三彩中的高足杯和波斯银质酒杯一致,唐白瓷、士清瓷中的六曲高足杯和波斯银质八曲银杯结构相同,唐白瓷、青瓷双龙樽和波斯青铜双柄樽造型结构类似,唐白瓷、三彩釉陶中的狮头、牛头、羊头杯和波斯狮头形银杯相似。[②] 大量例子说明,波斯雕塑艺术已对唐代陶瓷造型艺术产生了广泛的影响。

3. 印章造型

波斯的印章也传入了唐朝,如1981年,在宁夏固原的一处隋唐墓地中就曾出土了一枚波斯印章,经发掘得知这是一处中亚粟特侨民墓地。发掘报告称:"这枚印章出自唐咸亨元年(670)十一月粟特胡史诃耽与其汉族妻子张氏合葬墓,为蓝色宝石印章,圆形,一面光洁,一边凸起。另一面刻有纹饰,为一卧狮。其面部清晰,鬃毛直竖。身后立三棵树状物,顶似花蕾。上有一周铭文,铭文属

---

① 张广达:《天涯若比邻》,中华书局(香港)有限公司1988年版,第117页。
② 夏鼐:《新疆新发现的古代织品——绮、锦和刺绣》,《考古学报》1963年第1期,第43页。

中古波斯帕勒维铭文系统。"①林梅村认为这枚印章来自波斯,他的理由有二:第一,印章铭文属于中古波斯帕勒维铭文系统;第二,狮神守护生命树这一主题源于萨珊波斯艺术,它是萨珊波斯火祆教艺术的显著特征。② 笔者认为他的判断是准确的:首先,帕勒维文是波斯的传统文字,它最有可能出现在波斯艺术品上;其次,"生命树"这一纹饰也常见于波斯金银器、纺织物等艺术品中;再次,波斯是狮子的起源国之一,因此狮子也是波斯重要的艺术题材。可见,这的确是一枚由波斯输入的印章,而它那精巧的雕塑艺术也会对唐朝产生一定的影响。

(二)唐代雕塑艺术对波斯的影响

唐代雕塑艺术对波斯的影响也是通过陶、瓷器艺术产生的。如前文所述,唐代的陶瓷器通过丝绸之路也远销到波斯。如在伊朗西拉夫遗址就出土了长沙窑椰树纹四曲盘,伊朗内沙布尔遗址也出土了长沙窑黄釉褐彩联珠纹罐。③ 这些陶、瓷器的造型具有较高的艺术价值,对波斯的雕塑艺术产生了一定的影响。前文已经提到,华丽的"波斯三彩"和白釉彩陶就是波斯仿照唐三彩、邢窑白瓷而制作的。可见,唐代雕塑艺术对波斯也产生了一定的影响。但"波斯三彩"和白釉彩陶只是基本采用了中国陶瓷的样式,而不是原样照搬,各个种类都融入了波斯风格,如华丽的色彩、天马行空式的花纹等。④ 可见,波斯在学习唐代雕塑艺术时,也保持了本民族雕塑艺术的独立性。

第六节 与大食的艺术交流

大食是唐朝对阿拉伯帝国的称呼。大食和唐朝大致建立于同时,两国人民都创造了光辉灿烂的文明。唐朝和大食之间虽然距离遥远,但双方间的交往却十分频繁。中国与大食的初次通使在公元651年。《旧唐书》卷四记载:"(永徽二年)八月乙丑,大食国始遣使朝贺。"⑤这种友好关系一直维持到公元798年,期间来到长安的大食使节共有39次之多。除了派遣使者这种友好关系外,双方间

---

① 罗丰:《固原南郊隋唐墓地》,文物出版社1996年版,第240~247页。
② 林梅村:《汉唐西域与中国文明》,文物出版社1998年版,第206页。
③ 张国刚等:《中西文化关系史》,高等教育出版社2006年版,第139页。
④ 邓禾颖:《试论波斯文化与唐代陶瓷的关系》,《陶瓷研究》1999年第3期,第46页。
⑤ 《旧唐书》卷四《高宗本纪》,中华书局1975年版,第69页。

还存在贸易往来、宗教交流、战争和冲突等多种关系。伴随着双方的交往,它们在艺术方面也互有交流和影响,主要表现在乐舞、书法、绘画、雕塑等方面。

一、乐舞

大食乐舞大量输入唐朝,并对唐代乐舞产生了深远的影响,这主要表现在音乐乐调和乐器两方面。

(一)音乐乐调

大食音乐对唐朝的影响主要表现在乐调方面。唐朝一向重视吸收异邦的乐舞成就,尤其是唐玄宗李隆基,他搜集了各国的乐曲,并按特色、声调之不同,将之与传统的中国音律谐和对应起来,以便于演奏。由于阿拉伯乐曲的声调与中国的"太蔟商"调相谐,因此,唐玄宗就将"太蔟商调"改为"大食调",即阿拉伯调。由此可知,唐代音乐中的大食调源于阿拉伯音乐。由于此调所奏之曲铿锵有力,节奏感强,富有表现力,因此唐代威武雄壮的曲子如大定乐、英雄乐、武成升平乐等曲子,都是用大食调来演奏的。[①] 可见,大食调在唐代音乐中得到了广泛的使用。

(二)乐器

不少大食乐器通过伊斯兰教这一媒介传入唐朝,并对中国乐器产生了深远的影响。

众所周知,伊斯兰教于公元 7 世纪传入中国,从此,阿拉伯音乐便借助伊斯兰教在中国传播开来。阿拉伯音乐进入今天的内蒙古、新疆和西藏地区,并最终影响到了中原音乐。如,新疆地区流行的卡龙、西塔尔、热瓦甫、达甫、那格拉等乐器都是随伊斯兰教传入的阿拉伯乐器,只是名称略有变化而已。[②] 又如,在西藏有一种被称作哈力甫的簧乐器,其前身即被认为是阿拉伯系乐器萨纳奈依。再如,喇嘛教代表性乐器"姜顿",即一种长喇叭,全长12～15尺,可折叠为 4 段或5 段来收藏。许多学者认为它亦属于伊斯兰阿拉伯系乐器。[③] 可见,中国的不少乐器都和阿拉伯乐器有关,有的本身就是阿拉伯乐器,只不过改变了名称;有的

---

① 宋岘:《中国阿拉伯交流史话》,中国大百科全书出版社 2000 年版,第 76 页。
② [日]岸边成雄:《伊斯兰音乐》,上海文艺出版社 1983 年版,第 89 页。
③ 曾书柔:《唐朝与阿拨斯朝的对外音乐交流》,对外经济贸易大学 2006 年版,第 25 页。

乐器则脱胎于阿拉伯乐器,之后逐渐演变成了中国乐器。

二、书法

公元 651 年,伊斯兰教传入中国。之后,大食书法也随之流入。这是因为伊斯兰教传入中国后,不少教徒在中国各地兴建了清真寺,并且这些清真寺的拱门、凹殿、墙壁和石碑上都刻有各种书体的阿拉伯文。[①] 各种阿拉伯字体都以曲线变化为特征,与植物纹的波状线条有异曲同工之处,并以此作为装饰手段。从8 世纪至今,阿拉伯艺术家一直用这种书法装饰清真寺。[②] 但阿拉伯书法传入唐朝后,并未对唐代书法产生影响,这是因为阿拉伯书法和唐代书法是两种截然不同的艺术,阿拉伯书法以阿拉伯文字为基础,而唐代书法以汉字为基础,两者没有相同之处,因此相互间不可能产生影响。

三、绘画

当时,既有唐代绘画艺术传入大食,也有大食绘画艺术传入唐朝,而且大食绘画艺术对唐朝还产生了广泛的影响。

(一)大食绘画艺术对唐朝的影响

大食的绘画艺术对唐朝产生了广泛的影响,这集中体现在纹饰方面。通过陆、海交通路线,阿拉伯的纹饰传到了唐朝,对中国的数字纹、几何纹、植物纹、文字纹等都产生了深远的影响。如,1975 年,在扬州唐城遗址考古发掘工作中,考古工作者意外地发现了一片青花瓷枕的碎片。此青花瓷片胎色灰白,底面有烟熏痕迹,正面釉色灰白,并有细冰裂纹,青花呈蓝色。这种花纹图案从未出现在中国的陶瓷器上,但却与同时期的伊斯兰地区盛行的植物图案为主要装饰内容的纹样很相似。[③] 这说明,这种青花图案是受阿拉伯绘画艺术影响的产物。又如,晚唐五代长沙窑生产的瓷器也颇具伊斯兰风格。长沙窑的瓷器形状有长颈壶、海棠式杯、短颈双耳管等,戴流灯,瓷塑胡人;纹饰有阿拉伯文、椰枣树、圆珠

---

① 陈进惠:《试论阿拉伯书法在中国穆斯林中的传播与发展》,《世界宗教研究》1994 年第 2 期,第 96页。

② 蒲瑶、员智凯:《从文明交往看中阿古代纹饰文化的交融》,《社会科学家》2006 年第 7 期,第 44页。

③ 张志刚:《扬州唐城出土青花瓷的测定及其重要意义》,《中国陶瓷》1984 年第 3 期,第 59 页。

组成的菱形纹、圆圈纹、弧线纹、排点纹、鸟纹、四出花叶纹、竖条纹等,上面还有"真主伟大""真主仆人"等宗教词语,装饰手法有印花,甚至彩绘。长沙窑作为唐代的名窑之一,其生产的瓷器很多用于外销。为了赢得客户和赚取商利,长沙窑投其所好,其瓷器具有异域风情是合情合理的。但中国陶瓷专家马文宽却从另一角度解释了这一现象。他指出:"伊斯兰商人已经深入中国瓷器生产区订货,并参与了瓷器的设计与生产。"[1]他的观点很有道理,因为当时中国的瓷器在国外很畅销,再加上中国和阿拉伯间的海上交通很发达,因此,众多伊斯兰商人为了谋取更多利润而前来中国参与瓷器的设计与生产,这是极有可能的。同时,这些伊斯兰商人在参与设计瓷器的过程中,也把大食的绘画艺术传入中国,并使之融入中国的艺术中。

（二）唐代绘画艺术传入大食

唐代绘画艺术对大食产生了深远的影响,而战争起了重要作用。在阿巴斯王朝(750—1258)统治的早期,中国和阿拉伯的关系曾非常紧张。公元751年7月,大食和唐朝为了争夺中亚地区,在怛罗斯河的中国边境上酿成了一场流血冲突。此次战争以中国军队的失败而告终。在这次战争中,一些士兵成了阿拉伯人的俘虏。在他们中间,有许多人通晓绘画、造纸等技术[2],这些技术很快受到阿拉伯人的重视。这在杜环的《经行记》中也有记载:"绫绢机杼,金银匠,画匠,汉匠起作画者,京兆(今陕西西安)人樊淑、刘泚,织络者河东(今山西省)人乐陲、吕礼。"[3]这说明这些画工已把包括绘画在内的唐代艺术传播到了大食。

四、雕塑

在雕塑方面,唐朝对大食也有影响,这种影响是通过唐朝输入的大量陶瓷器产生的。唐朝的陶瓷器主要通过丝绸之路传入了阿拉伯。8—9世纪巴士拉学者扎希兹编纂的《商务的观察》开列了从世界各地输入巴格达的商品,其中从中国输入的货物有丝绸、瓷器、纸张、墨、香料、孔雀等。[4]《道里邦国志》中也列举了中

---

① 转引自尚刚《隋唐五代工艺美术史》,人民美术出版社2005年版,第135页。
② 周一良:《中外文化交流史》,河南人民出版社1987年版,第748~749页。
③ 杜环著,张一纯笺注:《经行记笺注》,中华书局2000年版,第4页。
④ 转引自李斌城《唐代文化》,中国社会科学出版社2002年版,第1735页。

国输入阿拉伯世界的商品名目,主要有"丝绸、宝剑、沉香、马鞍、陶瓷等"①。此外,哈里发哈伦·阿·拉施德统治期间(786—806年),暴虐的呼罗珊总督阿里·本·爱薛极力搜刮聚敛,他向哈里发进贡的各项金银财宝当中,除了两千件精美的瓷器,还有哈里发宫廷里从未见过的20余件"中国天子御用的瓷器",如碗、杯、盏等。②

中国输入阿拉伯的陶瓷器,其造型、装饰纹样等对阿拉伯的雕塑也会产生一定的影响。如到唐末,阿拉伯仿中国瓷器的技术已经相当娴熟,其花纹、造型酷似中国瓷器的真品。③又如,叙利亚曾出土一件年代在8—9世纪的伊斯兰青铜水注,其艺术造型完全模仿中国隋唐时期流行的青瓷鸡首壶。这件珍贵文物目前收藏于纽约大都会博物馆。④再如,文物专家发现,在众多伊斯兰艺术品中,有不少都是以孔雀作为题材的。⑤伊斯兰的孔雀纹样当来自中国,因为它们与中国凤凰的形态、姿势都极为相似。可见,唐代雕塑艺术对大食的影响是较为广泛的。

唐朝与阿拉伯之间的艺术交流,由于资料所限,内容不够丰富。但从中我们也可以看出,二者间的艺术交流是全面而广泛的。

第七节　与朝鲜半岛的艺术交流

在唐代,朝鲜半岛上的三个政权为新罗、百济和高句丽。唐朝与它们之间也有密切的交往,唐朝先是联合新罗灭了百济,并在原百济统治区设立熊津等五都督府;接着又联合新罗灭了高句丽,在原高句丽统治区设立安东都护府;之后,唐与新罗为了争夺领地又展开了斗争。但由于当时西北少数民族吐蕃崛起,严重威胁到了唐朝的安全,于是唐把主要精力逐渐转移到西北,不再干预东北边疆事务。至此,双方约定:唐与新罗遂以大同江为界,西起大同江,东至元山湾以南地区皆为新罗所占有。尽管唐朝与三个政权之间有战争和冲突,但唐与它们之间

① [阿拉伯]胡尔达兹比赫:《道里邦国志》,中华书局1991年版,第73页。
② [日]三上次男著,胡德芬译:《陶瓷之路》,天津人民出版社1983年版,第159页。
③ 王铁铮:《历史上的中阿文明交往》,《西北大学学报》2004年第3期,第118页。
④ http://www.metmuseum.org/toah/hd/umay/ho-41.65.htm.
⑤ 林梅村:《青海都兰出土伊斯兰织锦及其相关问题》,《中国历史文物》2003年第6期,第54页。

亦有友好交往的历史。在艺术方面,唐朝与三国间也互有交流和影响。

一、乐舞

唐朝和高句丽、百济、新罗三国间都进行过乐舞艺术交流。

（一）唐朝与高句丽的交流

唐朝与高句丽在乐舞方面有着广泛的交流,但流入高句丽的唐代乐舞要远远多于进入唐朝的高句丽乐舞。由于高句丽与中国接壤,因此双方间的艺术交流大多是通过陆路进行的。

1. 高句丽乐舞盛行于唐

高句丽乐舞早在（南朝）宋初就进入中国[1],到了隋唐,它们在中国已较为流行。在隋开皇初所置的七部乐中就有高丽乐。唐初设九部乐,后增至十部,高丽乐均被列入其中。则天年间,高丽乐就有 25 首曲目,此在《唐会要》中有载:"至天后时,《高丽乐》犹二十五曲。"[2]

高句丽乐舞也深得文人学士和高官显宦的喜爱。如,李白有感于高句丽乐舞的艺术魅力,就挥笔写了《高句丽》一诗:"金花折风帽,白马少迟回,翩翩舞广袖,似鸟海东来。"[3]又如,御使大夫杨再思,曾在"公卿集宴"时,"剪縠缀巾上,反披紫袍,为'高丽舞'",引得满堂笑声。[4] 可见,高句丽乐舞在唐朝是十分盛行的。

2. 唐代乐舞艺术流入高句丽

唐朝的大量乐舞艺术传入高句丽,集中表现在乐舞作品和乐器两方面。

第一,乐舞作品。在唐代,源自西域的胡旋舞已通过中国传入了高句丽。《新唐书·礼乐十一》记载:"高丽伎,有弹筝、搊筝、凤首箜篌……又有五弦、义嘴笛、笙……胡旋舞,舞者立毬上,旋转如风。"[5]可见,唐时的高丽乐中已有胡旋舞,即胡旋舞至迟于唐代就已传入了高句丽。那么,胡旋舞具体是于何时传入高句丽的呢?据《安岳第三号坟发掘报告》记载,在朝鲜安岳第三号坟（河坟）玄室东

① 《唐会要》卷三三《东夷二国伎》,中华书局 1955 年版,第 619 页。
② 《唐会要》卷三三《东夷二国伎》,中华书局 1955 年版,第 619 页。
③ 《全唐诗》卷二六李白《高句丽》,中华书局 1960 年版,第 373 页。
④ 《新唐书》卷一〇九《杨再思传》,中华书局 1975 年版,第 4099 页。
⑤ 《新唐书》卷二一《礼乐十一》,中华书局 1975 年版,第 470 页。

壁的一幅高句丽时期的壁画上便有三位乐师和一位舞者。三位乐师双膝跪在演奏席上,分别演奏着玄琴、阮或长笛。舞者的头巾垂在边上,他的鼻子又高又长,双腿交叉呈 X 形,手心相对向上抬起。他的上衣与裤子颇似高丽男子所着的衣装,但他裤管上的直线与他的头饰表明他身着的是胡装。① 韩国学者李惠求先生根据服饰、舞姿等判断舞者跳的正是胡旋舞。② 而安岳第三号坟为 4 世纪的墓,因此,在他看来,至迟于 4 世纪,胡旋舞已传入了高句丽。但笔者通过观察壁画,认为舞者确为胡人,但其所跳不似胡旋舞。第一,胡旋舞表演要在毯(根据文物图像应为毯)上进行,而壁画中的胡人却直接在地上表演;第二,胡旋舞的最大特点便是急速旋转,而壁画中舞者的旋转动作不明显;第三,敦煌壁画中的胡旋舞表演者很少有双腿交叉的,一般都是一条腿支撑身体,另一条腿抬起,从而带动整个身体快速旋转。这是有道理的,双腿交叉不但容易摔倒,而且还影响跳舞的速度。既然壁画中胡人表演的不是胡旋舞,那由此得出的"胡旋舞至迟于 4 世纪已传入了高句丽"的结论就是错误的。

第二,乐器。高丽乐所用乐器,据《隋书》卷一五《音乐志下》记载,主要有"弹筝、卧箜篌、竖箜篌、琵琶、五弦、笛、笙、箫、小觱篥、桃皮筚篥、腰鼓、齐鼓、担鼓、贝等十四种"③。两《唐书》的记载与《隋书》略同,只是多出了"搊筝、凤首箜篌、义嘴笛、葫芦笙、檐鼓、龟头鼓、大觱篥等"④。这说明唐时高丽乐所用乐器的种类增多了。其中不少乐器即是由中国传入的,如竖箜篌、齐鼓、担鼓、筚篥、义嘴笛等。

竖箜篌源于波斯,于东汉灵帝时传入中国。之后又经中国传到了高句丽。日本学者林谦三认为它传入高句丽的时间"在六朝之末",是经由"北朝之国"输入的。⑤

齐鼓是一种敲击乐器。关于其形制,《通典》卷一四四《乐典四》有载:"齐

① [朝鲜]朝鲜科学院考古学及民俗研究所:《遗迹发掘报告3》,平壤科学院出版社 1958 年版,第 20 页。
② [韩国]李惠求:《朝鲜安岳第三号坟壁画中的奏乐图(下)》,《黄钟——武汉音乐学院学报》2005 年第 1 期,第 140 页。
③ 魏徵:《隋书》卷一五《音乐志下》,中华书局 1973 年版,第 380 页。
④ 《新唐书》卷二一《礼乐十一》,中华书局 1975 年版,第 470 页。
⑤ [日]林谦三著,钱稻孙译:《东亚乐器考》,人民音乐出版社 1962 年版,第 226 页。

鼓,如漆桶,大一头,设齐于鼓面如麝齐,故曰齐鼓。"①敦煌壁画第285窟(西魏)中就有飞天双手拍击齐鼓的图像,其中的麝脐之物十分突出②,这与史书中的记载相吻合。齐鼓源于印度,《通典》卷一四六《乐典六》记载:"有婆罗门乐,用漆筚篥二、齐鼓一。"③后齐鼓传入西域,北魏时传入内地,之后又传入高句丽。

担鼓也是一种敲击乐器。关于其形制,《通典》卷一四四《乐典四》中亦有记载:"担鼓,如小瓮,先冒以革而漆之。"④担鼓在敦煌壁画中多有表现,主要集中于北魏、西魏窟中,如北魏第251、257、259窟和西魏第288窟中均有天宫乐伎演奏担鼓的图像。⑤担鼓源于中亚,《册府元龟》卷五七○《掌礼部·夷乐》记载:"安国乐有箜篌、琵琶、五弦、笛、箫、双筚篥、正鼓和铜钹、小筚篥、桃皮筚篥、齐鼓、担鼓具等十四种为一部。"⑥之后又通过河西走廊传入中国,再经中国传入高句丽。

筚篥,根据前文论述可知它源于龟兹,并于公元382年传入中原。至唐,筚篥已出现七类变种,即大筚篥、小筚篥、双筚篥、桃皮筚篥、银字筚篥、漆筚篥、柳皮筚篥等。其中流传到朝鲜半岛的有小筚篥、大筚篥和桃皮筚篥。关于筚篥传入朝鲜半岛的时间,文献中没有明确记载,估计在唐代以前就已传入了。到王氏高丽时,从宋朝引进了所谓"大晟雅乐",其中仍然有筚篥,并且还出现了细筚篥。细筚篥除在宫廷使用外,还在民间广泛流行,是朝鲜三大乐部"乡部乐"的主要乐器之一,故又有乡筚篥之称。如今,细筚篥在中国朝鲜族民间,也已成为人们喜闻乐见的吹奏乐器。

义觜笛的形制,《乐书》和《通典》都有记载。前曰:"义觜笛,如横笛而加觜。"⑦后曰:"今横笛去觜。其加觜者一,谓之义觜笛。"⑧可见,义觜笛名称之由来,是由于在横笛吹口处又附加一觜。关于义觜笛的渊源,杜文玉先生认为它起源于龟兹。⑨他的根据有:第一,陈旸《乐书》将义觜笛列于胡部,因此它应当来自域外;第二,义觜笛最初出现在《西凉乐》中,而《西凉乐》又深受龟兹乐的影响,

---

① 杜佑:《通典》卷一四四《乐四》,中华书局1988年版,第3679页。
② 杜文玉:《丝绸之路与新罗乐舞》,《人文杂志》2009年第1期,第128页。
③ 杜佑:《通典》卷一四六《乐六》,中华书局1988年版,第3729页。
④ 杜佑:《通典》卷一四四《乐四》,中华书局1988年版,第3679页。
⑤ 杜文玉:《丝绸之路与新罗乐舞》,《人文杂志》2009年第1期,第129页。
⑥ 王钦若等:《册府元龟》卷五七○《掌礼部·夷乐》,中华书局1960年版,第6860页。
⑦ 陈旸:《乐书》卷一三○《乐图论·胡部·义觜笛》,台湾商务印书馆1986年版,第47页。
⑧ 杜佑:《通典》卷一四四《乐四》,中华书局1988年版,第3683页。
⑨ 杜文玉:《丝绸之路与新罗乐舞》,《人文杂志》2009年第1期,第128页。

因此义觜笛很可能来自龟兹。他的分析不无道理,因此结论也是科学的。至于义觜笛传入高句丽的时间,史籍未载,但应早于北周武帝时期,因为当时高句丽、百济两国所献的乐舞中,就已经使用了义觜笛。[①]

(二) 与百济的乐舞交流

唐朝与百济在乐舞方面也互有交流和影响,其中以唐代乐舞对百济的影响占主流。由于百济地处朝鲜半岛西南,通过海上航路和中国南方较近,因而双方间的乐舞交流主要是通过水路进行的,百济也更多地接受了南方吴地乐舞艺术的影响。

1. 百济乐舞进入唐朝

《百济乐》在北周时就已跻身于中国宫廷音乐之列。《唐会要》记载:"高丽、百济乐,宋朝初得之。至后魏太武灭北燕,亦得之而未具。周武灭齐,威振海外,二国各献其乐,周人列于乐部,谓之国伎。"[②]唐代,《百济乐》虽没有被列入十部乐,但依然被保留于乐府中。据《新唐书》卷二二《礼乐志十二》记载:"至唐,东夷乐有高丽、百济,……"[③]但到中宗时,《百济乐》已名存实亡。直至玄宗时,才得以重置。《唐会要》卷三三《四夷乐》载:"至中宗时,工人死散。开元中,岐王范为太常卿,复奏置焉,是以音伎多阙。"[④]可见,《百济乐》在北周至唐代的宫廷音乐中确实占有一席之地。

2. 唐乐器传入百济

不少唐乐器都传入了百济。百济乐所用乐器,据《北史》卷九四《百济列传》记载,有"鼓角、箜篌、筝竽、篪笛等"[⑤]。《旧唐书》亦载:"岐王范为太常卿,复奏置之。是以音伎多阙。……乐之存者,筝、笛、桃皮筚篥、箜篌等。"[⑥]可见,玄宗时百济乐所用乐器有所减少。百济乐中的乐器,有的源于中国,有的则经由中国传入。

筝是一种源于中国的乐器,往往被认为是秦将军蒙恬所作。《隋书·音乐

---

① 杜文玉:《丝绸之路与新罗乐舞》,《人文杂志》2009 年第 1 期,第 128 页。
② 《唐会要》卷三三《东夷二国伎》,中华书局 1955 年版,第 619 页。
③ 《新唐书》卷二二《礼乐志十二》,中华书局 1975 年版,第 478 页。
④ 《唐会要》卷三三《东夷二国伎》,中华书局 1955 年版,第 619 页。
⑤ 李延寿:《北史》卷九四《百济列传》,中华书局 2000 年版,第 3119 页。
⑥ 《旧唐书》卷二九《音乐志二》,中华书局 1975 年版,第 1070 页。

志》云:"筝十三弦,所谓秦声,蒙恬所作也。"①《乐府杂录》亦载:"筝者,蒙恬所造。"②筝起初只有五弦,《风俗通》云:"筝,谨按《礼·乐记》,五弦筑身也。"③到汉代出现了魏晋南北朝时所沿用的十二弦的筝。傅玄的《筝赋序》曰:"代以为蒙恬所造。今观其器,上崇似天,下平似地,中空准六合,弦柱拟十二月。"④晋阮瑀的《筝赋》云:"身长六尺,应律数也。弦有十二,四时度也。柱高三尺,具三才也。"⑤晋贾彬的《筝赋》云:"设弦十二,太簇数也;列柱参差,招摇布也。"⑥十二弦筝即是南朝所传俗乐的清乐之筝,一直沿用到隋唐之世。《通典》云:"今清乐筝并十有二弦,他乐皆十有三弦。"⑦十三弦筝为汉元帝时的乐律大家京房所作,《旧唐书》记载:"按京房造五音准,如瑟,十三弦,此乃筝也。"⑧可见,历史上曾经出现过五弦、十二弦和十三弦筝。百济乐中所用筝到底为几弦筝?何时由中国传入?这些问题由于史料的缺乏,至今没有答案。

桃皮筚篥不仅用于高丽乐,还用于百济乐。桃皮筚篥是一种卷桃皮而制成的筚篥。《通典》云:"东夷有卷桃皮,似筚篥也。"⑨桃皮筚篥在安国乐和中国的大驾卤簿中使用都很广泛,这说明桃皮筚篥应源于西域,后经中国传入朝鲜半岛。

(三)和新罗的乐舞交流

唐朝和新罗之间在乐舞方面互有交流,而且唐代乐舞艺术还对新罗产生了广泛而深远的影响。

1. 新罗乐舞流入唐朝

新罗乐舞也以各种方式传入唐朝。第一个途径为官方贡献乐人。新罗作为中国的盟国,为了加强和中国间的友好关系,即向唐朝贡献了乐人。《旧唐书·新罗传》记载:"贞观五年,遣使献女乐二人,皆鬒发美色。"⑩虽然此二女后

---

① 魏徵:《隋书》卷一五《音乐志下》,中华书局1973年版,第375页。
② 段安节:《乐府杂录》"筝"条,古典文学出版社1956年版,第32页。
③ [日]林谦三著,钱稻孙译:《东亚乐器考》,人民音乐出版社1962年版,第166页。
④ 杜佑:《通典》卷一四四《乐四》,中华书局1988年版,第3678~3679页。
⑤ 欧阳询:《艺文类聚》卷四四《乐部四·筝》,上海古籍出版社1965年版,第786页。
⑥ 欧阳询:《艺文类聚》卷四四《乐部四·筝》,上海古籍出版社1965年版,第786页。
⑦ 杜佑:《通典》卷一四四《乐四》,中华书局1988年版,第3679页。
⑧ 《旧唐书》卷二九《音乐志二》,中华书局1975年版,第1076页。
⑨ 杜佑:《通典》卷一四四《乐四》,1988年版,第3683页。
⑩ 《旧唐书》卷一九九上《新罗传》,中华书局1975年版,第5335页。

因太宗的怜悯之心而被"付使者,听遣还家"①,但也说明了新罗向唐朝贡献乐人这种交流方式是存在的。乐人擅长乐舞,她们自然也把新罗的乐舞艺术带到了中国,从而促进了新罗乐舞在唐朝的传播。

第二个途径为新罗乐舞艺人在中国民间传播。新罗统一三国以后,不少新罗人到中国学习和生活,他们也带来了大量新罗乐舞。唐太宗以来至唐宪宗元和年间(806—820),双方的交流尤其频繁。唐高宗时(650—683),仅在唐都长安一地,就居住着不少新罗乐工和舞人。② 他们在乐舞方面都颇有造诣,这遂使新罗乐舞在唐朝民间也得到了广泛的传播。

2. 唐代乐舞对新罗的影响

新罗把本国乐舞传入中国的同时,也如饥似渴地汲取着唐代乐舞艺术。新罗学习的唐代乐舞,主要有乐舞作品和乐器。

第一,乐舞作品。新罗学习的唐代乐舞作品,主要有《柘枝舞》《春莺啭》等。

如前所述,《柘枝舞》源于石国,于公元4世纪传入中国。之后,它又经中国传入新罗。关于此舞传入新罗的时间,一种观点认为是在唐朝,此观点以魏丽娇③、杜文玉④为代表;一种观点认为是在宋代,以俞人豪、陈自明⑤为代表。笔者认为第一种说法比较合理,因为《柘枝舞》在唐代异常盛行,再加上新罗和唐代的交往非常频繁,所以《柘枝舞》于唐时传入新罗的可能性非常大。因此,本书采纳"《柘枝舞》于唐代传入新罗"这一观点。《柘枝舞》传入新罗后,经过不断发展,最终形成了《莲花台舞》。《高丽史》卷七一《乐志》中就有此舞的记载:"莲花台本出于拓跋魏,用二女童,鲜衣帽,帽施金铃,抃转有声,其来也于二莲花中藏之,花坼而后见,舞中之雅妙者,其传久矣。"其表演形式和中国的《柘枝舞》如出一辙,这充分说明新罗的《莲花台舞》源于中国,只是名称有所改变而已。

如前所述,《春莺啭》为白明达所作,是唐教坊名曲,后配以舞蹈。《教坊记》中就载有此曲名。⑥ 唐代诗人张祜亦作有《春莺啭》一诗:"兴庆池南柳未开,太

---

① 《旧唐书》卷一九九上《新罗传》,中华书局1975年版,第5335页。
② 杨昭全、何彤梅:《中国—朝鲜·韩国关系史》(上册),天津人民出版社2001年版,第212页。
③ 魏丽娇:《唐宋柘枝舞与高丽莲花台舞蹈比较研究》,《韶关学院学报》2005年第1期,第91页。
④ 杜文玉:《丝绸之路与新罗乐舞》,《人文杂志》2009年第1期,第130页。
⑤ 俞人豪、陈自明:《东方音乐文化》,人民音乐出版社1965年版,第55页。
⑥ 崔令钦:《教坊记》,古典文学出版社1957年版,第15页。

真先把一枝梅。内人已唱《春莺啭》，花下偨偨软舞来。"①可见，《春莺啭》在唐代较为盛行。此乐舞还随着唐朝和新罗的密切交往而传入新罗，朝鲜李朝刻印的《进馔仪轨》中就有相关记载："春莺啭……设单席，舞妓一个，立于席上，进退旋转，不离席上而舞。"此外，该书还绘有舞蹈场面图，其上有一女子立方毯上而舞。②可见，此舞在新罗也有一定影响。

除了《柘枝舞》和《春莺啭》，还有不少唐代乐舞也传到了新罗。文献中多处提到新罗派使者和留学生到唐朝学习乐舞。如，新罗文武王四年（664）三月，"遣星川、丘日等二十八人于府城学唐乐"③。《旧唐书·新罗传》载，仅唐文宗开成五年（840），"新罗归国的留学生就达一百零五人"④。《东史纲目》卷五亦载："新罗自事唐以后，常遣王子宿卫，又遣学生入太学习业，十年限满还国，又遣他学生入学者，多至百余人。买书银货则本国支给，而书粮，唐自鸿胪寺供给。学生去来者相踵。"⑤可见，唐朝的新罗留学生很多。严耕望先生对此进行了严密的考证，认为"自太宗贞观十四年新罗始遣派留学生起至五代中叶，三百年间，新罗所派遣之留唐学生，最保守之估计当有两千人"⑥。其中当有不少在唐学习乐舞的留学生，他们回国时便把唐代乐舞艺术带回。

此外，新罗还从中国输入了佛教音乐——梵呗。据史料记载，804年，真鉴大师慧超入唐历经27年信拜于佛教，归国后，在玉泉寺传授佛教和梵呗。⑦

可见，唐朝传入新罗的乐舞作品确实不少。这些乐舞传入新罗后，当有不少人学习，从而扩大了唐代乐舞在新罗的影响。

第二，乐器。新罗的不少乐器也源于中国。如前文提到，新罗在文武王金法敏四年（664），曾派遣乐师星川、丘日等28人到唐朝学习唐乐。这次，他们不但学习了大量唐乐，而且还带回了12种中国乐器。这12种乐器具体是什么，文献中没有说明。

---

① 《全唐诗》卷五一一《春莺啭》，中华书局1960年版，第5838页。
② 转引自王克芬：《中国舞蹈发展史》，上海人民出版社1989年版，第199页。
③ ［高丽］金富轼著，李丙焘译注：《三国史记》卷六《新罗本纪·文武王》，韩国乙酉文化社1997年版，第162页。
④ 《旧唐书》卷一九九上《新罗传》，中华书局1975年版，第5339页。
⑤ 转引自严耕望《唐史研究丛稿》，新亚研究所1969年版，第432页。
⑥ 严耕望：《唐史研究丛稿》，新亚研究所1969年版，第441页。
⑦ ［韩］张师勋：《韩国音乐史》，世光音乐出版社1986年版，第143页。

在新罗乐器中有三弦和三竹。其中三弦指玄琴、伽倻琴和琵琶。玄琴是仿中国琴而造。《三国史记》卷三二《杂志·乐》载:"玄琴象中国乐部琴而为之。"《新罗古记》则详细介绍了中国乐部琴被改造为玄琴的过程:"初,晋人以七弦琴送高句丽。丽人虽知其为乐器,而不知其声音及鼓之之法。购国人能识其音而鼓之者,厚赏。时第二相王山岳存其本样,颇改易其法制而造之,兼制一百余曲以奏之。于时,玄鹤来舞,遂名玄鹤琴。"①可见,玄琴是由晋时传入朝鲜半岛的七弦琴发展而来的一种乐器。

伽倻琴是一种古老的乐器,其创制者据说是南方伽耶国的嘉实王,大约创制于新罗真兴王时代(540—575),相传它是仿中国的筝而制成的。《三国史记》卷三二《杂志·乐》载:"伽倻琴亦法中国乐部筝而为之。"

琵琶也来自唐朝。《三国史记》卷三二《杂志·乐》亦载:"乡琵琶,与唐制度大同而少异,亦始于新罗,但不知何人所造。其音有三调:一宫调,二七贤调,三凤皇调,共二百一十二曲。"②说明新罗琵琶是在唐琵琶的基础上创制而成的,只是较之唐琵琶,它的形体较小。

三竹是指大笒、中笒、小笒三种吹管乐器。据《三国史记》记载:所谓"三竹,亦模仿唐笛而为之者也"③。可见,三竹是仿照中国的乐器——唐笛而制成的。

唐代的鼓吹乐也传入了新罗,如大将军金庾信举行葬礼时,新罗曾动用了100名乐手组成的大型鼓吹乐队。此事《三国史记》卷四三《金庾信传下》有载:"秋七月一日薨于私第之正寝,享年七十有九。大王闻讣,震恸。……给军乐鼓吹一百人,出葬于金山原。"

综上所述,唐代大量乐舞作品和乐器都传入了朝鲜半岛,从而极大地促进了朝鲜半岛乐舞艺术的发展。

二、百戏

在百戏方面,唐对朝鲜半岛也有影响。如上文提到:文宗开成五年(840),从

---

① [高丽]金富轼著,李丙焘译注:《三国史记》卷三二《杂志·乐》,韩国乙酉文化社1997年版,第162页。

② [高丽]金富轼著,李丙焘译注:《三国史记》卷三二《杂志·乐》,韩国乙酉文化社1997年版,第187页。

③ [高丽]金富轼著,李丙焘译注:《三国史记》卷六《新罗本纪·文武王》,韩国乙酉文化社1997年版,第72页。

唐朝学成回国的新罗留学生、学问僧等,一次就达 105 人之多。这些人中当有不少精于百戏者,他们回国时便把中国百戏带回,从而促进了唐朝百戏在朝鲜半岛的传播。

《大面》就于唐代传入朝鲜半岛。如前所述,《大面》源于北齐,盛于唐代。《大面》不但有歌曲,而且还配有假面舞蹈。崔令钦的《教坊记》记载为"刻木为假面"①。崔致远曾作《大面》诗一首:"黄金面色是其人,手抱珠鞭役鬼神。疾步徐趋呈雅舞,宛如丹凤舞尧春。"②诗中所言"黄金面色"即是指假面。而"抱珠鞭"也与唐朝《大面》舞蹈中"手执鞭"的场面一致。这充分说明,朝鲜半岛的《大面》系由唐代传入。但《大面》传入朝鲜半岛后发生了一定的变化,即由刚劲威武变得柔婉多姿。如前所述,《大面》是以表现兰陵王英勇善战为主题的,因此,此舞刚产生时是刚健有力的。但从崔致远"疾步徐趋呈雅舞,宛如丹凤舞尧春"的诗句,我们可以看出,传入朝鲜半岛的《大面》舞蹈徐缓、优雅,已和唐朝的《大面》舞蹈的风格迥然不同,这应是朝鲜半岛对此舞进行改造的结果。

唐朝的傀儡戏也传播到了朝鲜半岛。傀儡戏是中国最早的具有表演功能的剧种,产生于西汉。到了唐代,傀儡戏已风靡社会各阶层。傀儡戏还于唐代传到了朝鲜半岛。据《旧唐书》记载:"窟礧子,亦云魁礧子,作偶人以戏。……齐后主纬尤所好。高丽国亦有之。"③可见,唐时的高句丽亦有了傀儡戏。并且高句丽的傀儡戏是从唐朝传入的,其原因有二:第一,朝鲜史书《文献通考》就记载:"傀儡并越调夷宾曲,李勣破高丽所进也。"④可见,根据文献记载可知,朝鲜半岛傀儡戏是从唐朝传入的。第二,从语言学角度来看,朝鲜语中的"傀儡子"是使用汉字书写的。可见,朝鲜半岛的傀儡戏从唐朝输入,这一观点是毋庸置疑的。傀儡戏传入朝鲜半岛后被称为"木偶剧"。

三、书法

在书法艺术方面,唐朝对朝鲜半岛而言是纯输出国。唐代的书法艺术传入朝鲜半岛,对它们的书法艺术产生了巨大的影响。

① 崔令钦:《教坊记》,古典文学出版社 1957 年版,第 14 页。
② 陈尚君:《全唐诗续拾》卷三六,中华书局 1992 年版,第 1245 页。
③ 《旧唐书》卷二九《音乐志二》,中华书局 1975 年版,第 1074 页。
④ 转引自王爱民、崔亚南《日本戏剧概要》,中国戏剧出版社 1982 年版,第 39 页。

（一）唐代书法传入高句丽

唐代书法输入高句丽主要通过两种途径，一为高句丽遣使求之。高句丽一方面出于和唐搞好关系的政治目的，一方面缘于对发达的唐代书法艺术的倾慕，曾遣使入唐求书法作品。如，《旧唐书》卷一八九上《儒学上》记载："高丽甚重其（欧阳询）书，尝遣使求之。高祖叹曰：'不意询之书名，远播夷狄，彼观其迹，故谓其形魁梧耶！'"[1]二为派遣留学生入唐学习。朝鲜半岛三国早在贞观初就相继派遣留学生入唐之国子监学习。当时，国子监设有国子学、太学、四门学、律学、算学、书学六学。高句丽等三国所遣留学生中当有不少习书法者。据《唐六典》卷二一《国子监》介绍，国子监内书学之外的诸学生徒，也要按规定学书，日写一幅，兼习"《说文》《字林》《三苍》"一类的书法作品。通过这种途径，不少高句丽留学生书艺大进。他们把所学书法带回国，从而促进了本国书法艺术的发展。

（二）对百济书法的影响

早在南朝齐时，中国的书法艺术就传到了百济。据《南史·齐高帝诸子上》记载："（萧子云）出为东阳太守。百济国使人至建邺求书，逢子云为郡，维舟将发。使人于渚次候之，望船三十许步，行拜行前。子云遣问之，答曰：'侍中尺牍之美，远流海外，今日所求，唯在名迹。'子云乃为停船三日，书三十纸与之，获金货数百万。"[2]可见，当时萧子云的书法已名闻百济，以至于百济遣使以重金购之，并奉为国宝。

到了唐代，唐与百济间的书法艺术交流更加频繁。当时，百济也派遣留学生在中国学习书法等艺术，他们学成后即回国。这样，唐朝的书法艺术通过留学生大量传到了百济，并对百济的书法艺术产生了影响。

这种影响集中体现在《砂宅智积碑》上。此碑于1954年在百济故地扶余发现。碑高1米，花岗石制，汉字楷书，残留4行56字：

> 甲寅年正月九日，奈祇城，砂宅智积，慷身日之易往，慨体月之难还，穿金以建珍堂，凿玉以立宝塔，巍巍慈容，吐神光以送云，峨峨悲貌，含圣明以……

---

① 《旧唐书》卷一八九上《儒学上》，中华书局1975年版，第4947页。
② 李延寿：《南史》卷四二《齐高帝诸子上》，中华书局1975年版，第1075页。

据分析,该碑建于642年,碑文用中国六朝四六骈骊体,表达了百济人慨叹人生无常的思想感情。而其碑文之书法则体现了中国南朝楷书修美遒劲的风格。[①]

（三）对新罗书法的影响

三国之中,由于新罗和唐朝在经济、政治、文化等方面联系最密切,因而新罗书法受中国的影响亦最深。新罗也通过多种途径吸收了唐朝的书法艺术成就。

第一种方式为唐代皇帝赠予。如,"贞观二十三年(649),真德遣其弟相国、伊赞干金春秋及其子文王来朝,……春秋诣国学观释典及讲论,太宗因赐以所制《温汤》及《晋祠碑》并新撰《晋书》"[②]。太宗皇帝把亲笔所书的书法作品赐给新罗使者,一方面促进了唐代书法艺术在新罗的传播,另一方面则密切了唐朝和新罗间的关系。

第二种方式为派遣留学生入唐学习。新罗派遣的留学生很多,在书法方面有造诣者也不乏其人,其中最著名的当数崔致远。崔致远,"字孤云,王京沙梁部人"[③],于868年入唐求学,后考中进士,在唐为官多年,885年回国。崔致远受唐文化影响很深,他不仅是著名的诗人,也是杰出的书法家。其书法深受唐代书法的影响,素有"欧体颜情"之评[④],即他的书法具有欧阳询书法之书体和颜真卿书法之意韵。崔致远的书法作品有《崇福寺碑》等,都饶有唐风。尤其是《真鉴禅师大空塔碑》,"书法出自欧阳询而见放纵"[⑤]。此外,柳公权的书法对崔致远也有影响。崔致远入唐求学的第一年,即868年,是柳公权卒后第三年,当时柳公权的书法在唐朝已颇负盛名。时风所趋,崔致远的书法也必定深受其影响。其于归国后所书《崇福寺碑》,虽无柳公权之体,但其笔画之劲健明显得益于柳公权。这些留学生在唐朝学习书法,回国后就大力弘扬中国书法,从而扩大了唐代书法对新罗的影响。

---

① 杨昭全:《中国—朝鲜·韩国文化交流史》(Ⅲ),昆仑出版社2004年版,第1238页。
② 《旧唐书》卷一九九上《新罗传》,中华书局1975年版,第5335页。
③ [高丽]金富轼著,李丙焘译注:《三国史记》卷四六《崔致远传》,韩国乙酉文化社1997年版,第532页。
④ 杨昭全:《中国—朝鲜·韩国文化交流史(Ⅲ)》,昆仑出版社2004年版,第1239页。
⑤ 朱关田:《中国书法史·隋唐五代卷》,江苏教育出版社1999年版,第280页。

第三种方式为入唐新罗僧人传播。唐代书法艺术对新罗产生了广泛而深远的影响，新罗僧人也做出了很大的贡献。唐代佛教非常兴盛，加之唐与新罗关系较密切，因此新罗赴唐学法的僧人很多。学法者必读经抄经，于是他们就接受了严格的书法训练，这就使入唐新罗僧人的书法水平得以提高。他们回国时，又把所学书法带回，从而促进了唐代书法在新罗的传播。

第四种方式为派遣使节入唐搜求购买。《旧唐书·柳公权传》记载："外夷入贡，皆别署货贝，曰此购柳书。"①文中虽然没有指出"外夷"为何国，但其中应包括新罗。因为当时唐与新罗保持着友好关系，并且新罗如饥似渴地学习唐代文化，因此新罗使节购买柳公权等人之书法并带回国是极有可能的。这就使唐代不少书法精品输入新罗，从而促进了新罗书法艺术的发展。

通过上述多种方式，唐代书法艺术大量输入新罗，从而使新罗学习唐代书法之风更加炙热。此一时期，新罗的书法名家更是层出不穷，其中尤为著名者有金仁问、金生、姚克一等。

金仁问，"字仁寿，为新罗武烈王之次子，博学多才，尤善书法"，其中最值得称道者为隶书。② 其笔迹《太宗武烈王碑》现仅存篆额和碑身断片中的二字。篆额是近于三国吴《天发神谶碑》的方篆，苍古遒劲，而碑身残存的"中礼"二字，则是典型的欧体，与欧阳询的《皇甫碑》风格极近。③ 由此可见，金仁问的书法亦深受初唐书风的影响。

金生也是新罗的书法艺术名家，他自幼喜欢书法，一生专攻书法，"年过八十犹操笔不休，隶书、行草皆入神"④。其书法作品有《昌林寺碑》《田游岩山家序》《朗空大师白月栖云塔碑》⑤等。他的书体极近王羲之的书体。据《三国史记》卷四八《金生传》记载："崇宁中，学士洪灌随进奉使入宋，馆于汴京，时，翰林待诏杨球、李革奉帝敕至馆、书图簇。洪灌以金生行草一卷示之。二人大骇曰：'不图今日得见王右军（王羲之）手书。'洪灌曰：'非是，此乃新罗人金生所书也。'二人笑

---

① 《旧唐书》卷一六五《柳公权传》，中华书局1975年版，第4312页。
② ［高丽］金富轼著，李丙焘译注：《三国史记》卷四四《金仁问传》，韩国乙酉文化社1997年版，第412页。
③ 杨昭全：《中国—朝鲜·韩国文化交流史》（Ⅲ），昆仑出版社2004年版，第1240页。
④ ［高丽］金富轼著，李丙焘译注：《三国史记》卷四八《金生传》，韩国乙酉文化社1997年版，第653页。
⑤ 杨昭全：《中国—朝鲜·韩国文化交流史》（Ⅲ），昆仑出版社2004年版，第1240页。

曰:'天下除右军,焉有妙笔如此哉?'洪灌屡言之,终不信。"可见,金生的书法极似王羲之的书法,以至于杨球、李革二人始终误以为是王羲之所作。

姚克一也是新罗书法名家,其书体极近"欧体"。《三国史记》卷四八《金生传附姚克一》记载:"又有姚克一者,仕至侍中兼侍书学士,笔力遒劲,得欧阳率更法。虽不及生,亦奇品也。"可见,姚克一在书法方面的造诣颇深,这亦是受欧阳询书法影响的结果。

四、绘画

在绘画方面,唐朝与朝鲜半岛之间也互有交流和影响,但唐朝绘画对朝鲜半岛的影响要远远大于朝鲜半岛对唐朝的影响。

(一)对高句丽绘画的影响

在绘画方面,唐朝对高句丽而言是纯输出国。唐朝绘画对高句丽的影响集中体现在墓葬壁画方面。这主要包括两方面的内容。

第一,高句丽晚期壁画以四神为主要内容。青龙、白虎、朱雀、玄武为道教传说中的守护四方之神,早在汉代,墓葬中就出现了四神图像。到南北朝时,四神图像更是大量出现在墓室壁画、墓志和石棺上。而高句丽晚期的墓葬画中也多有四神形象。如在高句丽四神墓,五盔坟四、五号墓等墓室中,都绘有"四神"图。在墓室南北3米多宽的壁面上,东、西两壁各绘龙虎,南壁绘朱雀,北壁为玄武。[1]可见,中国绘画中的四神形象传入高句丽,并深深影响了高句丽的壁画艺术。

第二,高句丽晚期壁画以伏羲和女娲的形象作为装饰图案。西汉初年,中国墓室壁画就开始用伏羲像、女娲像做装饰图案。此后,伏羲、女娲形象就一直出现在中国的绘画作品中,成为中国绘画的传统装饰纹样。而高句丽晚期的墓葬壁画中也常出现伏羲和女娲的形象,伏羲氏往往双手举一日轮,日中画一只三足鸟,女娲则双手举一月轮,月中画一蟾蜍[2],几乎是中国绘画的翻版。这应是中国绘画传入高句丽,并深深影响了高句丽的结果。

可见,高句丽晚期墓葬壁画既取材于中原的神话传说,又采用了中原的表现手法,足见中国绘画对它的影响之深。

---

[1]　郑基焕:《集安高句丽墓壁画中的神画艺术》,《美术史研究》1997年第2期,第51页。
[2]　王世贤:《古代中国与朝鲜半岛国家文化交流述略》,《辽宁大学学报》1996年第3期,第54页。

（二）对百济绘画的影响

早在汉代，中国的绘画艺术就传入百济，并对百济的绘画艺术产生了一定的影响，百济画像砖上的纹饰即是明证。百济的山景纹砖以山峦、树木、流水、祥云和吉鸟为主，威严高耸的山峦立在流水之上，是道家"海上神山"的图演。在中国古代神话中，往往视"高山"为"天柱"，天柱即为通达天极的柱子，而五山是与世隔绝的海中神岛，也是不死不老的极乐世界的象征。可见，道教艺术随着道教传入百济，并对百济绘画艺术产生了一定的影响。此外，百济的纹样砖还有凤纹砖、蟠龙纹砖、涡云纹砖等，其上的"凤凰纹""蟠龙纹""涡云纹"都是汉代流行的纹样。由此可见，百济的画像砖艺术深受汉代绘画艺术的影响。

到了魏晋南北朝时期，中国的绘画艺术依旧源源不断地流入百济。据《梁书》记载："中大通六年、大同七年，（百济）累遣使献方物。并请《涅槃》等经义、《毛诗》博士并工匠、画师等，敕并给之。"①这些画师、工匠就把中国的绘画艺术带入了百济，如考古工作者在百济发掘了宋山里六号墓，此墓与在中国长沙发现的南朝砖筑墓完全相同。日本学者关野贞也指出："公州郡宋山里古坟出土的有纹砖与中国南京地区六朝时代的有纹砖，其花纹一致。"②它们是从中国输入，还是由百济制造？笔者认为是由中国输入的，因为这里曾出土了一块有"梁官瓦为师矣"铭文的莲花纹砖。③可见，当时百济从南朝引进了工匠和工艺技术。在墓室壁画方面，中国对百济也有影响。如，百济公州宋山里墓群中有一座四神冢，其墓壁上就有一幅用白粉绘成的四神图。④四神是中国绘画艺术的常见题材，它出现在百济的绘画中，充分说明了中国绘画艺术对百济已产生了一定的影响。此外，中国的陶瓷器也输入了百济。如，考古工作者在韩国百济故地就发掘了不少魏晋南北朝时期的陶瓷器，主要有西晋时期的钱纹陶、青瓷盘口壶等。⑤陶瓷器上的纹饰等也会对百济绘画产生一定的影响。

到了唐代，中国的绘画艺术又随着纺织品传入了百济，而中国纺织品进入百

---

① 姚思廉：《梁书》卷五四《诸夷传·百济》，中华书局1973年版，第805页。
② 转引自杨通方《中韩古代关系史论》，中国社会科学出版社1996年版，第29页。
③ ［日］轻部慈恩：《百济遗迹の研究》，吉川弘文馆1971年版，第61页。
④ 王世贤：《古代中国与朝鲜半岛国家文化交流述略》，《辽宁大学学报》1996年第3期，第54页。
⑤ ［韩］赵胤宰：《略论韩国百济故地出土的中国陶瓷》，《故宫博物院刊》2006年第2期，第90~92页。

济主要通过官方途径。如，唐贞观十一年（637），"（百济）遣使来朝，并献铁甲、雕斧"。太宗为了答谢，就"赐予彩帛三千段和锦袍等"①。又如，唐贞观十五年（641），"百济王璋卒，其子义慈遣使告哀"，太宗又"赠璋光禄大夫，赗物二百段"。②"赗物"即赠送给别人的用于治丧的财物，往往包括纺织品和粮食。而这里的"赗物"应特指纺织品，因为只有纺织品才能以"段"来衡量。这些纺织品进入百济后，其上装饰的纹饰也会对百济绘画艺术产生一定的影响。

（三）与新罗的绘画艺术交流

唐与新罗在绘画艺术方面也有交流，但以新罗学习中国绘画艺术为主。并且在三国之中，唐朝和新罗的绘画艺术交流最多，因此，唐代绘画艺术对新罗的影响也远远大于对高句丽和百济的影响。

唐代绘画艺术传入新罗的一个重要途径为新罗画家入唐学习。如德宗朝时，新罗人金忠义曾在唐朝任将军，并学习唐朝的绘画艺术。张彦远还对他的作品进行了评价："此辈并学画，迹皆精妙，格不甚高。"③可见，金忠义的画作已臻于精妙，因此他在绘画方面当已具有了较深的造诣。他之后也可能把所学的唐代的绘画技艺带回国，从而促进了唐代绘画艺术在新罗的传播。

唐代的绘画作品也流入新罗，并影响了新罗的绘画艺术。唐代绘画作品流入新罗的途径之一即是新罗人入唐购买。如贞元末，著名画家周昉的作品在江淮地区就被新罗人"以善价买去数十卷"，并带回国。其中不少画作都有很高的艺术价值，"其画佛像真仙人物子女，皆神也。唯鞍马鸟兽，竹石草木，不穷其状也"④。这些绘画作品传入新罗后即被奉为艺术珍品，人们竞相瞻仰、模仿。可见，周昉的绘画对新罗艺术也产生了一定的影响。

朝鲜全罗南道顺天郡曹溪山仙岩寺收藏了一幅板印的观音菩萨像，该画高188厘米，宽50厘米，右下侧题"唐吴道玄笔"柳体楷书5字，下有"山谷化人"方印文。⑤可见，此观音菩萨像确实为唐著名画家吴道子所绘，但又绝非吴道子在

---

① 《旧唐书》卷一九九上《东夷·百济传》，中华书局1975年版，第5330页。
② 《旧唐书》卷一九九上《东夷·百济传》，中华书局1975年版，第5330页。
③ 张彦远：《历代名画记》卷九《唐朝上》，上海人民美术出版社1964年版，第176页。
④ 李昉：《太平广记》卷二一三《周昉》，中华书局1961年版，第1632页。
⑤ 金荣华：《韩国全南道顺天郡曹溪山仙岩板印观音像跋》，选自《中韩交通史事论丛》1985年，第154页。

新罗所绘,因为史籍中没有吴道子入新罗的记载,因此它应是流入新罗的唐代画作。但它是如何传入新罗的呢? 这一问题由于缺乏资料而难以回答。但可以肯定的是,这些唐代的著名画作输入新罗后,时人以之为摹本,争相学习,从而促进了唐代绘画艺术在新罗的传播。

此外,唐朝的陶瓷器也输入了新罗,并对新罗的绘画艺术产生了一定的影响。如在朝鲜曾出土了唐代长沙窑彩绘瓷、邢窑白瓷、越窑青瓷等。① 唐三彩也传入了新罗,之后新罗仿造出了"新罗三彩",其器型、纹饰等都颇似唐三彩。如韩国国立中央博物馆收藏了一件三彩高足盖盒,高 13.3 厘米,宝珠钮器盖,器身褐、黄二彩斑驳陆离,交织在一起,还有阴刻的三角纹和联珠纹②,处处都体现着唐代绘画艺术的风格。因此,可以说唐朝陶瓷器的输入也促进了新罗绘画艺术的发展。

五、雕塑

在雕塑艺术方面,唐朝与百济、新罗都有广泛的交流。

(一)唐代雕塑艺术对百济的影响

在雕塑艺术方面,百济全面受到了中国的影响。早在魏晋南北朝时期,百济就开始学习中国的雕塑艺术。百济的佛雕就源于中国六朝。如,扶余军守里废寺址出土了一尊金铜观音菩萨立像,现收藏于首尔国立中央博物馆藏。此像高11.5厘米,天衣呈斜十字叉形交叉在身前,衣襟则如翅膀向左右展开。③ 这些都与中国六朝时期的形式特征一致。又如,扶余军守里出土了一尊蜡制如来坐像,此像高13.5厘米。④ 蜡像中,如来两手交叉拢在胸前,这种姿势常见于中国六朝的雕塑中。而覆盖在台座前面的衣褶形状,更是忠实地保存了中国北魏时期龙门石窟的样式。

到了隋唐时期,百济雕塑艺术依然深受中国的影响。如,忠清南道泰安有一组摩岩佛群,左右为如来立像,中央为菩萨像。……但左右两侧如来的躯体均显

---

① 王镛:《中外美术交流史》,湖南教育出版社 1998 年版,第 71 页。
② 紫玉:《唐三彩的姊妹花——异域三彩》,《收藏界》2011 年第 2 期,第 67 页。
③ 杨通方:《中韩古代关系史论》,中国社会科学出版社 1996 年版,第 30 页。
④ 陈玉龙等:《汉文化论纲——兼述中朝、中日、中越文化交流》,北京大学出版社 1993 年版,第 209页。

魁伟,有块量感①,与中国隋、初唐的作品有相通之处。又如,扶余窥岩出土的金铜观音菩萨立像和金铜菩萨立像,它们都保存了中国梁朝时期百济佛的特征,但又有新的变化:头戴三花冠,臀左倾,由左足承担体重。② 整个雕塑看上去活泼轻快,明显受到了中国初唐雕塑艺术的影响。

(二)与新罗的雕塑艺术交流

1. 新罗雕塑艺术输入唐朝

众所周知,唐代的不少皇帝都宠信佛教,新罗为了讨好他们,以赢得唐朝的支持,就曾多次遣使向唐朝贡献佛教雕塑艺术品。如,762—764 年,新罗国王景德王曾遣使赴唐,献木雕万佛山。《三国遗事》对此有详细记载:"王又闻唐代宗皇帝尤宠释氏,命工做五色氍毹,又雕沈檀木与明珠美玉为假山,高丈余,置氍毹之上,……中安万佛,大者逾方寸,小者八、九分,其头或巨黍者,或半菽者,螺髻白毛,眉目的擻,相好悉备,只可仿佛,莫得而详,因号万佛山。……既成,遣使献之。"③可见,此万佛山是做工精细、造型复杂的雕塑品。无怪乎唐代宗见之,即惊叹曰:"新罗之巧,天造非巧也。乃以九光扇加置岩岫间。因谓之佛光。"④又如,810 年,新罗国王又向唐代献金银佛像等物。据《三国史记》卷一○宪德王二年条记载:"十月,遣王子金宪章入唐,献金银佛像及佛经等,上言:'为顺宗祈福。'"这些新罗雕塑艺术品输入唐朝,也会对唐代的雕塑艺术产生一定的影响。

2. 唐代雕塑艺术对新罗的影响

唐代雕塑艺术对新罗也产生了广泛的影响,主要体现在寺院佛像和佛教石窟两个方面。

第一,寺院佛像。在这方面,唐朝对新罗产生了一定的影响,如相传新罗柏栗寺和众生寺的佛像俱为中国工匠所塑。据《三国遗事》记载:"鸡林之北岳曰金刚岭,山之阳有柏栗寺。寺有大悲之像一躯,不知作始而灵异颇著。或云是中国之神匠塑众生寺像时并造也。"⑤由此可见,柏栗寺的大悲之像和众生寺的佛像确

---

① 陈玉龙等:《汉文化论纲——兼述中朝、中日、中越文化交流》,北京大学出版社 1993 年版,第 209 页。
② 杨通方:《中韩古代关系史论》,中国社会科学出版社 1996 年版,第 30 页。
③ 一然撰,[韩]权锡焕、陈蒲清译:《三国遗事》卷三《兴法第三》,岳麓书社 2009 年版,第 76 页。
④ 一然撰,[韩]权锡焕、陈蒲清译:《三国遗事》卷三《柏栗寺》,岳麓书社 2009 年版,第 76 页。
⑤ 一然撰,[韩]权锡焕、陈蒲清译:《三国遗事》卷三《柏栗寺》,岳麓书社 2009 年版,第 78 页。

实出自中国工匠之手。这样,唐朝的工匠就将中国的雕塑技艺传入了新罗。

第二,佛教石窟。唐代佛教石窟对新罗也有较大的影响,如庆州西南吐含山东侧的石窟庵,是朝鲜唯一的人工石窟。据推测建于新罗景德王十年(751),显然是受了中国营造石窟风气的影响。石窟的中室有高达3.26米的释迦坐像,周壁有十一面观音和十大弟子的浮雕。过道和前室的壁上有四大天王八部神众的浮雕。① 这些神像的姿态既生动秀丽,又健硕丰满,饶有唐风。韩国学者金得榥就说:"庆州吐含山的石窟庵等都是新罗统一后建成的。统一之后,有如此伟大的佛教作品涌现,既是新罗人才华的体现,也是入唐求法僧输入唐朝文化的结果。"②可见,庆州吐含山的石窟庵等雕塑艺术的确深受唐代雕塑艺术的影响。

第八节 与日本的艺术交流

中日作为一衣带水的邻国,艺术交流源远流长。早在汉魏时期,双方就有了艺术交流,这在考古学上多有反映。如,在大阪黄金冢古坟就发现了中国魏景初三年(239)的铭文铜镜,汉魏时代的中日艺术交流就有了实物证明;又如,我们从隅田八幡出土的画像镜铭文和江田船山古墓出土的大刀银嵌铭文上,也看到了6世纪初年日本的汉文书法作品。③

到了唐代,随着中日间友好关系的发展,双方的艺术交流达到了高潮。唐时的日本包括三个时期:飞鸟时代(593—710)中后期、奈良时代(710—794)和平安时代(794—1192)初期。

唐和日本的艺术交流的范围非常广泛,涉及乐舞、书法、绘画、雕塑、百戏等领域。

一、乐舞

唐与日本之间的乐舞交流途径多样,主要有派遣留学生、学问僧和使节、佛教乐舞交流、民间乐舞的自由交流等。

---

① 周一良:《中外文化交流史》,河南人民出版社1987年版,第371~372页。
② [韩]金得榥著,柳雪峰译:《韩国宗教史》,社会科学文献出版社1992年版,第86页。
③ 北京市中日文化交流史研究会编:《中日文化交流史论文集》,人民出版社1982年版,第8页。

（一）日本乐舞传入唐朝

早在隋初，日本乐舞就进入了中国宫廷。《隋书·音乐志下》记载：除了七部伎，还杂有"疏勒、扶南、康国、百济、新罗、倭国等伎"①。唐时，倭国乐依然列于宫廷音乐中，它虽然没被列入乐部，但在宫廷音乐中也占有一席之地。

到了唐代，更多的日本乐舞进入了中国。如，日本曾派遣王子向唐贡献音乐。据《册府元龟》记载："宣宗大中七年（853）四月，日本国遣王子来朝，献宝器音乐。"②日本王子向唐献"宝器音乐"，其目的主要是为了取悦唐朝帝王，搞好和唐朝的关系，但此举却间接促进了日本乐舞艺术在唐朝的传播。

而日本大规模地向唐朝输入音乐则是通过遣唐使。日本曾在630—894年，先后19次向中国派遣唐使，但真正到达唐土的只有13次。③遣唐使中有不少精通音乐的音声长和音声生。关于他们的职责，学术界有以下几种观点：第一种观点认为，"他们的职责是到中国学习音乐技艺"，此种观点以森克己为代表④；第二种观点认为，他们"是为在划船时充当船头领唱船工号子或是在出航入航时以音乐壮声威所用的"⑤，此种观点以青木和夫为代表；第三种观点认为，"音声长是为了在唐朝宫廷中朝贺、拜辞时演奏日本音乐而来的日本音乐名手，音声生则是专门学习中国音乐的留学生"⑥，此种观点以吴钊、刘东升为代表；第四种观点认为，"乐师是为了在唐朝礼见、会见、朝贺、辞拜等场合列队奏乐所用的随行者，他们与外国音乐的输入有密切的关系"⑦，此种观点以木宫泰彦为代表。本书认同木宫泰彦的观点，即音声长和音声生既负责在唐廷演奏日本音乐，又要学习唐朝的乐舞艺术。因为在当时的条件下，日本使节入唐要历经艰难险阻，甚至要付出生命的代价，所以日本在选派遣唐使时，要经过千挑万选，以最大限度地发挥他们的作用。因此，这些音声长和音声生便身负多重使命。而第一、第二种观点，只提到了单方面的作用，因而是片面的。至于第三种观点，也是不科学的。因为它对"音声长"和"音声生"的理解是错误的。所谓"音声人"，《令集解》卷四《职员

① 魏徵：《隋书》卷一五《音乐志下》，中华书局1973年版，第377页。
② 王钦若等：《册府元龟》卷九七二《外臣部·朝贡第五》，中华书局1960年版，第3857页。
③ ［日］木宫泰彦著，胡锡年译：《日中文化交流史》，商务印书馆1980年版，第62页。
④ ［日］森克己：《遣唐使》，至文堂本1966年版，第131页。
⑤ 张前：《中日音乐交流史》，人民音乐出版社1999年版，第10页。
⑥ 吴钊、刘东升：《中国音乐史略》，人民音乐出版社1993年版，第129页。
⑦ 木宫泰彦：《日中文化交流史》，商务印书馆1980年版，第103页。

令》中这样注释："鼓笛等人称音声人。"由此可见，日本的"音声人"指的是演奏乐器的乐人。据此可知，"音声生"当为操持器乐的乐工，而"音声长"则为管理"音声生"的官员，正如遣唐使中的"水手长"是管理"水手"的官员，而不是吴钊等人理解的"音声长是为了在唐朝宫廷中朝贺、拜辞时演奏日本音乐而来的日本音乐名手，音声生则是专门学习中国音乐的留学生"。而科学的理解正如木宫泰彦的观点，"音声生"和"音声长"都担负着双重使命，他们一方面汲取了唐代的乐舞艺术，另一方面又在大唐表演日本乐舞，把日本的乐舞艺术也传入了唐朝。

此外，渤海国作为中日乐舞交流的中介，也向唐代进献过日本舞女。《旧唐书》记载，大历十二年(777)，"渤海使献日本国舞女十一人"①。这些来自日本的舞女也把日本乐舞带到了中国，促进了日本乐舞艺术在中国的传播。可见，乐舞交流不仅仅是交流国双方的事情，有时第三方也会参与进来。

(二)唐代乐舞艺术对日本的影响

唐代乐舞艺术对日本的影响非常大，主要表现在乐舞制度、乐舞作品、乐器、音乐理论、乐谱等方面。

1.乐舞制度

在乐舞制度方面，8世纪初，日本仿照唐代太常寺中太乐署的机构设置，建立了最初的音乐机构——雅乐寮。与此同时，日本又将唐的内教坊制度全面引入，建立了本国的内教坊机构。

(1)雅乐寮

雅乐寮是古代日本的乐舞教育机构，教习自古以来的日本传统乐舞和外来乐舞。它是仿照中国的音乐管理机构太常寺中的太乐署而设立的。这一机构于683年已经初露端倪。据《日本书纪》记载："天武天皇十二年(683)，奏小垦田舞及高丽、百济、新罗三国乐于庭中。"②日本传统歌舞与朝鲜高丽乐、百济乐和新罗乐同台演出，说明雅乐寮已经初具管理本国和外来音乐的职能。但这一机构真正设立于大宝元年(701)。当时日本宫廷颁布了大宝令，宣布设立雅乐寮来掌管宫廷音乐和舞蹈。据《续日本纪》卷二记载："大宝元年七月：……又画工及主计、

① 《旧唐书》卷一一《代宗本纪》，中华书局1975年版，第310页。
② 王孝廉编译：《日本书纪》卷二九《天武天皇下》，时报文化出版企业公司1988年版，第218页。

主税算师、雅乐诸师、如此之类、准官判任。"①

虽然日本的雅乐寮是仿照唐代的太常寺设立的,但二者还是有区别的。

首先,从职责来看。如前所述,唐朝的太常寺主要管辖祭祀、郊庙、社稷等宫廷音乐,太乐署负责一般的音乐,鼓吹署则管辖军乐、仪仗乐等;而日本的雅乐寮则管辖一般的音乐,内设"雅乐寮头一人,掌文武雅曲正舞。杂乐。男女乐人。音声人名帐。试练曲课事。助一人。大允一人。少允一人。大属一人。少属一人。歌师四人。二人掌教歌人、歌女。二人掌临时取有声音堪供奉者教之。歌人四十人。歌女一百人。舞师四人。掌教杂舞也。舞生百人。掌习杂舞。笛师二人。笛生六人。掌习杂笛。笛工八人。唐乐师十二人。掌教乐生。高丽百济新罗乐师准此。乐生六十人。掌习乐。余乐生准此。高丽乐师四人。乐生二十人。百济乐师四人。乐生二十人。新罗乐师四人。乐生二十人。伎乐师一人。掌教伎乐生。其生以乐户为之。腰鼓生准此。腰鼓师二人。掌教腰鼓生"②。可见,日本雅乐寮的主要职责是教习本土的传统乐舞和中国、朝鲜等外来乐舞。

由以上论述可知,虽然日本设置的音乐管理机构与唐代的音乐管理机构名称相似,但职责却截然不同。

其次,从官职设置来看。《唐六典》中记载了太乐署的官员设置:"令一人从七品下,丞一人从八品下,乐正八人从九品下……典事八人。流外番官。文武二舞郎一百四十人。太乐令。掌教乐人调合钟律以供邦国之祭礼飨燕,丞为之贰。"③从以上史料可以看出,唐代的乐官有令、丞、乐正、典事和文武郎。此外,太常寺还设有一名协律郎来掌管音律。而根据上述《令义解》卷四的记载可知,日本雅乐寮中的官职设置主要有雅乐寮头一人,助一人,大允一人,少允一人。大属一人。少属一人。两者相比较,我们就会发现唐代太乐署不仅官员繁多,而且官制也复杂得多。

(2)内教坊

日本的内教坊以女性为主体,它从 8 世纪上半叶开始就在宫廷教习乐舞并扮演着宫廷仪式音乐的角色。日本的内教坊建立于何时,由于史书没有明确的

① [日]菅野真道等:《续日本纪》卷二,大宝元年七月,吉川弘文馆 1981 年版,第 12 页。
② [日]黑坂胜美编:《令义解》卷四《职员令》,吉川弘文馆 1966 年版,第89～90页。
③ 《唐六典》(《钦定四库全书》本)卷一四《太常寺》,人民出版社 2006 年版,第 144 页。

记载,所以至今没有一个确切的答案,不过至迟在 8 世纪初就已经设立。《续日本纪》卷三四记载:"卯寅,典侍从三位饭高宿祢诸高薨。伊势国饭高郡人也。性甚廉谨。志慕贞洁。葬奈保山天皇(元正)御世。直内教坊。逐补本郡采女。饭高氏贡采女者。自此始矣。历仕四代,终始无失。薨时年八十。"[1]从这条史料可知,三位饭高宿祢诸高在元正天皇时代(715——724)就作为采女入宫并进入内教坊。可见,日本至迟在 8 世纪初就已设立了内教坊。虽然日本的内教坊是在接纳唐的内教坊制度的基础上而设立的,但两者在本质上却是截然不同的,如前所述,唐代教坊主要演奏娱乐性质的俗乐,而日本的内教坊则相反,它是以宫廷仪式音乐为主体的。据《续日本纪》卷二四记载:"天平宝字七年(763)正月十七日:帝御阁门。飨五位已上及蕃客。文武百官主典已上于朝堂。作唐吐罗、林邑、东国、隼人等乐。奏内教坊踏歌。"此书卷二八亦载:"神护景云元年(767)十月二十四日,御大极殿。屈僧六百,转读大般若经。奏唐高丽乐及内教坊踏歌。"踏歌是日本重要的宫廷礼仪乐舞,系由唐朝传入,往往在接待外宾、礼侍佛事等重要场合表演。可见,日本内教坊以演奏典礼乐舞为职责。

从以上论述可以看出,日本虽然引进了唐代的雅乐制度和内教坊制度,但日本的音乐制度和唐代的音乐制度还是有区别的。这充分说明日本在学习唐代的乐舞制度时,并没有全盘引进、照抄照搬,而是根据本国的实际情况,对唐代的乐舞制度进行了合理的取舍,吸收了那些适合自己的,而摒弃了那些自己不需要的。日本对外来艺术所持的这种科学态度,使日本能最大限度地利用异域艺术来提高自己,从而极大地促进了本国艺术的发展。

2. 乐舞作品

唐代的很多乐舞作品传入日本,对日本的乐舞艺术也产生了巨大的影响。唐代传入日本的乐舞主要有燕乐、伎乐、声明、踏歌等。

唐代燕乐主要是指在宫廷宴会上演出的歌、舞、器乐三位一体的歌舞音乐。唐代的不少燕乐传入了日本。唐燕乐传入日本之后被称作唐乐,并迅速风靡日本,在宫廷和民间的重要活动中,都有唐乐演出。关于唐乐在日本的演出盛况,日本史籍中多有记载。《续日本记》卷二载:文武天皇大宝二年(702)正月十五日

---

① [日]菅野真道等:《续日本纪》卷三四,光仁天皇大宝八年二月,吉川弘文馆 1981 年版,第 605 页。

（癸未），天皇"宴群臣于西阁，奏五常太平乐，欢乐而罢，敕物有差"①；同书卷一二亦载：圣武天皇天平七年（735）五月五日，"天皇御北松林，览骑射。入唐回使及唐人奏唐国、新罗乐……"②；同书卷一五亦云：圣武天皇天平十六年（744）十一月二十三日，"甲贺寺始建卢舍那佛像体骨柱。天皇亲临，手引其绳。于时种种音乐共作。四大寺（大安、药师、元兴、弘福寺）众僧金集，衬施各有差"③。此外，《续日本记》卷一七、一八、二四、二七都有日本演奏唐乐的记载。

　　唐代究竟有多少燕乐作品传入日本？日本辞书《倭名类聚抄》卷四《术艺部·音乐部·曲调类》中，就记录有唐乐132首。加上《拾芥抄》《仁智要录》《夜鹤庭训抄》等乐书记载的曲目，唐乐乐曲大约有157曲。再加上其他一些乐书上的记载，唐乐曲达223曲之多。这223首乐曲是否真的都是从唐朝传入的？张前先生认为并非如此。他把这223首乐曲分为四种情况，第一种情况：传入日本的只是不完整的唐乐乐舞，在传入的过程中，乐舞的一部分已被忘掉；第二种情况：当时只单独传入乐舞中的舞蹈或乐曲部分，而与之相配合的乐曲或舞蹈则由日本艺术家后来补作；第三种情况：有些唐乐曲目传入后不久失传，后来由日本人加以复原改作；第四种情况：有些乐舞只是借用唐乐舞的名称，实际的乐或舞均为日本人所作。④那么，究竟哪些唐代乐舞传到了日本？由于没有确切的史料记载，目前难以断定。日本古乐研究家林谦三说："虽然不能说出当时传入的全部乐曲，但至少有六调三十余曲。"⑤日本著名音乐学者岸边成雄则根据相关音乐文献，把日本雅乐中与隋、唐燕乐有渊源关系的乐曲列举如下：《皇帝破阵乐》《团乱旋》《春莺啭》《北庭乐》《三台盐》《万岁乐》《裹头乐》《甘州》《桃李花》《感城乐》《轮台》《采桑老》《秦王破阵乐》《太平乐》《倾杯乐》《贺王恩》《打乐》《越天乐》《王昭君》《夜半乐》《春阳柳》《想夫恋》《皇獐》《千秋乐》《剑器浑脱》《庶人三台》《轮鼓浑脱》《承和乐》等，共28曲。⑥可见，究竟哪些唐燕乐传入了日本，还

　　①　[日]菅野真道等：《续日本纪》卷二，文武天皇大宝二年正月，吉川弘文馆1981年版，第13页。
　　②　[日]菅野真道等：《续日本纪》卷一二，圣武天皇天平七年五月，吉川弘文馆1981年版，第137页。
　　③　[日]菅野真道等：《续日本纪》卷一五，圣武天皇天平十六年十一月，吉川弘文馆1981年版，第179页。
　　④　张前：《日本雅乐与唐代燕乐——日本史书、乐书相关资料考》，《交响——西安音乐学院学报》1997年第2期，第5页。
　　⑤　[日]林谦三：《雅乐的传统》，《日本的古典艺能·雅乐》，平凡社1970年版，第44页。
　　⑥　[日]岸边成雄：《雅乐的源流》，《日本的古典艺能·雅乐》，平凡社1970年版，第20页。

有待于进一步考证。但可以肯定的是,唐代燕乐进入日本后,日本在此基础上发展成了本国的雅乐。

伎乐,也称作吴乐,是一种露天演出的带滑稽性的无言假面音乐舞蹈剧。由于隋初设置国伎、清商伎、高丽伎、天竺伎、安国伎、龟兹伎、文康伎七部乐,所以传入日本后或称伎乐舞。伎乐舞传入日本当在钦明天皇时(540—571)。当时,来自吴地(今中国江浙一带)的智聪在把佛教传入日本的同时,还带去了"伎乐调度一具"①。这样,伎乐就随佛教输入了日本。伎乐真正在日本得到教习和演出是在公元612年。《日本书纪》卷二二记载:"……又百济人味摩之归化,曰:'学于吴得伎乐舞。'则安置樱井而集少年令习伎乐舞。于是真野首弟子,新汉、齐文二人,习之传其舞。"②伎乐舞在7—9世纪盛行于日本宫廷,并在佛事活动中充当了重要角色,但至镰仓时期便衰落并消失了。遗憾的是史书中几乎没有关于伎乐表演的记载,我们只能从日本飞鸟时期至镰仓时期留下来的大量伎乐面具来考察伎乐的历史情况。赵维平先生通过对这些伎乐面具的认真考察,认为唐代传入日本的伎乐种类主要有治道、狮子、师子儿、吴公、金刚、迦楼罗、婆罗门、吴女、昆仑、力士、太孤、大孤儿、醉胡、醉胡从等14种。③ 特定的伎乐节目必定配有相应的表演面具,因此他的研究方法是科学的,结论也应该是正确的。

声明是一种宗教音乐,也就是举行宗教仪式时演唱的一种声乐曲。它起源于印度,后传入中国并被称为梵呗。正如《大正新修大藏经》No. 2717《声明口传》所载:"声明者,印度之名,五明之一也。支那偏取曰梵呗。"④唐时,声明又通过中国传入了日本。《续日本记》中就有一些关于声明的记载。该书卷八记载:元正天皇养老四年(720)十二月二十五日,天皇诏曰:"佛典之道,教在甚深。转经唱礼,先传恒规,理合遵样,不须辄改。比者或僧尼自出方法,妄作别音,遂使后生之辈,积习成俗,不肯变更,恐汙法门,从是始乎。宜依汉沙门道荣、学问僧胜晓等转经唱礼,余音并停止。"⑤这里所谓的"道荣、胜晓转经唱礼的方法",就

---

① [日]万多亲王等:《新编姓氏录》第三册《和药使主》,1669年刊本,第5页。
② 王孝廉编译:《日本书纪》卷二二《推古天皇》,时报文化出版企业公司1988年版,第147页。
③ 赵维平:《中国古代音乐文化东流日本的研究》,上海音乐学院出版社2004年版,第106页。
④ [日]高楠顺次郎编:《大正新修大藏经》第84卷 No.2717《声明口传》,财团法人佛陀教育基金会出版部1990年版,第857页。
⑤ [日]菅野真道等:《续日本纪》卷八,元正天皇养老四年十二月,吉川弘文馆1981年版,第223页。

是唐代传入日本的声明。该书卷一八《孝谦纪二》亦载：孝谦天皇天平胜宝四年（752）四月九日，东大寺大佛开眼当日，在种种舞乐之间，有"梵音师二百人、锡杖师二百人、呗师十人、散华师十人"等诵经唱理。从"四个法要"同时进行的情况可以看出，在奈良时代日本佛教的声明已经形成。

平安时代，弘法大使空海和慈觉大师圆仁都入唐学习过佛法和梵呗，并把所学带回国。空海曾在唐朝学习密教，回国后创设了密教系声明。他在禁中三业（胎藏、金刚两业、声明业）度人制度中设立声明业，致力于声明的兴隆。《大正新修大藏经·声明口传》记载："承和之初，弘法大使奏置声明之度。……是密乘为声明之始祖。"①而圆仁在入唐期间曾多次参与佛教活动，听唱梵呗。他在《入唐求法巡礼行记》中对此有详细记载：唐开成三年（838）十一月二十四日于扬州观音院遇天台大师忌日设斋会，"堂头设斋，众僧六十有余。幻群法师作斋叹文与食仪式，……众僧之中一人打槌，更有一人作梵"，梵颂云："合此经究极到达彼岸，愿佛开微密，广为众生，……音韵绝妙"②；同年十二月八日记事，于扬州开元寺奉国忌，"此时东西梵音交响绝妙"③；开成五年（840）八月二日在孝义县（今孝义市）涅槃院与桂轮座主谈话："座主曾讲解《涅槃经》数遍，兼解外典。新做《唐韵律》与《大藏经音》八卷。"④圆仁回国后，以《唐韵律》等为基础创设了天台声明。《大正新修大藏经·声明口传》记载："显声明者，慈觉大师之游历赤县也，周旋十师之门旁传此业。尔来布护寰宇。"⑤可见，圆仁把中国的声明带回了日本，进一步促进了日本声明的发展。中国的声明传入日本后，又不断得以发展，并出现了日本化的声明。可见，艺术的学习有这样一个过程，即先引入异域的艺术，然后在此基础上不断发展，最后才形成具有本民族特色的艺术。

如前所述，踏歌是一种一边用足踏地一遍歌唱的集体歌舞，它流行于汉至唐

---

① ［日］高楠顺次郎编：《大正新修大藏经》第 84 卷 No. 2717《声明口传》，财团法人佛陀教育基金会出版部 1990 年版，第 857 页。

② ［日］圆仁著，小野胜年校注：《入唐求法巡礼行记校注》卷一，花山文艺出版社 1992 年版，第 70 页。

③ ［日］圆仁著，小野胜年校注：《入唐求法巡礼行记校注》卷一，花山文艺出版社 1992 年版，第 84 页。

④ ［日］圆仁著，小野胜年校注：《入唐求法巡礼行记校注》卷一，花山文艺出版社 1992 年版，第 328 页。

⑤ ［日］高楠顺次郎编：《大正新修大藏经》第 84 卷 No. 2717《声明口传》，财团法人佛陀教育基金会出版部 1990 年版，第 857 页。

代,并于唐时传入日本。日本的踏歌最初由汉人表演,并且流行于宫廷。《日本书纪》记载:持统天皇七年(693)正月(丙午),"汉人等奏踏歌"①;持统天皇八年(694)正月十七日(丙午),"汉人奏踏歌"②;同月十九日(癸卯),"唐人奏踏歌"③。到了奈良时代,随着踏歌的进一步流传,才出现了日本人表演踏歌的情况。如《续日本记》记载,圣武天皇天平二年(730)正月十六日,天皇行幸皇后宫,"百官主典以上配从踏歌,且奏且行,引入宫里,以赐酒食"④。进入平安时代,每年的正月中旬都要在宫廷里举行踏歌表演,《续日本纪》中对此多有记载。如天平十四年(742)正月十六日,"天皇御大安殿,宴群臣。酒酣奏五节田舞,讫更令少年童女奏踏歌"⑤;天平胜宝三年(751)正月十八日,"天皇出御大极殿南苑,召集百官主典以上举行宴会,……分别授予踏歌音头取女濡忍海伊太须、锦部河内外从五位下"⑥;天平宝字三年(七五九)正月十八日,"帝临轩,……飨五位已上,及蕃客,并主典已上于朝堂。作女乐于舞台,奏内教坊踏歌于庭"⑦;天平宝字七年(763)正月十七日,"帝御阁门,飨五位以上及蕃客,……奏内教坊踏歌,客主主典已上次之,赐供奉踏歌百官人及高丽蕃客绵有差"⑧。后来,踏歌逐渐演变成为日本宫廷的固定节日,在每年正月十六日宫廷都要举行盛大的踏歌活动。如,清和天皇贞观四年(862)正月十六日,"踏歌之节,天皇御前殿,宴于使臣。踏歌如常仪。赐禄各有差"⑨。可见,踏歌传入日本后,备受日本皇室喜爱,并演变成日本宫廷的固定节日。这也说明踏歌历经了一个逐渐日本化的过程:刚传入时,由于日本对此乐比较生疏,因此主要由唐人或朝鲜人表演;随着时日渐增,日本掌握了表演方法,遂由日本人表演。但唯一不变的是,踏歌自传入日本后,就占据着宫廷乐舞的尊贵地位,一直在重要场合进行表演。足见此舞的艺术魅力和日本政府对它的重视。

---

① 王孝廉编译:《日本书纪》卷三〇《持统天皇》,时报文化出版企业公司1988年版,第418页。
② 王孝廉编译:《日本书纪》卷三〇《持统天皇》,时报文化出版企业公司1988年版,第418页。
③ 王孝廉编译:《日本书纪》卷三〇《持统天皇》,时报文化出版企业公司1988年版,第421页。
④ [日]菅野真道等:《续日本纪》卷九,圣武天皇天平二年正月,吉川弘文馆1981年版,第121页。
⑤ [日]菅野真道等:《续日本纪》卷一〇,天平十四年正月,吉川弘文馆1981年版,第167页。
⑥ [日]菅野真道等:《续日本纪》卷一八,天平胜宝三年正月,吉川弘文馆1981年版,第194页。
⑦ [日]菅野真道等:《续日本纪》卷二二,天平宝字三年正月,吉川弘文馆1981年版,第259页。
⑧ [日]菅野真道等:《续日本纪》卷二四,天平宝字七年正月,吉川弘文馆1981年版,第292页。
⑨ [日]藤原时平、大藏善行编:《日本三代实录》卷二〇,清和天皇贞观四年正月,国史大系刊行会1929年版,第86~87页。

之后,踏歌在日本就自上而下传播开来,由宫廷流入民间,如兴福寺、热田神宫、鹿儿岛神宫、阿苏神宫、住吉神社等都曾举行过踏歌活动。可见,中国的踏歌传入日本后,不但风靡日本宫廷,而且盛行于民间,成为一种备受欢迎的大众性舞蹈。

3.乐器

唐朝传入日本的乐器大概有 15 种,分别为琴、筝、瑟、箜篌、琵琶、阮咸、尺八、箫、横笛、笙、竽、腰鼓、方响、细腰鼓、螺钿紫檀五弦琵琶,其中正仓院中收藏了59件。日本音乐家上真行、多忠基、田边尚雄于日本大正九年(1920)对正仓院所藏唐传乐器进行了第一次调查,林谦三、岸边成雄等于昭和二十三年(1948)、昭和二十七年(1952)又先后两次对正仓院所藏的唐传乐器做了调查。这些乐器是:金银平文琴 1 件;二十四弦瑟 1 件,已残缺;十三弦筝 4 件,残缺;箜篌 2 件,残缺;琵琶 5 件;螺钿紫檀五弦琵琶 1 件;阮咸 2 件;尺八 8 件;甘竹箫 2 件,已残缺;横笛 4 件;笙 3 件;竽 3 件;腰鼓 22 面,残缺;细腰鼓 1 面,残缺;方响 1 件,残缺。[①] 本书将结合这些乐器详述唐代乐器东流日本的情况。

琴是中国的传统乐器,历史非常悠久,最早出现于汉代。在两汉的画像石等文物资料上都可见它的形象。之后琴一直活跃于中国的乐坛,并于唐代传入日本。在今天日本的正仓院还藏有金银平文琴 1 件,它以满面施有精妙的金银平脱纹著称。池内有铭:"清琴作兮□□。"又凤沼内,左右记有"乙亥元年""季春造作"。[②] 乙亥元年当在开元二十三年或贞元十一年。可见此琴的确造于唐代,其后传入了日本。此外,在东京博物馆珍藏有一张雷琴,琴底刻有"开元十二年岁在甲子五月五日于九龙县造"[③]。可见,此琴当出自蜀地九龙县,系唐代造琴名家雷氏所制。

筝出现在秦代。《史记》卷八七记载:"夫击瓮扣缶,弹筝拨髀,而歌呼呜呜、快耳目者,真秦之声也。"[④]如前所述,筝起初只有五弦,到汉代出现了十二弦的筝,并一直沿用到隋唐之世。唐代又出现了十三弦的筝,并于奈良时代传入日

---

①　赵维平:《中国古代音乐文化东流日本的研究——日本音乐制度(内教坊)的形成与变衍》,《音乐艺术》2001 年第 1 期,第 178 页。
②　[日]林谦三著,钱稻孙译:《东亚乐器考》,人民音乐出版社 1962 年版,第 143 页。
③　德真:《日本珍藏的我国唐代乐器》,《乐器》2004 年第 4 期,第 64 页。
④　《史记》卷八七《李斯传》,中华书局 1959 年版,第2543~2544页。

本。正仓院保存有奈良时代的十三弦筝四张,均为残品。《西大寺资财帐》记载的大唐乐器中有:"筝一面,琴柱十三枚。"①筝传入日本后,成为日本雅乐的重要乐器并一直沿用至今。而且作为近世俗乐的乐器,深受民众喜爱。

唐朝传入日本的箜篌为竖箜篌。如前所述,竖箜篌源于西亚,在东汉灵帝时期传入中国,之后又传入百济。《倭名类聚抄》卷四《术艺部·琴瑟类第四十七》箜篌注云:"'箜篌二音,俗云如江胡二音。'《杨氏汉语抄》云:'箜篌,百济国琴也;和名久太良古止。'"可见,日本的箜篌是通过百济传入的。正仓院里保存有螺钿槽和漆槽两个箜篌残品,它们是唐代竖箜篌传入日本的实物证据。此外,平安时代的文献《延喜式》卷二一《雅乐寮》也记载了制作箜篌所用的丝料:"箜篌一面,长五尺,料丝二两;箜篌一面,长六尺四寸五分,料丝二两。"②这也为我们提供了竖箜篌传入日本的确凿证据。

如前所述,琵琶有三种:第一种是我国的华夏旧器,即所谓的阮咸。另外两种为外来乐器,分别为四弦和五弦琵琶。这三种琵琶都于唐代传到了日本。

阮咸是中国固有的乐器,其得名是因为晋代名士阮籍的次子阮咸善弹此器。《通典》卷一四四记载:"阮咸,亦秦琵琶,……武太后时,蜀人蒯朗于古墓中得之,晋竹林七贤图阮咸所弹与此类同,因谓之阮咸。咸,晋世实以善琵琶、知音律称。"③《隋唐嘉话》亦曰:"元行冲宾客为太长少卿,有人于古墓中得铜物,似琵琶而身正圆,莫有识者。元视之曰:'此阮咸所造乐具。'乃令匠人改以木,为声甚清雅,今呼为'阮咸是也'。"④关于其形制,《通典》卷一四四记载:"阮咸,亦秦琵琶,而项长过于今制,列十有三柱。"⑤同书又载:"今清乐奏琵琶,俗谓之'秦汉子',圆体修颈而小,疑是弦鼗之遗制。傅玄云:'体圆柄直,柱有十二。'"⑥可见,阮咸的形制特点是:体圆、颈长,有12或13根柱。阮咸在文物资料中也多有反映。如在辽宁辑安地区一座公元4、5世纪的古墓中出土了一幅壁画,这幅壁画反映了一幕奏乐的情景:一个女乐人正横抱着长颈的阮咸骑在一条巨龙身上。此外,在

---

① 转引自林谦三著,钱稻孙译《东亚乐器考》,人民音乐出版社1962年版,第171页。
② 藤原时平、藤原忠平:《延喜式》二一《雅乐寮》,吉川弘文馆1981年版,第136页。
③ 杜佑:《通典》卷一四四《乐四》,中华书局1988年版,第3679页。
④ 刘餗:《隋唐嘉话》卷下,中华书局1979年版,第46页。
⑤ 杜佑:《通典》卷一四四《乐四》,中华书局1988年版,第3679页。
⑥ 杜佑:《通典》卷一四四《乐四》,中华书局1988年版,第3679页。

麦积山和敦煌的壁画中也能看到阮咸的形象。如，麦积山第 133 石窟北魏时期的壁画中就有一幅伎乐天女画，伎乐天女怀里抱着一把长柄的阮咸。[1] 阮咸于隋唐之际传入日本，奈良正仓院收藏的两件阮咸即是明证。但阮咸在日本并没有得到很好的传承，在 9 世纪下半叶便消失了。

四弦琵琶源于西亚，后通过新疆、甘肃流入中原。隋唐之际，四弦琵琶在宫廷和民间音乐艺术中都占有重要地位，并被遣唐使带回了日本。《续日本后纪》卷八"承和六年（839）十月己酉朔条"就记载了藤原贞敏在唐朝学得琵琶后，于朝臣前演奏的情景："遣唐准判官正六品上藤原朝臣贞敏弹琵琶，群臣具醉。赐禄有差。"[2]藤原贞敏是日本遣唐使，他曾拜唐代琵琶名手刘二郎为师，并娶得二郎女。临回国，获赠紫檀紫藤琵琶各一面。对此，《三代实录》卷一四有详细记载："贞敏者，刑部卿从三位继彦之第六子也。少耽爱音乐，好学鼓琴，尤善弹琵琶。承和二年为美作椽兼遣唐使准判官。五年到大唐，达上都。逢能弹琵琶者刘二郎，贞敏赠砂金二百两。刘二郎曰：'礼贵往来，请欲相传。'即授两三调，二三月间尽了妙曲。刘二郎赠谱数十卷。因问曰：'君师何人，素学妙曲乎？'贞敏答曰：'是我累代之家风，更无他师。'刘二郎曰：'于戏昔闻谢镇西，此何人哉？仆有一少女，愿令荐枕席。'贞敏答曰：'一言斯重，千金还轻。'既而成婚礼。刘娘尤善琴筝，贞敏习得新声数曲。明年，聘礼既毕，解缆归乡。临别，刘二郎设祖筵，赠紫檀、紫藤琵琶各一面。"[3]有关藤原贞敏入唐学习琵琶之事，《琵琶诸调子品》的《跋文》中也有记载。但诸多史书对藤原贞敏来唐的时间、地点、经历等内容的记载都有所不同。即便如此，藤原贞敏作为遣唐使入唐学习琵琶却是不争的事实。如今，在日本正仓院里还保存有五件四弦琵琶，它们也是四弦琵琶传入日本的历史见证。

四弦琵琶何时传入日本现在已无法精确考证，但至迟当在公元 756 年，因为此时在东大寺献物账中已有四弦琵琶之名。四弦琵琶传入日本后得以传承和发展，并成为日本民族的传统器乐。直到今天，四弦琵琶在日本音乐中依然使用得

---

① 赵维平：《中国古代音乐文化东流日本的研究》，上海音乐学院出版社 2004 年版，第 219 页。

② ［日］藤原良房、藤原良相、伴善男编：《续日本后纪》卷八"承和六年（839）十月己酉朔条"，吉川弘文馆 1953 年版，第 264 页。

③ ［日］藤原时平、大藏善行编：《日本三代实录》卷一四，贞观九年十月四日，国史大系刊行会 1929年版，第 221 页。

非常广泛。

如前所述,五弦琵琶源于印度,在张重华占据凉州之时传入中国。之后一直被广泛使用于宫廷乐舞之中,至唐而大盛,并通过遣唐使藤原贞敏等传入日本。正仓院收藏的那张紫檀螺钿五弦琵琶就是历史的见证。五弦琵琶后来在日本得到极度发展,不仅用于独奏,还作为色彩乐器用于雅乐的器乐曲中,同时还在大量的说唱音乐中得到广泛使用。但五弦琵琶在日本并没有存续太长时间,不久就退出了历史舞台。

尺八是中国古代重要的吹奏乐器,在唐宋以前被称为笛。笛在我国的历史非常悠久,考古资料表明,早在原始社会就已经出现了。考古工作者在河南省舞阳县发现了新石器时代遗址的骨笛①,距今有8 000余年,是迄今我国发现最早的竖吹乐器。之后,在浙江余姚河姆渡遗址发现的骨笛②,距今也有7 000余年。文献资料中也有相关记载。《太平御览》引《史记》载:"黄帝使伶伦伐竹于昆豀,斩而作笛,吹之作凤鸣。"③至汉魏时期,笛已发展成熟,此时的笛因体形长大,故被称为长笛。这类长笛在东汉至魏晋时期的墓砖画以及南北朝时期至隋代的敦煌莫高窟壁画中随处可见。④ 如在河南舞阳就出土了一件东汉时期的吹笛俑,此乐俑踞坐于地,双手握笛,右手在上,左手在下,笛身长大,吹口处有一明显斜切面。⑤ 在四川巫山西坪也出土了一件汉代的吹奏俑,乐俑也保持踞坐姿势,双手握笛,右手在上,左手在下,吹口处也有一明显斜面。⑥ 此种长笛即是唐宋时期的尺八前身。

从我国古代文献记载来看,尺八这一名称最初见于唐代。两《唐书》均提到了"吕才善制尺八之事",说法基本相同,故这里仅引用《旧唐书》以说明问题。《旧唐书·吕才传》记载:"吕才,博州清平人也。少好学,善阴阳方伎之书。贞观三年,太宗令祖孝孙增损乐章,孝孙乃与明音律人王长通、白明达递相长短。太

---

① 中国科学技术大学科技史与科技考古系等:《河南舞阳贾湖遗址 2001 年春发掘简报》,《华夏考古》2002 年第 2 期,第 28 ~ 29 页。
② 浙江省文物管理委员会、浙江省博物馆:《河姆渡遗址第一期发掘报告》,《考古学报》1978 年第 1 期,第 56 页。
③ 李昉:《太平御览》卷五八〇《乐部十八·笛》,河北教育出版社 2004 年版,第 574 页。
④ 王金旋:《尺八的历史考察与中日尺八辨析》,上海音乐学院 2008 年版,第 7 页。
⑤ 吴东风、苗建华:《中国音乐文物大系·河南卷》,大象出版社 1996 年版,第 209 页。
⑥ 吴东风、苗建华:《中国音乐文物大系·四川卷》,大象出版社 1996 年版,第 235 页。

宗令侍臣更访能者,中书令温彦博奏才聪明多能,眼所未见,耳所未闻,一闻一见,皆达其妙,尤长于声乐,请令考之。侍中王珪、魏徵又盛称才学术之妙,徵曰:'才能为尺(八)十二枚,尺八长短不同,各应律管,无不谐韵。'太宗即征才,令直弘文馆。"①可见,尺八确为吕才所制。唐代尺八为六孔,前五后一,用于宫廷雅乐,是唐代乐部、乐府、乐舞中的重要乐器。

　　日本的尺八是由中国传入,但具体传入时间则说法不一。第一种观点认为是在飞鸟时代,因为据日本历史记载,飞鸟时代的圣德太子就十分喜爱尺八样的笛子,曾亲自吹奏。② 第二种说法认为是在 8 世纪初,当时中国的尺八作为宫廷音乐的一部分传入日本。③ 笔者认为第一种观点不够严谨,而第二种说法则较为科学。首先,我们来看第一种观点。如上所述,"尺八"之名称于唐太宗贞观年间(627—649)才产生,而圣德太子于唐高祖武德五年(622 年)已去世,因而圣德太子时期所传入的只能是尺八的前身笛子,而不是尺八本身。这是因为笛子与尺八虽然外形比较相似,但音律和尺寸却大为不同,因此,两者不能等同。由此可见,此观点不够准确。我们再来看第二种观点。8 世纪初中日交流更为频繁,日本多次派遣唐使学习中国一切先进的艺术成果,因此,尺八作为唐代较为盛行的乐器之一,也就不可避免地传入了日本。通过以上分析,笔者认为"8 世纪初尺八传入日本较为可信",因此,本书采纳这一观点。

　　今天在日本奈良正仓院还收藏着 8 件中国唐代的尺八,它们分别用竹、玉、石、牙等材料制成。另外,日本法隆寺内也珍藏着一支唐代尺八。它们即是唐代尺八传入日本的历史见证。尺八传入日本后,到平安时代便消失了,其再度繁荣并真正日本化是在 15 世纪。

　　此外,唐代传入日本的乐器还有箫、笛、笙、竽、腰鼓、细腰鼓、方响等,对此,张前、赵维平等学者都论述较多,因此不再一一详述。

　　4. 音乐理论

　　唐代的音乐理论也东传至日本。732 年日本留学生吉备真备归国时,从中国带回了《乐书要录》一书。《续日本记》卷一二"天平七年四月条"记载:"天平七

① 《旧唐书》卷七九《吕才传》,中华书局 1975 年版,第2719～2720页。
② 转引自陈正生《唐代尺八同汉笛的关系》,《中国音乐》1993 年第 3 期,第 17 页。
③ 王建欣:《中日尺八之比较研究》,《音乐研究》2001 年第 9 期,第 33 页。

年(735)四月二十六日,入唐留学生从八位下下道朝臣真备……献《乐书要录》十卷。"这部著作共 10 卷,在日本完好地保存了 400 多年,后来才渐渐残缺,现在日本仍保存有第五、六、七卷。

随着《乐书要录》的东传,其中的十二律、五声和七声以及调的理论也传入日本,并对日本音乐产生了深远的影响。《乐书要录》中的音乐理论不但为许多日本乐书所引用,而且它实际上奠定了日本音律理论的基础。

5. 乐谱

唐代大量乐谱也通过遣唐使等途径传入日本,保存至今的仍有 7 部,它们分别是:《碣石调·幽兰谱》《天平琵琶谱》《五线谱》《开成琵琶谱》《南宫琵琶谱》《博雅笛谱》和《仁智要录》。关于它们的内容,张前的《中日音乐交流史》和冯文慈的《中外音乐交流史》二书多有介绍,故本书从略。

二、百戏

唐代百戏大量涌入日本,并促进了日本百戏的发展。当然,唐朝传入日本的百戏大多源于西域,中国艺人把它们进行提炼加工,丰富了表演内容,提高了艺术水平,并把它们传到日本。唐朝传入日本的百戏主要有《大面》《拨头》《剑器浑脱》、傀儡戏、踏索、吞刀吐火、弄玉、相扑等。下面择要进行介绍。

《大面》,如前所述,又称《代面》《兰陵王》。由于中国的《大面》已经失传,传到日本的《大面》就引起了争议。日本学者一派认为它源于印度的《婆竭罗龙王》,一派则认为它源于中国的《大面》。本书则认为它源于唐朝。原因有二:第一,日本史书《舞乐图》绘有《兰陵王》舞姿图,释文是:"兰陵王,唐朝准大曲,一人舞。"[1]可见,从文献资料来看,它源于唐朝。第二,今天《大面》依然在日本演出,从表演者的面具、服装,到舞蹈的气氛、动作,则完全是中国风格的。因此,"《大面》从中国传入"这一观点较为可信。

《拨头》,又作《钵头》,由西域传入中原。关于其剧情,前面已做介绍,故略。《信西古乐图》中绘有表演《拨头》时所戴的面具:红面,披发,高鼻,眉毛竖起,嘴巴咧开,好像在哭。[2] 又有《左舞之谱》一书,其中绘有《拨头》舞姿图。舞者低

---

[1] 转引自资华筠《影响世界的中国乐舞》,文化艺术出版社 2003 年版,第 20 页。
[2] 〔日〕信西入道:《信西古乐图》,日本古典全集刊印会 1927 年版。

头,散发,头戴风帽,身披坎肩,蹲跪,以桴支地,表情悲伤。① 日本这两幅舞图中的人物形象与我国史籍记载相吻合,这充分说明日本的《拨头》直接源于中国。

剑器浑脱也是散乐之一种。《倭名类聚抄》曰:"浑脱,一云散乐。"②此戏也于唐代传入日本。《体原抄》"二下盘涉调"记载:"剑器浑脱,古乐,中曲,无舞。剑器浑脱,传之于唐,所谓唐散乐也。"③此戏传到日本后非常盛行。《续日本记》天平胜宝四年(752)四月条载:"乙酉,卢舍那佛像成,始开眼。是日行幸东大寺……复有王臣诸氏五节,久米舞,楯伏,踏歌,浑脱等歌舞,东西发声,分庭而奏。"④后来,此戏名称虽有变化,但内容一直保留着。据《舞乐要录》记载:承平四年(934),浑脱戏依然在日本演出。之后,此戏历改名为猿乐、杂艺、散更。宣治二年(1088)之后,习用猿乐,而内容依旧。⑤ 可见,此戏传入日本后备受民众喜爱,并长期活跃在日本舞台上。

如前所述,傀儡戏产生于西汉,流行于唐代,并于唐代传至日本。那么,傀儡戏具体于何时传入日本? 傀儡戏作为散乐之一种,当是随着散乐传入日本的,因此我们知道了散乐传入日本的确切时间,也就弄清了傀儡戏传入日本的时间。唐代散乐东传日本的记载最早见于《东大寺要录·供养章第二》:天平胜宝四年(752),东大寺举行大佛开光仪式,其中就有"唐古乐、唐散乐、唐女舞"等表演。⑥据此可知,散乐至迟于752年传入日本。散乐中也包括傀儡戏,因此,傀儡戏至迟也于752年传入日本。又据日本史书《散乐策问》记载,"在平安时代初",即8世纪末9世纪初⑦,而中国学者邱雅芬从"奈良时代散乐户已经存在"的事实推断,中国傀儡艺术东传日本最迟应在8世纪的奈良时代。⑧ 综上所述,"中国的傀儡戏于8世纪传入日本"这一观点是正确的。

唐代的傀儡戏传入日本后,与日本固有的原始偶人信仰相结合而催生了日本傀儡戏,之后又发展成为文乐、人形剧。它的伴奏乐器最初为琉球民族乐器

① 资华筠主编:《影响世界的中国乐舞》,文化艺术出版社2003年版,第37~38页。
② [日]源顺:《倭名类聚抄》卷四《艺术部·音乐部·曲调类》,刻本,1897年版,第85页。
③ 转引自常任侠《海上丝路与西域文化艺术》,海洋出版社1985年版,第248页。
④ [日]菅野真道等:《续日本纪》卷一八,天平胜宝四年四月,吉川弘文馆1981年版,第299~300页。
⑤ 转引自常任侠《海上丝路与西域文化艺术》,海洋出版社1985年版,第248页。
⑥ [日]观严:《东大寺要录》,国书刊行会1971年版,第49页。
⑦ 转引自西濑英经等《日本艺能史》,昭和堂1999年版,第21页。
⑧ 邱雅芬:《唐代傀儡戏东传及日本傀儡戏的形成》,《求索》2009年第1期,第27页。

"三味线（又译为"三弦"）"，后逐渐增加了一些其他乐器，其中有相当多的成分来自大唐。

弄玉，即弄丸、跳丸，是一种抛接之类的杂技，由表演者两手快速地连续抛接若干圆球。这种杂技历史悠久，早在春秋战国时就出现了。据《庄子》记载："市南宜僚弄丸而两家之难解。"①即宜僚在军前耍弄弹丸，使敌军将士皆停战观看，遂胜了敌军。到了秦汉，跳丸更加盛行，汉代的画像石上就绘有很多表演"跳丸"的场景。至三国时期，此戏仍相沿不衰。据《三国志·魏志》卷二〇裴注引《典略》记载："时天暑热，（曹）植因呼常从取水自澡讫，傅粉。（曹植）遂科头拍袒，胡舞五椎锻，跳丸击剑，诵俳优小说数千言讫。"②可见，曹植不但爱好跳胡舞、击剑，而且还热衷于跳丸之戏。到了唐代，弄丸之戏流传于军中，并成了一个军事训练项目。《新唐书·宦者传下》记载："辅国以功迁兵部尚书。南省视事，使武士戎装夹道，陈跳丸舞剑，百骑前驱。"③士兵身着军装，沿道跳丸、舞剑以迎辅国，可见跳丸已盛行于军中。这当与军事训练有关，因为它可以提高士兵的身体素质和反应能力。此戏也于唐代传入日本，日本现存的文物资料就充分证明了这点。如奈良正仓院收藏有著名的黑绘弹弓和《信西古乐图》。黑绘弹弓是天平时代的遗物，弹弓上就绘有《弄玉》《踏肩》《戴竿》等杂技；《信西古乐图》收录了日本"最古老的古乐图"，并保留了"平安时代的风姿"④，其中就有一幅《神娃登绳弄玉》的图像，绳上有三位脚穿高跟木屐女演员，边端两人，一人手持火把，一人抛球，中间的演员也在表演抛球。⑤ 这充分说明，跳丸已于唐代传到了日本。

总之，唐朝的百戏大量传入日本，不但丰富了日本百戏的内容，而且提高了它的表演技术，甚至催生了新的百戏品种。因此，唐代百戏对日本的影响是广泛而深远的。

三、书法

中国和日本间的书法交流源远流长。近年，在日本发现了东汉政府授予的

---

① 庄周：《庄子》杂篇《徐无鬼第二十四》，中国戏剧出版社 1999 年版，第 104 页。
② 陈寿：《三国志》卷二〇《魏志》，中华书局 1959 年版，第 603 页。
③ 欧阳修等：《新唐书》卷二〇八《宦者传下·李辅国》，中华书局 1975 年版，第 5881 页。
④ ［日］信西入道：《信西古乐图》，日本古典全集刊印会 1927 年版，第 6 页。
⑤ ［日］信西入道：《信西古乐图》，日本古典全集刊印会 1927 年版。

"汉倭奴国王印"①,这说明早在东汉时期中国的书法就传到了日本。然而这一时期,双方间的书法交流很少。直到隋唐五代,双方间的交流才进入全盛时期。尤其在唐代,双方间的书法交流更加频繁。这种交流是互相的,既有日本书法流入唐代,也有唐代书法流入日本。但还是以唐代书法对日本的影响占主流。

(一)日本书法流入唐朝

日本书法艺术传入唐朝,主要通过三种方式。第一种方式是通过使节传播。《新唐书·日本传》云:"建中元年(780),使者真人兴能献方物。真人,概因官而氏者也。兴能善书,其纸似茧而泽,人莫识。"②北宋初年的陶谷在他的《清异录》中则详细介绍了兴能贡献给唐朝的书法作品:"兴能来华时,译者闻其善书札,乞得章草两幅,皆《文选》中的诗句。"③可见,日本使节的确把本国的书法艺术传到了唐朝。

第二种方式为日本皇室赠送。如日本皇太子安殿亲王就曾托入唐僧人最澄把日本的书法作品赠送给唐朝。《明州牒》作为唐代公文,即详细记载了这些书籍的名称。它们是:《金字妙法莲华经》8卷、《金字无量义经》1卷、《普贤观经》1卷、《屈十大德疏》10卷、《本国大德诤论》2卷。④前三部佛经合称"法华三部经",是天台宗的教典,注明是日本国春宫委托最澄供奉给天台山的,后两部章疏均系日本人所撰。并且这些典籍都是日本手抄本,因此,随着它们的西传,日本的书法艺术也流入了中国。

第三种方式为日本入唐僧人传播。日本入唐僧人充当了书法交流的双重使者,他们不但吸收了唐代的书法艺术,而且也把日本书法艺术传入中国。日本僧人传播书法艺术主要通过两种方式,一是携带日本书法入唐。如承和五年(838)圆仁入唐,仁寿三年(853)圆珍入唐。围绕他们的行动,很多书法作品在唐代亦得以流传。如"圆珍传灯大法师位位记"和"充内供奉治部省牌",只是圆珍入唐时携带的一种身份证明书,但其书法之高雅精妙,据说唐朝官员见后也惊叹不已,要他抄录下来,以留存观赏。⑤可见,日本僧人把日本书法带入了唐朝,从而

①　王勇、上原昭一:《中日文化交流史大系·艺术卷》,浙江人民出版社1996年版,第230页。
②　《新唐书》卷二二〇《日本传》,中华书局1975年版,第6209页。
③　陶谷:《清异录》卷下《文用门》,惜阴刊丛书1896年版,第211页。
④　转引自王勇、上原昭一《中日文化交流史大系·艺术卷》,浙江人民出版社1996年版,第262页。
⑤　「日]中田勇次郎著,蒋毅译:《中国传统文化在日本》,中华书局2002年版,第126页。

促进了日本书法艺术在唐朝的传播。二是日本僧人在唐朝进行书法创作。空海就是其中的代表,他在唐朝撰写的书法作品主要有《大唐青龙寺故三朝国师碑》。永贞元年(805)十二月二十五日,空海之师惠果和尚卒。次年正月十七日葬于孟村龙泉大师塔侧。空海为众僧推举,为其师撰写碑文。碑文共1 500余字,收集在空海《性灵集》卷二《大唐青龙寺故三朝国师碑》中。遗憾的是,碑石迄今仍未被发现。可见,日本僧人在唐朝也进行过书法创作,这进一步扩大了日本书法艺术在中国的影响。

(二)唐代书法艺术对日本的影响

唐代书法也通过多种途径传入日本,并对日本产生了深远的影响。唐代书法传入日本的第一种途径为日本派遣唐使入唐学习。如前所述,日本曾在630年至894年,先后19次向中国派遣遣唐使,而真正达到唐土的只有13次。遣唐使中有押使、执节使和大使、副使、判官、录事四等官,以及史生、知乘船事、造舶都匠、译语、主神、医师、阴阳师、东师、画师等各色人物,还有随团而来的留学生和学问僧,总共有5 000余人。① 其中的留学生和学问僧也为数不少,但具体有多少人,则说法不一。叶喆民认为,仅日本奈良时期派到我国的留学生和学问僧就有550余人之多②;木宫泰彦认为有149人,并列表逐一介绍③。武安隆则对木宫泰彦列表中的149人进行了详细考证,认为遣唐留学生有26人,学问僧为90人,共计116人。④ 叶喆民的结论只是估算,因此缺乏科学性;木宫泰彦的数据,是根据《日本书纪》《怀风藻》等史书的记载得出的,相对于叶喆民的观点要准确得多,但还不够精确。而武安隆则对这149个人一一进行考证,认为其中8人并未踏上唐土,13人在新罗和高丽留学,5人为留学僧的行者,因此,遣唐留学僧实际只有90人。⑤ 武安隆的研究方法科学,考证严密,因此结论也是准确的。这些留学生和遣唐僧在中国如饥似渴地学习书法艺术,回国时还将大量书法作品带回,从而促进了日本书法艺术的发展。

首先,我们来看留学生。留学生在唐朝学习的一个主要内容便是书法。唐

① 王勇:《中日文化交流史大系·人物卷》,浙江人民出版社1996年版,第64页。
② 北京市中日文化交流史研究会编:《中日文化交流史论文集》,人民出版社1982年版,第408页。
③ [日]木宫泰彦著,胡锡年译:《日中文化交流史》,商务印书馆1980年版,第126~150页。
④ [日]武安隆:《遣唐使》,黑龙江人民出版社1985年版,第111~120页。
⑤ [日]武安隆:《遣唐使》,黑龙江人民出版社1985年版,第111页。

政府在中央设有国学馆、太学馆、四门馆、律学馆、书学馆、算学馆等教育机构,留学生一般都就读于这六学馆中。其中书学馆是专门培养书法人才的机构,其必修课为《孝经》《论语》。专业课为《石经三体书》《说文》《字林》。《石经三体书》学习三年,《说文》学习两年,《字林》学习一年。此外,还有《字统》《字海》《括字苑》《文字释训》①等。他们一入书学馆,就要接受严格的训练。清马宗霍在其《书林藻鉴》中说:"唐之国学凡六,其五曰书学,置书学博士,学书日纸一幅,是以书为教也。"②每天学书一幅,对学生书艺的提高大有助益。并且书学馆作为国子监六学馆之一,也制定了严格的考试管理制度以加强对学生的考查。当时的考试大体分为四种:旬考、月考、岁考、毕业考。留学生和唐朝的学生一样,按规定都要参加这些考试。严格的管理,使日本留学生潜心于书艺研习而丝毫不敢懈怠,从而使其中出现了不少善书者,如橘逸势等。

橘逸势(?—842),为日本著名的"三笔"之一,他曾入唐学习书法。《旧唐书·日本传》记载:"贞元二十年,遣使来朝,留学生橘逸势、学问僧空海。"③可见,橘逸势曾在唐代学习过书法,这是毫无疑问的。他曾师从柳宗元。沈曾植《海日楼札丛》卷八《日本书法》有载:"橘逸势传笔法于柳宗元,唐人呼为橘秀才。"④他的书法作品流传至今的有墨迹《伊势内亲王愿文》和铭刻《兴福寺南圆堂铜灯台铭》等。

接着,再来看学问僧。学问僧,顾名思义,主要是为学佛法而入唐的,但他们在学佛的过程中不可避免地要接触佛经等书法作品,这就使不少学问僧的书艺大进。其中最著名的当数空海和最澄。

空海(773—835),23岁出家,投奈良大安寺习三论宗,法名空海。贞元二十年(804)携最澄入唐。空海入唐后,遍访书法名家,悉尽诸家之妙。尤其是草书,更为儒、释所惊叹。胡伯崇把他比作盛唐书法家张旭,并有《赠释空海歌》一诗:"天假吾师多伎术,就中草圣最狂逸,不可得,难再见。"⑤可见,空海的书法亦非常

---

① 《新唐书》卷四四《选举志上》,中华书局1975年版,第1160页。
② 马宗霍:《书林藻鉴》卷八,文物出版社1982年版,第77页。
③ 《旧唐书》卷一九九上《日本传》,中华书局1975年版,第5341页。
④ 沈曾植:《海日楼札丛》卷八《日本书法》,中华书局1962年版,第338页。
⑤ 陈尚君:《全唐诗补编·全唐诗续拾》卷二二胡伯崇《赠释空海歌》,中华书局1992年版,第980页。

狂逸,当深受张旭书风之影响。空海也曾拜韩方明为师。沈曾植《海日楼札丛》卷八《日本书法》引《杂家言》所记尤详:"释空海入唐留学,就韩方明受书法。"①空海有"五笔和尚"之称,其得名原因即是由于他习得韩方明的《授笔要说》中的五种笔法。可见,空海深得韩方明之真传。空海的书法亦深受王羲之书法之影响,这从空海的存世墨迹即可看出。目前,空海的传世作品主要有《风信帖》《灌顶记》《临孙过庭书谱》《临急就章》《大和州益田池碑》等,它们都颇具王羲之的书风。

空海在唐朝不仅学习书法技艺,而且还遍搜名品,携带回国。其《性灵集》记载的呈献于日本嵯峨天皇的著名书法真迹有:《德宗皇帝真迹》1 卷、《欧阳询真迹》1 卷、《大王诸舍帖》1 帧、《不空三藏碑》1 帧、《岸和尚碑》1 铺、《释令起八分书》1 帖、《飞白书》1 卷[弘仁二年(811)六月二十六日献]、《张萱真迹》1 卷、《谓之行草》1 卷、《鸟兽飞白》1 卷、《急就章》1 卷、《李邕真迹屏风》1 帖、王羲之《兰亭》碑拓本 1 卷以及大量名人诗文手迹。② 这些书法精品被带回国后,当会对日本书法产生巨大的影响。

最澄(762—822 年),幼名广野,12 岁出家,38 岁时与空海、橘逸势一同入唐学习佛教和书法。最澄的书法受王羲之影响最深,书风也比较接近王羲之的《圣教序》,他的传世真迹《久隔帖》最能说明这一点。此帖书风朴实稳重,笔力充沛,不带半点造作,很有些佛禅的清静味儿,显然受了王羲之书风的影响。最澄入唐后,除学习佛法和书法外,也注意收集书法名品。在他的《请来目录》里有书法目录一项,其中就记载着他从中国收集来的著名书帖,如《赵模千字文》《大唐圣教序》《真草千字文》《王羲之十七帖》《欧阳询书法》《王献之书法》《褚遂良集》《梁武帝评书》等。③ 这些书法作品被带回国后,人们竞相学习模仿,从而促进了中国书法艺术在日本的传播。

日本众多留学生和学问僧入唐学习书法,并把中国书法名品带回国,从而扩大了中国书法对日本的影响。需要补充介绍的是,日本学问僧带回国的不仅有书法名品,还有唐代写经生、书手抄写的佛教典籍。这是因为唐代佛经的数量很

---

① 沈曾植:《海日楼札丛》卷八《日本书法》,中华书局 1962 年版,第 338 页。
② 陆心源:《唐文续拾》卷一六《献墨本十部表》,中华书局 1983 年版,第 11357 页。
③ 转引自祁小春:《唐代书法及其风潮对日本的影响》,《书法之友》1996 年第 6 期,第 9 页。

多，单靠入唐学问僧自己收集、抄录是远远不够的，所以他们就大量雇佣当地的书手、写经生来抄录典籍经卷。如，最澄于"贞元二十年（804）九月二十六日抵台州谒陆淳。十一月十三日，台州陆郎中惠四千张纸，处分龙兴寺经生二十人书写先师教"①；又如，"（开成四年二月）廿日……真言请益圆行法师入青龙寺，但得廿日佣廿书手写文疏等"②。大凡书手、经生的书法，为时代书法艺术的基础，也是社会书势的代表。《宣和书谱》卷五称："唐书法至经生自成一律，其间固有超绝者，便为名书，如（杨）庭书，是亦有可观者。"③当然，书手和写经生所抄录的佛经很多，这里仅以"入唐八家"（指最澄、空海、常晓、圆行、慧运、宗睿、圆仁、圆珍）为例加以说明。从唐德宗贞元二十年七月最澄、空海入唐，至唐懿宗咸通六年（865）宗睿归国，60 年间共收集佛教经论章疏传记约有 176 部、3225 卷④，其中不少即为书手、写经生所抄录。这些经书对日本书法艺术的影响甚至超过了书法名品，因为它们流通于日本社会各阶层，其传播范围和影响要远远大于被列为名迹，呈献于天皇并藏之于内宫的诸如王羲之、欧阳询的书法。

　　第二种途径为唐代僧人携带书法作品入日本。在唐代，不仅众多日本留学生和学问僧入唐学习书法，并把中国的书法作品带回国，而且一些唐代僧人也历尽艰险东渡扶桑，把中国的书法名品带到日本，其中最有名的当数鉴真。鉴真（688—763 年），"姓淳于氏，广陵江阳县（今江苏扬州）人"⑤，因自小对佛教极感兴趣，遂出家为僧，法号鉴真。天宝元年（742），日本遣唐僧荣睿和普照邀请鉴真赴日讲学，他欣然应允。⑥ 之后鉴真一行花了 12 年时间，前后试了 6 次，终于在天宝十二年（753）搭乘日本第十次遣唐使回国的船只，成功地东渡日本。鉴真一行赴日时，随船带去了许多书帖，其中有"王右军真迹行书一帖、王献之真迹行书三帖、天竺、朱和等杂体书另有其他杂体书五十帖"⑦。这些书帖对日本的书法艺术产生了重要影响。今日本正仓院所藏《御物丧乱帖》铁画银钩，笔笔精到，为右

---

① ［日］圆仁著，小野胜年校注：《入唐求法巡礼行记校注》卷二，花山文艺出版社 1992 年版，第 279 页。

② ［日］圆仁著，小野胜年校注：《入唐求法巡礼行记校注》卷一，花山文艺出版社 1992 年版，第 114 页。

③ 桂第子译著：《宣和书谱》卷五《正书三·杨庭》，湖南美术出版社 1999 年版，第 92 页。

④ 朱关田：《中国书法史·隋唐五代卷》，江苏教育出版社 1999 年版，第 270 页。

⑤ 赞宁：《宋高僧传》卷一四《唐扬州大云寺鉴真传》，中华书局 1987 年版，第 349 页。

⑥ ［日］真人元开著，汪向荣校注：《唐大和上东征传》，中华书局 1979 年版，第 40 页。

⑦ ［日］真人元开著，汪向荣校注：《唐大和上东征传》，中华书局 1979 年版，第 88 页。

军书中之上乘,也许就是鉴真输入之物。鉴真在日本营造的"唐招提寺"门额,就是王右军的书体。①

通过以上两种途径,唐代书法作品源源不断地涌入日本,并对日本书法艺术产生了深远的影响。本书分飞鸟时代、奈良时代和平安时代前期三个阶段进行论述。

在飞鸟时代(593—710),日本书法对唐代书法只是模仿,还没有达到独创阶段。如:"宇治桥断碑"(646年)上的铭文虽然只有20余字,但碑志书法属北魏系统,风格遒劲;"金刚场陀罗尼经"(685年)和"长谷寺铜版铭"(686年)则酷似初唐楷书名家欧阳询之子欧阳通的《道因法师碑》②;"船山后墓志"(668年)、"那须国造碑"(700年)、"威奈大村墓志"(707年)等,也深得唐代书风的影响。此外,现存真迹"王勃诗序"等则属于严守东晋王羲之典范的传统派书法,格调最高。③ 可见,日本飞鸟时代的书法极似魏晋和唐初的书法,但由于此一时期日本尚未出现独创的书法,因此还处于模仿阶段。

到了奈良时代(710—794),日本书法受唐代书法的影响更深。如收录圣武天皇亲手书写的140余篇隋唐诗文的"辰翰杂集"(731年)、光明皇后临写的晋代王羲之的"乐毅论"(744年),以及该皇后书写的隋杜正藏书简范文"杜家立成杂书要略",都是深得晋唐书法之精髓的名作。④《多胡郡碑》立于711年,是日本三古碑之一,字体苍劲拙朴,可与北魏郑道昭的《雪峰山证经书诗》相媲美。⑤而"东大寺献物帐五种"(756—758年),虽然只是圣武天皇的遗物施入东大寺时所做的目录,但似均出自当时的书法名家之手,楷法至为精妙。特别是"大小王真迹帐",系献纳东晋王羲之、王献之父子书迹时的目录,其书法也悉依二王典型,洵为拔群之作。⑥ 可见,奈良时代的书法大受唐代书风濡染,无怪乎日本著名书法史家榊莫山感叹道:"回顾一下奈良朝的书法,不管怎么说也是可以看出蕴

---

① 孙蔚民:《鉴真在中日文化交流史上的杰出作用》,《扬州大学学报》(自然科学版)1979年第2期,第51页。
② 武斌:《中华文化海外传播史》,陕西人民出版社1998年版,第594页。
③ [日]中田勇次郎著,蒋毅译:《中国传统文化在日本》,中华书局2002年版,第122页。
④ [日]中田勇次郎著,蒋毅译:《中国传统文化在日本》,中华书局2002年版,第123页。
⑤ 李寅生:《论唐代文化对日本文化的影响》,巴蜀书社2001年版,第190页。
⑥ [日]中田勇次郎著,蒋毅译:《中国传统文化在日本》,中华书局2002年版,第123页。

藏着中国型的庄重感和威严感,并充满着追求唐风的志向的。"①可见,在奈良时期,日本已学习到了唐代书法艺术中蕴含的"庄重感"和"威严感",已由飞鸟时代的"形似"发展到了此一时期的"神似"。由此可见,在奈良时期,中国书法对日本的影响更深了。

　　到了平安朝前期(794—897),日本书风仍然持续不断地接受着唐朝的熏染,日本书家依然如饥似渴地从唐代书法艺术中汲取养料。其中最有名的当数日本"三笔"。前面已介绍过日本"三笔"中的空海和橘逸势,这里重点介绍日本"三笔"中的最后一位——嵯峨天皇。他的书法也深受唐代书风的影响,他虽未亲赴大唐领受书法文化,但宫中收藏了大量晋唐名迹和空海等人带回的中土碑帖,这使他能够广泛接触并充分学习唐代的书法艺术。嵯峨天皇的传世之作有《光定戒牒》和《李峤杂咏》等,它们都深受欧阳询等唐代书法名家的影响。季惟斋在《书史初编》卷一〇《东瀛·嵯峨天皇》中对之都有评述:

　　　　光定戒牒有欧之骨,有王之风,如玄鹤蹀躞,洒落成姿,贞凝之中,特为圆转之笔。以用欧笔,化刚为柔,真性由然,岂能拘以矩矱。
　　　　……
　　　　愚所尤喜者为李峤杂咏残卷。世间习欧者多矣,而未有神通自在若斯者。其书瘦劲流逸,不宗率更之峭险,而化以天性之圆润。观之如对道释壁画,仙袂飘然,纤骨清癯,而目眺神光。

　　可见,《光定戒牒》和《李峤杂咏》在笔法、风格、神韵等方面都极似欧阳询的书作。

　　"平安三笔"不但狂热地学习唐代书法,而且还在国内大力弘扬唐代书法。对此,榊莫山评价说:"嵯峨天皇、空海、橘逸势这'平安三笔',敢于不断在日本推广强烈的中国唐朝书风,遵循着中国书法的规范;另一方面,他们对中国书法热情洋溢的倾倒,虽然本身并非没有意义,但却造成了这样一个结果:奈良朝末期假名书法的萌芽,一段时间内在任何作品中都销声匿迹了。"②可见,通过他们三

----

① 〔日〕榊莫山:《日本书法史》,上海书画出版社1985年版,第14页。
② 〔日〕榊莫山:《日本书法史》,上海书画出版社1985年版,第28页。

人的推广,唐代书法对日本的影响进一步扩大,以至于奈良朝末期出现的假名书法的萌芽也被扼杀了。

此外,醍醐天皇的书法也带有深深的唐代书法的烙印。其御笔书写的"白乐天诗句"即是一件稀世珍品。①　其书法特异,狂书有如醉书,显然是受了张旭书风的影响。其后,日本的假名书法产生,其基础仍是唐代的草书。至此,日本学习中国书法艺术,才真正走出模仿阶段,进入创新阶段。

可见,日本书法全面接受了唐代书法的影响。也正是这个原因,日本书法艺术的发展才日新月异、突飞猛进,并在世界书法史上占据了重要地位。

四、绘画

日本和唐朝在绘画方面也互有交流和影响,但整体而言,日本对中国输出少而输入多。

(一)日本绘画艺术流入唐朝

日本的不少绘画艺术也传入了唐朝,并且主要是以遣唐使作为中介的。如前所述,日本遣唐使团成员中,除了大使、副使、判官、录事四等官员外,还有众多留学人员和各类技术人员,画师也是重要的成员。画师作为艺术交流的使者,担负着双重使命。一方面,他们入唐学习中国的绘画艺术,另一方面又把日本的绘画艺术带入了中国。

关于日本画师在中国的活动情况,大多缺载于史籍,唯圆仁的《入唐求法巡礼行记》对此有零星记载。其卷一中有言:大使藤原常嗣在渡海途中船舶遇难,发愿"到陆之日,准己身高,画妙见菩萨十躯、药师佛一躯、观世菩萨一躯"。遂于登岸次年(839)三月一日,"令本国画人于开元寺画妙见菩萨、四天王像",并于三月二日在扬州开元寺设斋供养。②　可见,日本画师在唐朝进行过绘画创作,他们把日本的绘画艺术传到了中国。

当然,在中国传播日本绘画艺术的不仅仅只限于遣唐使中的画工,使团中的其他成员也有不少善画者,他们也把日本的绘画艺术传入了中国。如,《入唐求

---

①　[日]中田勇次郎著,蒋毅译:《中国传统文化在日本》,中华书局 2002 年版,第 127 页。

②　[日]圆仁著,小野胜年校注:《入唐求法巡礼行记校注》卷一,花山文艺出版社 1992 年版,第 126 页。

法巡礼行记》开成三年十一月二十九日条记载:"又第一舶判官藤原贞敏,从先卧病辛苦。殊发心拟画作文殊菩萨、四天王像,仍以此日,令大使僚人粟田家继到此寺,定画佛处。"①于是,粟田家继在次日"于迦毗罗神堂里初画妙见菩萨、四天王像"②。此画像于当年 12 月 9 日作成,藤原贞敏于开元寺设斋供养。此事详见于《入唐求法巡礼行记》开成三年十二月九日条:"本国判官藤原贞敏于开元寺设斋,出五贯六百钱,作食供养新画阿弥陀佛、妙见菩萨、四天王像并六十余众僧。"③

粟田家继在中国除了画"文殊菩萨、四天王像"外,还绘有南岳、天台两大师像和诵法华和尚诸像。《入唐求法巡礼行记》开成四年正月三日条对此有详细记载:"始画南岳、天台两大师像两铺各三幅,……寻南岳大师颜影,写着于扬州龙兴寺,敕安置法花道场琉璃殿南廊壁上。乃令大使僚从粟田家继写取,无一亏谬。遂于开元寺,令其家继图绢上。容貌衣服之体也,一依韩干之样。又彼院门廊壁上画写颂《法花经》将数致异感和尚等影,数及廿来,不能具写。"④

圆仁的《入唐新求圣教目录》详细记载了粟田家继在中国所绘制的作品:南岳思大和尚示先生骨影(1 铺,3 幅,彩色);天台大师感得圣僧影(1 铺,3 幅,彩色);阿兰若比丘见空中普贤影(1 张,苗);法惠和上阎王前诵法花影(1 张,苗);山登禅师诵法花感金银殿影(1 张,苗);惠斌禅师诵法华神人来拜影(1 张,苗);映禅师诵法花善神来听经影(苗);定禅师诵法花天童给事影(1 张,苗);惠向禅师诵法花灭后墓上生莲花及墓里常有诵经声影(1 张,苗);秦郡老僧教弟子感梦示宿因影(1 张,苗);道超禅师诵法华感二世弟子生处影(1 张,苗);法惠禅师诵法华口放光照室宇影(1 张,苗);大圣僧伽和尚影(1 张,苗)。⑤ 以上 13 件作品都是粟田家继应圆仁之邀绘制的。这些作品虽然未在中国流传,但在绘制过程

---

① 〔日〕圆仁著,小野胜年校注:《入唐求法巡礼行记校注》卷一,花山文艺出版社 1992 年版,第 80 页。

② 〔日〕圆仁著,小野胜年校注:《入唐求法巡礼行记校注》卷一,花山文艺出版社 1992 年版,第 83 页。

③ 〔日〕圆仁著,小野胜年校注:《入唐求法巡礼行记校注》卷一,花山文艺出版社 1992 年版,第 86 页。

④ 〔日〕圆仁著,小野胜年校注:《入唐求法巡礼行记校注》卷一,花山文艺出版社 1992 年版,第 91 页。

⑤ 〔日〕圆仁:《入唐新求圣教目录》,《大正藏》55 册《目录部》,河北佛协出版社 2005 年版,第 1084 页。

中也向唐人展示了日本的绘画技艺。

综上所述,遣唐使在中国进行过大量的绘画创作,他们把日本的绘画技艺带到了中国,从而促进了日本绘画艺术在唐朝的传播。

(二)唐代绘画艺术对日本的影响

中国绘画,尤其是唐代绘画,对日本绘画产生了深远的影响。日本著名学者内藤湖南说:"我国(日本)的绘画,不消说,主要起源于中国,每当中国的绘画随时代而有变迁时,便影响我国。"①日本著名画家中村不折在《中国绘画史》中也说:"中国绘画是日本绘画的母体,不懂中国绘画而欲研究日本绘画是不合理的要求。"②日本美术理论家伊势专一郎也说:"日本的一切文化,皆从中国舶来,其绘画也由中国分支而成长,有如支流的小川对本流江河。在中国美术上更增一种地方色彩,这就成为日本美术。"③著名学者梁容若亦云:"日本书法绘画,皆源于中国。"④可见,日本绘画艺术不但脱胎于中国绘画艺术,而且深受中国艺术,尤其是唐代绘画艺术的影响。

唐代绘画艺术流入日本主要有两种途径。第一,伴随佛教传播。在唐代,随着佛教的东渐,包括绘画在内的很多佛教艺术都传入日本,并对日本艺术产生了深远的影响。日本著名学者家永三郎说:"铺瓦的屋顶、朱漆柱子、具有复杂斗拱的多层大陆式建筑、色彩鲜艳的佛画、作为种种精美工艺品的佛事用具,……推动历来只有用朴素的弥生陶器制作的冥器或古坟墓壁稚拙的彩色画之类的日本人学习大陆在漫长的岁月中发展起来的、真正的雕刻和绘画技巧的,则只是统治阶级的佛教信徒。考虑到这一点,我们应当充分评价当时的佛教对日本艺术史的贡献。"⑤可见,中国的佛教艺术传入日本后,对日本的雕塑、绘画等艺术都产生了巨大的影响。

中国的佛教绘画艺术传入日本,大多是通过朝鲜半岛。日本学者原茂泰直就曾说:"唐长安绘画伴随佛教传入日本,其'中转地'为朝鲜半岛。"⑥在传播佛

---

① [日]内藤湖南:《日本文化史研究》,商务印书馆 1992 年版,第 121 页。
② [日]中村不折等:《中国绘画史》,正中书局 1937 年版,第 2 页。
③ 转引自常任侠:《海上丝路与文化交流》,海洋出版社 1985 年版,第 91 页。
④ 梁容若:《中日文化交流史稿》,商务印书馆 1985 年版,第 20 页。
⑤ [日]家永三郎:《日本文化史》,商务印书馆 1992 年版,第 45 页。
⑥ [日]原茂泰直撰,岳钮译:《古长安绘画艺术东移说》,《西北美术》1989 年第 00 期,第 53 页。

教绘画艺术方面,贡献最大的有中土的鉴真和日本的空海、最澄。

前文已介绍了鉴真在传播唐代书法艺术方面的贡献,这里仅介绍他在日本传播唐代绘画艺术的情况。一方面,鉴真东渡时携带了不少绘画作品,如普集会曼荼罗之类的密教绘画、金泥绘《阿弥陀净土变》,还有安置于东大寺戒坛院的华严经橱子扉门绘。① 这些绘画作品一经传入,便成为日本佛教绘画的摹本,大家竞相模仿,从而使之对日本产生了很大的影响。另一方面,鉴真一行在日本也进行过绘画创作。虽然史籍中鲜见这方面的资料,但鉴真一行中有不少善画者,他们在日本当也绘制了不少作品,这是可以想见的。这样,他们就把中国的绘画艺术传到了日本。

除鉴真外,空海和最澄也在日本传播了中国的佛教绘画艺术。他们随遣唐使入唐求法,不但带回了天台、真言二宗,而且还把唐代佛教密宗的佛画图样也带回了国,于是佛教美术就由显教美术转为密教美术,并出现了不少白描的图像。如,京都神护寺的《金刚界曼荼罗》和教王护国寺的《胎藏界曼荼罗》便是9世纪的密宗佛画的代表作品②,它们都是在唐代密宗绘画的影响下而出现的。

第二,遣唐使携带。前文已经提到,遣唐使团中的画师和其他人员,他们入唐既学习中国的绘画艺术,又把日本绘画艺术传入中国。虽然关于他们在中国学习绘画艺术和搜集绘画作品的事迹鲜见于史籍,但他们在中国进行过此类活动,则是毫无疑问的。

此外,还有不少唐朝的画家定居日本,他们也传播了中国的绘画艺术。

通过这两种途径,唐代绘画艺术流入日本,并对日本产生了深远的影响,主要体现在佛教绘画、人物画、山水画、花鸟画和壁画等方面。

日本的佛教绘画很多,大多藏于寺院,并都带有唐风熏染的痕迹。如法隆寺所藏玉虫厨子,作中国宫殿建筑式样,下承须弥座,正面绘舍利供养图,左侧面绘《金光明经舍身饲虎图》,右侧面绘《涅槃经圣行品施身闻偈图》,背面绘《须弥山图》。厨子上部宫殿部分,绘有天部、菩萨诸像。③ 画法是在黑漆底上,施以朱、绿、黄等色,赋彩虽简,而线条雄健,颇似中国六朝时代的画风。又如,中宫寺所

---

① 王镛:《中外美术交流史》,湖南教育出版社 1998 年版,第 90 页。

② 常任侠:《中日文化艺术的交流》,载于《中日文化交流史论文集》,人民出版社 1982 年版,第 11 页。

③ 常任侠:《海上丝路与文化交流》,海洋出版社 1985 年版,第 84 页。

藏天寿国曼荼罗丝绣残片,其上绘有比丘敲钟、天女飞翔、玉兔捣药、莲花坐佛等部分。① 虽然色彩简单,画风朴素,但却富有中国南北朝时期绘画的韵味。再如,醍醐寺报恩院所藏的绘因果经8卷,该绘卷以上图下文的形式,描绘了佛本生的故事,并且衬托着树木、山岩。② 其中人物的画法以及表现树石的方法,都显示了唐代的绘画风格。可见,日本的宗教绘画,不管是画风、内容,还是画法,都深受中国绘画艺术的影响。

日本的人物画也大有唐风,如法隆寺流传下来的御物《圣德太子像》,画中两个太子的排列方式,既像横列又像纵列③,这是以湿笔晕染来表现阴影的结果,这种赋彩法也见于《历代帝王图》等绘画作品。由此可见,日本湿笔晕染的绘画技法当来自中国。又如,现藏于正仓院的6扇《鸟毛立女屏风》,每扇屏风上都绘有一位身着中国服装的美丽贵妇,或站在树下,或坐在石上。"树下美人"这类画题起源于印度或伊朗,在中国唐代非常盛行。她们均丰颊肥体、娥眉、长目、樱唇,呈盛唐审美情趣;其服装、发型,特别是面部的装饰,例如脸上饰的绿点,都是追随唐都长安形式的。④ 此类画作在中国吐鲁番阿斯塔那、哈拉合卓墓地以及西安懿德墓、永泰墓、章怀墓等唐墓中也都有发现,这充分说明日本的此类画作是在唐代绘画艺术的影响下而出现的。此外,药师寺的吉祥天女像、当麻寺的极乐变相曼陀罗等都模拟了唐代的画法。⑤

日本的山水画也深受唐代绘画的影响,日本的一系列画作就是明证。如,《灵鹫山说法图》,它描绘了释迦如来灵鹫山说法的情景。由于该画在平安朝后期经过修补,因此和原作已有一定差异。⑥ 但画中的山岳、树木却表现出唐朝山水画的样式。又如,《骑象胡乐图》,该画的主体是二童子,一人吹笛,一人吹尺八伴奏。背后悬崖陡峭,飞瀑自高处泻下,夕阳染红了天空,归雁成列栖落水边。由背景看,此作则全然是一幅山水画,画面层次分明,显示了唐代山水画"层峦叠嶂"的特点。再如,麻布墨画《山水图》,它描绘的是在寂静的水边垂钓的自然景

① [日]内藤湖南:《日本文化史研究》,商务印书馆1992年版,第84页。
② 常任侠:《中日文化艺术的交流》,《中日文化交流史论文集》,人民出版社1982年版,第11页。
③ 王镛:《中外美术交流史》,湖南教育出版社1998年版,第81页。
④ [日]秋山光和:《日本绘画史》,人民美术出版社1978年版,第21页。
⑤ 王辑五:《中国日本交通史》,上海书店1984年版,第91页。
⑥ 王镛:《中外美术交流史》,湖南教育出版社1998年版,第84页。

象。① 此画富于立体感,且含有深远的意境,颇具唐代山水画的特点。可见,日本的山水画亦深受唐代山水画的影响,无怪乎内藤湖南在《日本文化史研究》中说:"至于在日本,首先是古代的横披画卷以及大和绘中所见的风景,大体上继承了唐代的画风。"②

日本的花鸟画作品也不少,密陀绘盆即是其中的精品,一共有 17 件。③ 盆上的水禽、植物都富于写实性,显示出唐代花鸟画的优秀样式。

日本的壁画艺术也接受了唐朝的影响,主要体现在寺院壁画和墓室壁画两方面。

首先是寺院壁画。日本的寺院壁画很多,且大都富有唐代特色。如,奈良法隆寺金堂内的壁画,在四个最大的壁画上画着四个天界的景象,即释迦佛天界、阿弥陀佛天界、弥勒佛天界和药师佛天界。在每一天界的中央是主佛法座,周围则画有众菩萨及四天王,上面画有宝盖,宝盖左右各有一个飞天。④ 这样的题材与印度壁画、敦煌壁画如出一辙。这应是印度壁画经中国传入日本,并深深影响日本壁画的结果。

其次是墓室壁画。中国墓室壁画对日本的影响集中体现在高松冢古坟墓室壁画上。韩钊对唐代墓室壁画和日本墓室壁画进行了对比研究,认为高松冢古坟墓室壁画在颜色、内容、画技等方面都取法于唐代墓室壁画。⑤

在颜色方面,高松冢古坟墓室壁画共有六色,分别为红色、黄色、绿色、蓝色、白色和黑色。除此之外,还有金色、银色,是用金箔和银箔绘制而成的。这些颜色与唐墓室壁画的颜色基本相同,显然是受了唐墓室壁画的影响。

在内容方面,高松冢古坟墓室壁画主要装饰有:

四神图:高松冢古坟墓室壁画绘有青龙、白虎、朱雀、玄武四神,并且四神分别表示不同的方位,这是中国传统的装饰内容。

人物图:高松冢古坟墓室壁画有 16 个男女人物像,分布在石椁的东西两壁,

---

① 王镛:《中外美术交流史》,湖南教育出版社 1998 年版,第 85 页。
② [日]内藤湖南:《日本文化史研究》,商务印书馆 1992 年版,第 227 页。
③ 王镛:《中外美术交流史》,湖南教育出版社 1998 年版,第 86 页。
④ 武斌:《中华文化海外传播史》,陕西人民出版社 1998 年版,第591~592页。
⑤ 韩钊:《中国唐壁画墓和日本古代壁画墓的比较研究》,《考古与文物》1999 年第 6 期,第81~88页。

它们与永泰公主墓前室北壁、南侧的宫女群像极为相似。并且,就人物的分布角度而言,高松冢古坟墓室壁画中人物与唐墓室壁画中人物前后配置都不在一条线上,而是前后左右空间互相照应,人与人之间有行走相隔之感。人物像脸庞以45度侧面居多,以一个方向为主,整个画面有行走感。可见,在人物形象、人物分布等方面,日本壁画都取法于唐代壁画。

星象图:高松冢古坟墓室壁画中装饰有太阳、月亮、星辰等,而唐李爽、李凤、李重润、李贤、李仙蕙、苏思勖等墓室壁画也装饰有星象图。

在画技方面,高松冢古坟墓室壁画的人物像画技与唐墓室壁画如出一辙。如高松冢古坟墓室壁画采用简练的线条勾画出仕女丰满的脸型、细弯的眉眼和醒目的朱唇等,这种描绘技法也经常出现在唐代仕女画中。此外,男侍者鬓发的画法以及他们衣褶的晕染画法,也多见于唐墓室壁画。

综上所述,日本高松冢古坟墓室壁画在内容、布局、绘画技法、色彩等方面都同于唐代墓室壁画,这充分说明日本墓室壁画艺术深受唐朝的影响。

五、雕塑

在雕塑方面,日本可以说是纯输入国。唐代雕塑输出日本主要有两个途径,一为随佛教传播,一为伴商品输出。

首先,随佛教传播。如前文所述,随着唐代佛教的东传,唐朝的佛教艺术,如乐舞、书法、绘画、雕塑等也传入了日本。这里重点介绍雕塑艺术的东渐。在这方面,鉴真所做的贡献最大。鉴真一行到达日本后,不但建造了招提寺,而且在寺内大规模地造像,从这些造像中,我们可以看出唐代雕塑艺术的影子。如,在唐招提寺的金堂里,就有一组雕塑群。此雕塑群以卢舍那佛夹纻坐像为首,左右配置了药师如来和千手观音像,周围再绕以木雕的梵天、帝释天、四天王像。[1] 此雕像群中的卢舍那佛像采用了夹纻技法,该法首先以黏土塑造像芯,在像芯上用漆将布贴上,制成外芯。再用香木的粉末和漆调成糊料润湿细部,糊料胶着固定之后,将像芯的黏土弄碎取出,在其空间用编成的木框充塞以防止塑像崩塌,最后再施以各种色彩。[2] 这是唐代的塑像方法,由鉴真传入日本,并对日本雕塑产

---

① 王镛:《中外美术交流史》,湖南教育出版社1998年版,第88页。
② 王镛:《中外美术交流史》,湖南教育出版社1998年版,第89页。

生了深远的影响。而梵天、帝释天、四天王像均以一木雕成,局部用若干木头和干漆整形。梵天、帝释天两像与卢舍那佛坐像一样雄伟,也许出自一人之手。四天王像形象生动,表情自然,衣角和袖口被风吹起,恍惚中如同真人。这种高度的写实主义风格应是受唐风熏染的结果。

其次,伴商品输出。唐朝和日本之间有着密切的贸易往来,中国的丝绸、陶瓷等被大量运往日本。从目前日本考古情况来看,中国著名的瓷窑,如河北邢窑、定窑,浙江越窑,湖南长沙窑,河南巩县窑等生产的白瓷、青瓷、釉下彩绘瓷器、三彩陶器在日本均有出土。如,20世纪五六十年代,在日本福冈县太宰府町通古货立命寺就发现了唐代越窑青瓷。1969年在奈良县福原市安郡寺旧址西北出土有唐三彩兽足残片,在药师寺西僧房遗址,还发现了唐朝的白瓷和长沙窑的青瓷壶等。① 唐代陶瓷器传入日本后,对日本陶瓷器的制作产生了深远的影响。如,在唐三彩制作技艺的影响下,日本还烧制出了奈良三彩,它们在造型、色彩方面都极似唐三彩。奈良三彩中最有名的是正仓院收藏的57件奈良三彩,其中有一件三彩钵,直径26.8厘米,高19.2厘米,表面施以绿、褐、白三色釉②,看上去绚丽多彩,光艳照人,宛如鲜花盛开。此外,日本还仿造出了三彩瓷枕,枕上的图案和唐代织物、银制品上的设计图案十分相似。③

除了上述两种主要途径外,还有遣唐使携带、民间雕塑艺术交流等其他途径。通过诸种方式,唐代雕塑艺术大规模涌入日本,如日本正仓院中就有56面古镜,其中的平螺钿镜,背面全部为宝相花纹,花心附以玳瑁,下伏色彩,通体泛光,可能是唐人亲手所造。另有一面,金银平脱镜,背面全部巧施以鹤雁以及其他鸟草等,并贴以金银薄片,用平脱法雕刻而成,与纽约大都会博物馆所藏的唐镜相同。④ 还有一些美术工艺品源于波斯,之后又通过唐朝传入日本。如,日本皇室御器中有一对龙首水瓶,现陈列于法隆寺内。瓶口若龙首,中间是有翼天马,龙眼用青玉镶嵌,镀金的龙首和翼马都已剥落得十分厉害。⑤ 这个龙首水瓶以有翼天马作为装饰,显然是波斯式的。但它的瓶口做成龙首形,又融入了中国

① 王介南:《中外文化交流史》,书海出版社2004年版,第156页。
② 紫玉:《唐三彩的姊妹花——异域三彩》,《收藏界》2011年第2期,第66页。
③ [英]罗森著,孙心菲等译:《中国古代的艺术与文化》,北京大学出版社2002年版,第300页。
④ 李寅生:《论唐代文化对日本文化的影响》,巴蜀书社2001年版,第194页。
⑤ 陈苏民:《从日本白凤、天平时期的艺术看唐代美术的影响》,《艺苑》1993年第2期,第65页。

元素。因此,这种美术工艺源于波斯,经中国改造后又传入了日本。

这些进入日本的唐代雕塑,对日本产生了广泛的影响,主要表现在佛像雕塑、工艺雕塑和石窟雕刻等方面。

唐代雕塑艺术对日本的影响最大,日本学者井上清说:"飞鸟奈良时代大型寺院的佛像雕塑等艺术,与其说是日本文化的一部分,还不如说是中国佛教艺术的一个流派。"①可见,唐代雕塑对日本的影响之深。

日本众多的佛像雕塑就体现了这种影响。如,奈良寺外药师寺金堂的三尊药师像即深受唐代雕塑的影响,它们陈列在白大理石的须弥坛上,中间的药师本尊相貌端严,衣褶流利,流露出初唐的风韵。在这本尊的须弥座四周以阳文镌刻着四兽:东方青龙,西方白虎,南方朱雀,北方玄武,并以唐草花纹等加以装饰,深得配合之宜。② 药师像周围以中国传统的四兽像和唐草花纹作为装饰,从而具有了鲜明的唐代雕塑艺术的色彩。又如,东大寺法华堂的雕塑作品也体现了唐代雕塑艺术的影响。其中最醒目的是一尊菩萨像,无论她的面部表情还是衣纹饰样,都保留着唐代的风格。还有伫立在佛坛四角的干漆四大天王像和主佛后面的泥塑金刚神像,它们结实绷紧的肌肉和魁梧的相貌都十分逼真③,也受到了唐代写实主义的影响。再如,法隆寺的释迦三尊(释迦牟尼和两位侍从),它们是鞍作部之首止利于623年塑造的,放在主堂中。释迦的容貌散发着一种"古典的微笑",而其外袍随风吹起一角,使全身具有三角形的结构。④ 释迦三尊的艺术象征主义,清楚地反映了飞鸟雕刻的特点,而飞鸟雕刻则深受中国北朝雕刻的影响,不但刀法严格,而且组织严密。美国学者维尔·杜伦在《东方的文明》一书中就说:"我们从(法隆寺三佛像)中看到了中国雕塑的示范,印度佛教的主题。"⑤由此可见,释迦三尊亦深受中国雕塑艺术的影响。

日本的工艺雕塑也接受了唐朝的影响,如日本正仓院南仓的八曲鎏金铜长杯和中仓的十二曲绿玻璃长杯体呈椭圆形,它们都源于中国的耳杯。⑥

---

① [日]井上清著,天津市历史研究所译:《日本历史》,天津人民出版社1974年版,第87页。
② 陈苏民:《从日本白凤、天平时期的艺术看唐代美术的影响》,《艺苑》1993年第2期,第63页。
③ [日]坂本太郎:《日本史概说》,商务印书馆1992年版,第101页。
④ [日]田泽坦等:《日本文化史——一个剖析》,日本外务省编印1987年版,第25页。
⑤ [美]维尔·杜伦著,李一平等译:《东方的文明》,青海人民出版社1998年版,第1035页。
⑥ [日]原田淑人:《正仓院御物を通レる东西文化の交涉》,《古代东亚文化研究》,座右宝刊行会1940年版。

此外,日本的石窟雕刻艺术也大受唐风濡染,大都带有写生性,十分贴近现实,其中以三月堂的雕刻最具代表性。内藤湖南也认为,"日本的石窟雕刻既具有地方色彩,同时也把中国唐代雕刻那种写生性的技艺吸收过来了"①。

综上所述,唐朝和日本在乐舞、百戏、书法、绘画、雕塑等方面都有交流。当然,双方的交流是以日本学习唐代艺术为主的。正是由于日本从唐朝的艺术中汲取了充足的营养,才使日本艺术得到了突飞猛进的发展,从而成为当时世界上艺术较发达的国家之一。

此外,唐朝和骠国(今缅甸)、吐火罗、林邑、埃及等国家之间也有某些种类的艺术交流,但由于双方间的艺术交流比较单一,故本书从略。

---

① [日]内藤湖南:《日本文化史研究》,商务印书馆 1992 年版,第 78 页。

第四章　唐代丝绸之路与中外艺术
交流的当代思考

唐代丝绸之路与中外艺术交流是一个值得我们深思的问题,在当今中外艺术交流频繁的背景下,重新审视这一重要问题,仍有现实价值和意义。今天,我们站在历史的高度,把唐代艺术放在整个世界艺术中去观察、思考,力求在纷繁复杂的艺术交流中探究出规律,并为中国艺术走向世界提供有益的历史借鉴。本章重点论述唐代中外进行艺术交流的特点,中外艺术交流的阶段性和地域性,以及中外艺术交流的意义等问题,使之能对当今的中外艺术交流有一定的借鉴作用。

第一节　对外进行艺术交流的原因

从第三章的论述可知,唐代的中外艺术交流是广泛的,涉及罗马、希腊、大食、印度、波斯、西域诸国、朝鲜半岛三国和日本等国。对外艺术交流的领域有乐舞、百戏、书法、绘画、雕塑等。并且,唐代的中外艺术交流频繁而卓有成效,对诸多国家的艺术都产生了深远的影响。那么,唐代中外进行艺术交流的原因是什么? 除了发达的丝路交通条件外,国力的强盛和统治者的重视也是重要的原因。

一、国力的强盛

唐朝的国力非常强盛,主要表现在经济实力的强大,人口、户口数的增加,社会秩序的稳定等方面。

经济实力的强大,主要表现为农作物产量的增加、手工业的发展和商业的繁荣。关于其具体表现,本书的第二章第二节已做详细论述,故略。人口的增加和社会秩序的稳定前文也已论述过,兹不赘述。本节重点论述唐朝国力的强盛与对外艺术交流之间的关系。这主要表现为:

第一,国力的强盛,使唐朝的自信心大增,从而采取对外交流的政策。有这样一种规律,即往往在国力强盛、民族繁荣的时候,一个国家往往比较容易产生广阔的胸怀和无比的自信,从而打开国门,对外开放;越是在国家破败、民族垂危的时候,则越是缺乏对外交流的勇气和信心,从而故步自封,闭关锁国。唐朝也是如此,随着国力的强盛,自信心大增,从而采取了一系列积极的对外交流的措施。如,唐朝设立了鸿胪寺,作为主管接待外蕃君长和使节朝贡的机构。《旧唐书》卷四四《职官志三》记载:凡蕃客之"朝贡、宴享、送迎,皆预焉"[1]。《新唐书》卷四八《百官志三》亦载:"(鸿胪寺)掌送迎蕃客,颛莅馆舍。"[2]又如,在外国使节的入境口岸,唐设有馆驿系统负责接待。唐时的四方馆便是重要的外事接待机构。关于其职责,《隋书》卷二八《百官志下》有载:"以待四方使者。"[3]唐代则直接继承了隋朝的四方馆,其职责也如隋时。当然,鸿胪寺和馆驿系统也负责接待赴华进行艺术交流的使节和留学生等。唐朝还允许外国留学生入国子监六学进行学习,从而使他们充分地汲取了包括艺术在内的唐代文化。并且唐政府还免费给遣唐使、留学生提供衣食,更是吸引了外国人到唐朝学习。

第二,国力的强盛,使唐朝有能力对异域实行有效的统治,从而为对外艺术交流提供了相对安定的外部环境。随着国力的强盛,唐朝加强了对异域的统治。大唐自视为世界的中心,进而又把四夷统统纳入到一个以"天子"为中心的同心圆式的大一统向心框中。并且对于四夷,它又着重区别了直接与中国接壤或与之存在着较大利害关系的部分和那些极远极疏的部分。此外,它还以"册封制度"和"羁縻制度"来加强对四夷的统治。所谓"册封制度",就是中央王朝给边疆民族首领,"加以侯王之号,申以封拜之宠,备物典册,册以极其名号,持节封建,以震乎威灵。至于告终称嗣、抚封世及,必俟文告之命,乃定君臣之位"[4],从

---

[1]　《旧唐书》卷四四《职官志三》,中华书局 1975 年版,第 1885 页。
[2]　《新唐书》卷四八《百官志三》,中华书局 1975 年版,第 1258 页。
[3]　《隋书》卷二八《百官志下》,中华书局 1973 年版,第 798 页。
[4]　王钦若:《册府元龟》卷九六三《外臣部·册封》,中华书局 1960 年版,第 3750 页。

而加强了对它们的统治。所谓"羁縻府州制度",就是指外族附唐部落受到朝廷的册封而形成的州府体制,其中的都督和刺史等均由原部族首领充任,他们有觐拜朝廷、贡赋版籍的义务,但实际事务仍旧归自己掌握。① 这两种制度充分体现了唐朝对边疆民族和异域所持的是一种"宗主权式的、包容的态度"②,这不但使唐朝确立了自身的政治主导地位,而且还有效地加强了对四夷的统治。随着唐朝统治范围的日益扩大,唐还设置了安西都护府、北庭都护府、燕然都护府、单于都护府、安东都护府和安南都护府,以稳定边疆和异族。这为中外艺术交流提供了安定的外部环境。

第三,国力的强盛,扩大了唐朝在世界上的影响,从而吸引了异域与之进行艺术交流。国力的强盛,使唐朝在世界上享有较高的声望,当时阿拉伯、日本、新罗等国的文献中都有关于唐朝的记载,其中既有颂扬唐代帝王的,又有描写唐朝优越的物质生活的,也有记述唐代工艺美术的。此外,还有不少表达对唐的赞美、感激之情的。

称赞唐代帝王的资料主要见于阿拉伯文献《中国印度见闻录》卷一:"印度人和中国人都一致认为,世界上有四个国王。而四个国王之中,第一个是阿拉伯人国王,他们一致毫无异议地认为阿拉伯人的国王是最伟大的国王,最富有的国王,最豪华的国王,是无与伦比的伟大宗教之主。中国国王仅次于阿拉伯人之主,位于第二。其次是罗马人国王。最后是穿耳孔人的国王巴拉哈——拉雅。"③这里,阿拉伯人借印度人和中国人之言,表达了对唐代皇帝的崇敬之情。

《中国印度见闻录》中也描写唐人优越的物质生活:"中国居民无论贵贱,无论冬夏,都穿丝绸。王公穿上等丝绸,以下的人各按自己的财力而衣着不同。"④可见,在阿拉伯人看来,唐人都以丝绸为衣料,极其华丽富贵。《阿拉伯波斯突厥人东方文献辑注》中也有不少这方面的内容,如阿拉伯文献《印度珍异记述要》载:"中国人最美的装饰用犀牛角制作,一乃磨光,便显出各种花纹,光彩夺目。中国人的腰带亦用犀牛角制成,每条价值高达一千个米特卡尔的金子。中国人

---

① 李鸿宾:《唐朝中央集权与民族关系》,民族出版社 2003 年版,第 105 页。
② [日]村山节等著:《东西方文明沉思录》,中国国际广播出版社 2000 年版,第 123 页。
③ [阿拉伯]阿布·赛义德等:《中国印度见闻录》,中华书局 1983 年版,第 11 页。
④ [阿拉伯]阿布·赛义德等:《中国印度见闻录》,中华书局 1983 年版,第 10 页。

金子之多,以致于用金子做其马嚼和狗链,并且穿金丝之裙衫。"①在外国人的视野里,中国人以绚丽多彩的犀牛角制成腰带等装饰品,并且穿金丝衣服,甚至连马嚼和狗链都用金子做成,这充分体现了他们对唐朝物质生活的羡慕和憧憬。此外,他们也高度赞赏中国的绘画、工艺等:"中国人在绘画、工艺以及其他一切手工方面都是最娴熟的,没有任何民族能在这些领域里超过他们。"②

日本圆仁的《入唐求法巡礼行记》记载了不少对唐的赞美、感激之词。如,圆仁到京兆府时,"在府之间,亦致饭食、毡毯等,殷勤相助"③。在万年县,大理卿、中散大夫、赐紫金鱼袋杨敬之专门派人"来问何日出城、取何路去,兼赐团茶一串",职方郎中杨鲁士"殷勤相问",数度到寺检校,施绢褐衫裤,"布施主杨差人送来绢一疋、褐布一端、钱一千文,充路上用"。李侍御则送来"少吴绫十疋、檀香木一、檀龛像两种、和香一瓷瓶、银五股、拔折罗一、毡帽两顶、银字《金刚经》一卷、软鞋一量、钱二贯文"④。可见,圆仁在唐朝受到了热情的招待。又如,唐开成五年(840)八月二十三日,圆仁一行抵达长安,迅即被监察侍御史赵炼临时安置在资圣寺。其后,赵炼听说资圣寺无堂饭,便派人捎信,让圆仁写一申请,准备将其安置到有堂饭的佛寺。⑤ 对此,圆仁满怀感激之情,他在回信中写道:"圆仁等乍到,已蒙使司仁造,权置此寺,感庆伏深,更无所望。如请移住有堂饭寺,伏恐恼乱大官。今请住资圣寺,往来诸寺,寻师听学,任意求法,夜归本寺。伏乞侍御恩造,特赐允许。"⑥总之,在圆仁的眼里,中国人是热情好客和注重情谊的。公元804年入唐的菅原清公在回国时也曾咏一绝:"我是东蕃客,怀恩入圣唐。欲归情未尽,别泪湿衣裳!"⑦可见,菅原清公对唐朝也怀有深厚的感情,可以推知他在唐境也当备受礼遇。

上述这些著作既介绍了唐代文明的高度发达和丰富多彩,又展示了中国人

---

① [法]费琅编,耿升、穆根来译:《阿拉伯波斯突厥人东方文献辑注》,中华书局1989年版,第177页。
② [阿拉伯]阿布·赛义德等:《中国印度见闻录》,中华书局1983年版,第101页。
③ [日]圆仁:《入唐求法巡礼行记》,上海古籍出版社1986年版,第185页。
④ [日]圆仁:《入唐求法巡礼行记》,上海古籍出版社1986年版,第187页。
⑤ [日]圆仁著,小野胜年校注、白化文等修订校注:《入唐求法巡礼行记校注》,花山文艺出版社1992年版,第342～343页。
⑥ [日]圆仁著,小野胜年校注、白化文等修订校注:《入唐求法巡礼行记校注》,花山文艺出版社,1992年版,第254页。
⑦ 转引自徐志民《唐朝怎样对待日本留学生》,《世界知识》2006年第8期,第63页。

的热情好客,从而激起了外国人对唐朝的向往之情,也促使他们前来中国学习包括艺术在内的唐代文化。

二、最高统治者的重视

中国封建社会的最高统治者在国家中居于最高地位,具有绝对决定权和支配权,他们的性格、能力、兴趣、治国方针等都对当时社会产生深刻的影响,唐朝的统治者也不例外。由于他们重视中外艺术交流,并采取了一系列积极措施,遂使唐代的中外艺术交流呈现出一派生机勃勃、欣欣向荣的局面。

在乐舞方面,唐代不少宫廷乐舞作品就是中外乐舞交流的结晶,如著名的十部乐和坐、立二部伎。如前所述,在唐高祖"登极之后",用九部之乐,至唐太宗时改为十部。其中《西凉》《天竺》《高丽》《龟兹》《安国》《疏勒》《康国》《高昌》八部,全是中外乐舞交流的产物。这体现了唐统治者具有开阔的视野和宽广的胸襟,他们对中外乐舞交流是支持的。在十部乐之后,享宴之乐又分为立、坐二部。立、坐部伎与唐太宗时的十部乐做比较,自制音乐已占绝大部分。这并不意味着中外乐舞交流减少了,相反,却是向纵深发展了。因为立、坐部伎基本上摒弃了对外来乐舞的照抄照搬,而是创造性地吸收了外来乐舞的优秀成分,并使之成为中原乐舞的有机组成部分。这标志着初盛唐时代最高统治者在中外乐舞交流问题上采取的依然是吸收、融合的政策。此外,唐朝统治者还提高了胡乐的地位,如"开元二十四年(736),升胡部于堂上"[1]。即把"胡乐"升为坐部伎,这体现了唐统治者对"胡乐"的重视。

在绘画方面,唐朝统治者也非常重视中外交流,这从他们重用异域画家就可窥知。《旧唐书·韦贯之传》载:"新罗人金忠义以机巧进,至少府监,荫其子为两馆生。"[2]对于金忠义的"机巧",《历代名画记》卷九有详细记载:"德宗朝将军金忠义,皆巧绝过人,此辈并学画,迹皆精妙,格不甚高。"[3]可见,他的"机巧"就包括了精绝的绘画技艺。那"少府监"又是什么样的官职?据《旧唐书·职官志三》记载:"(少府)监一员,从三品。……监之职,掌供百工伎巧之事。……凡天

---

① 《新唐书》卷二二《礼乐十二》,中华书局 1975 年版,第 476 页。
② 《旧唐书》卷一五八《韦贯之传》,中华书局 1975 年版,第 4173 页。
③ 张彦远:《历代名画记》卷九《唐朝上》,上海人民美术出版社,1964 年版,第 176 页。

子之服御,百官之仪制,展采备物,皆率其属以供之。"①可见,少府监的官阶为从三品。一个朝鲜裔的画家,竟"以机巧进",在大唐做了从三品的高官,这反映了德宗对外来技艺的重视,也表明了德宗对外来艺术是欣然接纳的。

唐代统治者也十分喜爱来自异域的百戏。如《新唐书·中宗本纪》记载:中宗于神龙元年(705 年)十一月己丑,"幸洛城南门,观泼寒胡戏"②。同书《睿宗本纪》亦载:睿宗景云二年(711)十二月丁未,"作泼寒胡戏"③。这反映了中宗、睿宗时期,这一节目的魅力已深深撼动了朝廷,以至于身份尊贵的皇帝都前来观看。而皇帝来观看这一举动也说明唐代朝廷对于泼寒胡戏在中国的流传是赞许的。

唐代统治者之所以重视、支持中外艺术交流,主要基于两个原因:

(一)统治者对艺术的兴趣

如前所述,唐代统治者中不乏热爱艺术并有较深造诣者,如唐太宗、唐玄宗、唐德宗、唐文宗、唐宣宗等。关于其详细情况,前文已做介绍,故兹略。他们热爱艺术、钻研艺术,自然对艺术有着深刻的理解和深厚的感情,对艺术之美有着强烈的感受和不懈的追求,对艺术交流问题有更开放的眼光和更宽阔的胸怀,因而他们重视中外间的艺术交流,也是可以理解的。即使他们单单是为了享乐,那么中外艺术交流也带给了他们更多的享受和消遣,他们自然也会支持中外艺术交流。

(二)中外艺术交流是中外政治交流的一种手段

虽然艺术交流的范围只限于艺术,但其影响和意义却远远超出了艺术领域,涉及政治、民族、宗教等问题,关乎国际关系和社会发展。因此,艺术交流问题非常重要。唐朝的统治者也非常重视中外艺术交流问题,其目的之一即是通过中外艺术交流宣扬唯我独尊的大唐国威,并以此加强对异域的统治。《秦王破阵乐》就充分证明了这点。《秦王破阵乐》是盛赞唐太宗武功的乐舞,完成之后,即被指定用于宫廷重要的国宴或外交活动中。唐太宗为什么要这样做? 我们可从《秦王破阵乐》的特点来分析。此乐舞有两大特点:第一,声势浩大。据《旧唐

① 《旧唐书》卷四四《职官志三》,中华书局 1975 年版,第 1893 页。
② 《新唐书》卷四《中宗本纪》,中华书局 1975 年版,第 108 页。
③ 《新唐书》卷五《睿宗本纪》,中华书局 1975 年版,第 118 页。

书·音乐志》载:舞队表演此舞时,不断变换着各种阵势,伴奏音乐"声震百里,动荡山谷",表演者"发扬蹈厉,声韵慷慨"。[①] 可见,此乐舞颇具气势。此外,它还弥漫着浓郁的战阵气息,以至于"观者见其抑扬蹈厉,莫不扼腕踊跃,凛然震竦"[②]。第二,规模宏大。《旧唐书·音乐志一》记载:"七年,太宗制《破阵舞图》:左圆右方,先偏后伍,鱼丽鹅贯,箕张翼舒,交错屈伸,首尾回互,以象战阵之形。令吕才依图教乐工百二十人。"[③]即表演此舞时,舞者有 120 人,远远超过了为古天子表演《八佾舞》的乐人数量。并且他们身穿盔甲,手持戟,前有战车,后有队伍。此乐舞之威仪,由此可见一斑。

将如此气势恢宏、规模宏大的军乐舞蹈钦定为国宴或外交活动中使用,唐太宗的用意很明显:借乐舞之威仪树大唐之国威、示本人之霸气,以威慑四方。在当时的艺术交流中,《秦王破阵乐》西闻西域、印度,东传日本,可见其影响之广泛。

另外,在唐与异域的艺术交流中,朝贡也是一种重要的方式,即由异域将它们的艺术献给唐朝廷。如日本、新罗、波斯等国都曾向唐代贡献过乐舞、百戏、绘画等艺术。在朝贡关系中,唐朝以君自居,而视来献诸邦为臣。看着异国使者对自己毕恭毕敬,唐朝皇帝心里自然受用,政治虚荣心一下子得到了满足,俨然就是君临万邦的"天可汗"了。客观上,朝贡这种方式也促进了中外艺术交流的发展。

第二节　中外艺术交流的特点

唐朝和异域的艺术交流,呈现出鲜明的特点,即:交流的广泛性、浓郁的政治色彩和明显的不平衡性。

一、交流的广泛性

由于唐朝实行了开放的对外政策,因此唐代的中外艺术交流就呈现出广泛性特点,这主要表现在对外艺术交流的国家众多和交流的领域广泛两个方面。

---

① 《旧唐书》卷二九《音乐志二》,中华书局 1975 年版,第 1060 页。
② 《旧唐书》卷二八《音乐志一》,中华书局 1975 年版,第 1046 页。
③ 《旧唐书》卷二八《音乐志一》,中华书局 1975 年版,第 1046 页。

（一）地域广泛

如前文所述，唐朝和东亚的日本、朝鲜半岛三国，南亚的印度，东南亚的骠国，中亚的昭武九姓，西亚的波斯、大食，欧洲的希腊、罗马间都有着密切的艺术交流。可见，与唐朝进行艺术交流的国家不但数量多，而且分布广泛。正如日本著名学者井上清所言："唐朝的文化是与印度、阿拉伯和以此为媒介甚至和西欧的文化都有交流的世界性文化。"①而艺术又是文化的重要组成部分，因此与唐朝进行艺术交流的国家当也不少。这不但使唐朝敞开胸襟，对亚欧的异质艺术进行全面吸收，促进了本国艺术的巨大发展，而且它还毫无保留地将自己的艺术远播于亚欧等遥远的国度，使唐代的艺术之花开遍世界。

（二）领域广泛

唐代中外艺术交流的领域也非常广泛，涉及音乐、百戏、舞蹈、书法、绘画、雕塑等方面。并且在每一艺术领域，还有更为具体和全面的交流。如，在乐舞方面，不但有乐舞作品的交流，而且还有乐谱、乐理、乐器等的交流；在百戏方面，又有杂技、幻术、歌舞戏等的交流；在绘画方面，也有山水画、花鸟画、人物画、壁画等的交流；在雕塑方面，不仅有陵墓雕塑的交流，还有宗教雕塑和装饰雕塑的交流。可见，唐代中外艺术交流的领域非常广泛。

二、浓郁的政治色彩

由于艺术交流是在不同的政权之间进行的，因此有了政治交流的附加功能，这就使艺术交流具有了浓郁的政治色彩。

就唐朝与异域的艺术交流而言，唐代帝王想通过艺术交流，宣扬唯我独尊的大唐国威，并以此加强对外统治。而异域则想通过艺术交流，加强和唐朝的沟通和联系，密切和唐朝的关系，甚至借唐之力以壮大自己。为此，它们经常向唐朝贡献本国的艺术以取悦大唐帝王。

在乐舞方面，如前所述，日本、新罗都向唐朝贡献过乐人，骠国也向唐代贡献

---

① ［日］井上清著，天津市历史研究所译校：《日本历史》上册，天津人民出版社 1974 年版，第84～85页。

过管弦乐和舞伎①,中亚的康国等都向唐代献过"胡旋舞妓"等②,《册府元龟》③对它们都有详细的记载。

在百戏方面,由于大唐诸位帝王都热衷于此,因此不少国家就向唐朝贡献过此类方物。如林邑国曾多次向唐代贡献过驯象。《册府元龟》卷九七〇对此有详细记载:"(高宗永徽)四年四月,林邑国人诸葛地自立为王,遣使贡方物驯象"④;"(高宗永徽)五年五月,林邑国献驯象"⑤;"则天垂拱二年三月,林邑国遣使献驯象"⑥;"天授二年十月,林邑国遣使献驯象"⑦;"圣历二年六月,林邑国遣使献驯象"⑧。此外,由于唐代帝王对舞马也有特殊的兴趣,因此,不少国家也向唐贡献过良马。对此,《册府元龟》卷九七〇、九七一亦多有记载:"(高祖五年)八月,西突厥叶护可汗遣使献名马"⑨;"(高祖九年)十二月,康国王屈木支遣使献名马"⑩;"(高宗永徽)四年七月,吐谷浑献名马"⑪;"(肃宗)上元二年十二月丁亥,龟兹王白素稽献名马"⑫。之后,又有不少国家向中国贡献过良马,诸如此类记载不绝于史书,兹不一一列举。那么,这些良马是否被用于舞马这项百戏中?答案是肯定的。作为供皇帝享用的舞马表演,其所用马匹必定是最优良的,因此,应当选用这些来自异域的上等马匹。正如谢弗所说:"这些舞马应该属于中唐之际外来的珍奇异物。"⑬

异域通过向中国贡献艺术,博取了大唐皇帝的欢心和信任,增进了彼此的了解,密切了双方的关系。

三、明显的不平衡性

唐代的中外艺术交流还表现出强烈的不平衡性,主要表现在艺术交流的形

---

① [美]谢弗著,吴玉贵译:《唐代的外来文明》,中国社会科学出版社 1995 年版,第 113 页。
② [法]Ed. Chavannes,Document sur les Tou-kiue occidentaux,p. 136.
③ 王钦若等:《册府元龟》卷九七〇《外臣部·朝贡第三》,中华书局 1960 年版,第 3849 页。
④ 王钦若等:《册府元龟》卷九七〇《外臣部·朝贡第三》,中华书局 1960 年版,第 3846 页。
⑤ 王钦若等:《册府元龟》卷九七〇《外臣部·朝贡第三》,中华书局 1960 年版,第 3846 页。
⑥ 王钦若等:《册府元龟》卷九七〇《外臣部·朝贡第三》,中华书局 1960 年版,第 3847 页。
⑦ 王钦若等:《册府元龟》卷九七〇《外臣部·朝贡第三》,中华书局 1960 年版,第 3847 页。
⑧ 王钦若等:《册府元龟》卷九七〇《外臣部·朝贡第三》,中华书局 1960 年版,第 3847 页。
⑨ 王钦若等:《册府元龟》卷九七〇《外臣部·朝贡第三》,中华书局 1960 年版,第 3842 页。
⑩ 王钦若等:《册府元龟》卷九七〇《外臣部·朝贡第三》,中华书局 1960 年版,第 3843 页。
⑪ 王钦若等:《册府元龟》卷九七〇《外臣部·朝贡第三》,中华书局 1960 年版,第 3846 页。
⑫ 王钦若等:《册府元龟》卷九七〇《外臣部·朝贡第三》,中华书局 1960 年版,第 3847 页。
⑬ [美]谢弗著,吴玉贵译:《唐代的外来文明》,中国社会科学出版社 1995 年版,第 150 页。

式和内容两方面。

（一）形式方面

从第三章的论述明显可以看出，在艺术交流形式方面，中国表现得不够积极，而是处于被动地位。在唐朝与异域的艺术交流中，通常都是他国主动派使者和留学生前来中国，而中国却很少派遣使节或留学生到异域，即使偶尔派遣，也是为了答谢或迫不得已而为之。与之相对的是，异域各国通过各种方式前来中国，积极、主动地进行交流。对此，杜文玉先生深入地进行了分析，他认为，由于中国处于一个半封闭的大陆性地理环境之中，国内土地辽阔和以农为本，使得唐朝能够自给自足，从根本上缺乏强烈的对外交往驱动力。[①] 他的分析合情合理，深刻地说明了唐代对外艺术交流缺乏主动性的原因。但因唐朝国力强大、艺术繁荣，对各国形成很大吸引力，因此，异域各国便主动前来进行艺术交流。但从根本上说，艺术交流是相互的，双方都应该积极、主动，只有这样，才能体现艺术交流的平等性，才能使艺术交流更加卓有成效。

（二）内容方面

在内容方面，也表现出了鲜明的不平衡性。这主要体现在：

第一，在唐朝和印度、波斯、大食、希腊、罗马等国的艺术交流中，无论是乐舞、百戏，还是雕塑、绘画，都以输入为主，输出较少；而在与东亚的朝鲜半岛三国、日本进行艺术交流时，却以艺术输出为主，艺术输入较少。从第三章的论述明显可以看出这一特点。其原因是印度、波斯、大食、希腊、罗马等国的艺术都具有悠久的历史，非常辉煌、灿烂，在世界具有很大的影响力，因此对唐代艺术也产生了广泛而深远的影响。而唐朝在学习上述诸国艺术的同时，也大量输出了自己独特的艺术，只是由于这些国家的文献疏于记载，我们了解得不多，因此才呈现出唐朝对西方诸国艺术输出少而输入多的特点。而当时的朝鲜、日本等国均处于东亚文化圈内，以汉文化为母文化，因此唐代艺术与朝鲜半岛艺术、日本艺术间存在着亲缘性，这就使东亚能够充分地、不遗余力地吸收唐朝艺术，而唐朝也把自己的艺术无私地、毫无保留地输出到东亚。因此，唐朝与东亚的艺术交流便呈现出输出多、输入少的特点。

---

① 杜文玉：《唐代社会开放的特点与历史局限》，《河北学刊》2008 年第 3 期，第 60 页。

第二,交流的艺术门类具有不平衡性。在唐朝与域外交流的艺术门类中,交流最多的是乐舞、雕塑、绘画,百戏次之,而书法交流则最少。从第三章的论述可以看出,和唐朝进行乐舞、绘画、雕塑艺术交流的国家主要有希腊、罗马、西域诸国、印度、波斯、大食、日本、朝鲜半岛三国,是最多的;进行百戏艺术交流的国家主要有西域诸国、印度、波斯、日本、朝鲜半岛三国,次之;而和唐朝进行书法艺术交流的只有朝鲜半岛三国和日本,最少。其原因是,艺术交流是双方共同的需要,而不是一厢情愿的事情。只有双方都有这种艺术门类,或者双方都愿意交流,艺术交流才可能进行。如乐舞、雕塑、绘画等就是世界性的艺术,既然大家都拥有并理解这种艺术,那就有了共同的兴趣和话题,就容易进行交流了。反之,如中国的书法,只与朝鲜半岛、日本之间有交流,这是因为中国书法和朝鲜半岛、日本书法的基础都是汉字,朝鲜半岛和日本能够理解并欣赏中国书法,这就使双方的书法交流成为可能。而其他国家不懂中国书法,欣赏不了书法艺术,自然对之不感兴趣,也就不可能进行交流了。

第三节　中外艺术交流的途径

从第三章的论述可知,唐朝与异域进行艺术交流的途径主要有官方互派使者和留学生、商业贸易、人口流动、宗教传播、战争等。

一、官方互派使者和留学生

互派使者和留学生是官方的艺术交流途径,这种途径既重要又普遍,很多国家的艺术交流都是通过它实现的。并且这种方式源远流长,从古及今,几乎在每个历史时期,这种途径都被广泛使用。同样,它也是唐朝与异域进行艺术交流的重要方式之一。

(一)派遣使节

在唐朝与异域的艺术交流中,既有外国使者入唐,又有中国使节到异域。当时,不少国家都向中国派遣过使者。如前所述,日本曾派出遣唐使十多次,其他国家如新罗、大食等国也向唐朝遣使十多次甚至几十次,西域诸国也多次遣使向大唐贡献胡旋女等。此外,中国有时也遣使赴异域进行艺术交流。如王玄策出使印度时,随行的宋法智即是一名画家。他到印度后,曾"巧穷圣容,图写圣颜。来到京都,道俗竞摸(摹)"①。可见,宋法智在印度进行绘画创作,使众多印度人竞相模仿,从而扩大了唐朝绘画在印度的影响。

派遣使节进行艺术交流,其作用体现在两个方面:

第一,使节既把本国的艺术献给异域,又把对方的艺术带回本国。关于外国使节来华贡献艺术的例子,前文已列举不少,这里不再重复。当然,这些异域艺术的输入促进了唐代艺术的发展。同时,外国使节又把唐朝的艺术带回本国。如,日本使节常晓就从唐朝带回了数尊佛像;新罗使节金春秋也把唐太宗所赐的《温汤》《晋祠碑》等书法作品带回了国。诸如此类的事例很多,不再一一列举。这些艺术品或为唐朝所赐,或为使节自己搜求、购买。它们被带回国后,大家纷纷仿效、学习,从而促进了本国艺术的发展。

第二,使节在异域进行艺术创作,或学习对方的艺术,这也起到了艺术交流的作用。如前文所述,日本使节粟田家继就曾在中国进行过绘画创作,他的作品有南岳思大和尚示先生骨影、天台大师感得圣僧影等13件。唐朝使节宋法智在印度时,也进行过绘画创作。他们在异域进行艺术创作,就把本国的艺术传入了异域。此外,不少使节还利用出使之机,学习异域的艺术。如前所述,空海入唐后,就遍访张旭、韩方明等书法名家,虚心学习唐代的书法艺术。橘逸势也曾入唐学习书法艺术。他们学成后即回国,就把唐朝的书法艺术带回,从而扩大了唐朝艺术对本国的影响。

派遣使节这种交流方式,其特点是直接且成效显著。作为使节,其目的很明确,即进行艺术交流,因此这种交流方式很直接。并且通过使节进行艺术交流也卓有成效,因为不管是使节所献之艺术,还是所取之艺术,都代表了本国或异国艺术发展的最高水平,都是别国或自己国家真正需要的。因此,通过使节交流的通常都是艺术精品。可见,派遣使节这种艺术交流方式非常有效。

(二)派遣留学生

从第三章的论述可知,新罗、日本等国都曾派遣大批留学生入唐学习艺术,他们就成为唐代艺术大规模输出异域的重要载体。

---

① 释道世撰、周叔迦等校注:《法苑珠林校注》卷二九《圣迹部第二》,中华书局2003年版,第907页。

这些留学生入唐后,一方面能够进入国子监全面、系统地学习书法等唐朝艺术,学成之后归国,并把所学的艺术带回。另一方面,他们还遍习名家之艺术,孜孜不倦地汲取唐朝的艺术精华。如,新罗留学生崔致远,他在唐就曾学习欧阳询和颜真卿书法,因而具有了较深的造诣。又如,日本留学生藤原贞敏,他在长安曾拜刘二郎为师学习琵琶弹奏,因此技艺大进。他们回国后就大力弘扬唐代艺术,从而扩大了唐代艺术在本国的影响。

此外,他们还把唐朝的乐器、乐理著作等携带回国。如,日本留学生吉备真备,他入唐学习中国文化,身通六艺,还把唐朝的乐器铜律管和乐理著作《乐书要录》带回。又如,藤原贞敏在回国时也把唐朝的琵琶带回。这些乐器和乐理著作的输入,也促进了日本艺术的发展。

派遣留学生也是一种直接的艺术交流方式,因为他们入唐的目的即是学习艺术。通过这种艺术交流方式,还可以全面、系统地吸收唐朝的艺术,因为这些留学生在唐朝接受的就是正规、系统的艺术教育和训练,学有所成后即把唐朝的艺术带回国,有的甚至在本国移植唐朝的艺术,从而促进了本国艺术的快速发展和进步。可见,留学生作为学习和移植唐代艺术的骨干力量,在艺术交流中也发挥了重要作用。

这种方式是艺术交流中最有效、最直接、最便捷的方式之一,也是历史上最常见的艺术交流方式之一。

二、商业贸易与艺术交流

商业贸易历来就是文化交流的重要途径之一,当然也是艺术交流的重要途径之一。唐朝与异域间不但有官方贸易,也存在民间贸易。

官方贸易的主要形式是朝贡。当时,异域献给唐朝不少珍稀物品,如狮子、舞马、驯象等,这些方物的输入促进了唐代百戏等艺术的发展。同时,唐朝往往回赠更加丰厚的答谢礼,如丝织物、宝物、书籍等。有的使者还直接要求唐廷赐予佛像等,如开元二十三年(735)来朝的日本使臣名代,"恳求《老子经》及天尊像,以归于国,发扬圣教"①。而佛像传入异域,则可以促进日本雕塑等艺术的

---

① 王钦若:《册府元龟》卷九九九《外臣部·请求》,中华书局1989年版,第4041页。

发展。

在唐代,由于商品经济发展、交通发达等原因,民间的对外贸易也异常繁荣。在陆路丝路上,各国商队往来络绎不绝、相望于道。在海上丝绸之路上,中国商船从安南和广州出发,可至印度洋并通往西方;亦可走东海丝道,直接到达朝鲜半岛和日本。通过两条丝绸之路,中国和异域间频繁地进行着商业贸易。伴随着商业贸易的往来,唐代的中外艺术交流也日益繁荣。这是因为当时的商品中就有书法、绘画、雕塑等艺术作品。此外,陶瓷器也是重要的商品,它远销至新罗、日本、中亚诸国、波斯、大食、印度、东罗马、希腊等国。但陶瓷器又不单单是商品,同时又是艺术品,因为它本身就集雕塑、绘画、书法艺术于一体。随着它们的远销,唐代的艺术也传播到了异域。

可见,商业贸易也是中外艺术交流的途径之一,而从事国际贸易的中外商人也起到了艺术交流的作用。

三、人口流动与艺术交流

在唐代,由于对外交通的发达、对外政策的开明、先进文化的吸引、政治上的征服与统治等原因,不少外国人前来中国,有些甚至长期定居中国,他们把异域的艺术也传入了中国。例如,前面述及的胡姬,她们在中国开店卖酒,并以美妙的歌舞招徕顾客。因此,她们已不仅仅是商人,还充当了民间艺术交流的使者。又如,印度的画家、杂技艺术家等纷纷东来,他们把印度的绘画、杂技等也传入中国。再如,在广州、泉州等地都有"蕃坊",其中居住着不少阿拉伯人、波斯人等。他们与汉人长期互相交流,彼此影响。因此,他们也把本国的艺术传到了中国。

在唐代,也有不少中国人移居外国,与当地居民杂居相处,他们把中国的艺术也传播到了那里。如,随着唐与日本之间友好关系的发展,不少唐朝的艺术家来到日本,他们把中国的绘画艺术等传入日本。又如,随着唐朝对西域统治的加强,许多中原画家、工匠、士兵也纷纷涌入西域,他们把唐代的绘画、雕塑等技艺也带入了西域。诸如此类的例子还有很多,兹不一一列举。

可见,人口流动是民间艺术交流的重要途径。这种交流是自发的,没有政治目的和功利色彩。并且通过这一途径所接触到的异国艺术,往往是生动活泼而富有生命力的艺术,是朴素的、原汁原味的艺术。因为它们来自民间,最大限度地保留了异域艺术的本色。

四、宗教传播与艺术交流

宗教传播也是艺术交流的重要途径之一,因为宗教本身就包括了不少艺术形式,如音乐、舞蹈、绘画、雕塑、百戏等。随着宗教的流传,这些艺术也得以传播。如,随着印度佛教在中国的传播,佛教艺术,如乐舞、绘画、雕塑等都传入了中国。佛教在中国充分发展后又传入日本,与之相伴随的乐舞、绘画、雕塑等艺术也流入了日本。又如,唐代之际,波斯的祆教传入了中国,而祆教艺术,如乐舞、绘画、幻术等也随之而来。再如,随着波斯摩尼教的东渐,其艺术形式如乐舞、绘画等也传入了中国。最后,我们再来看道教及其艺术传播情况。众所周知,道教是中国土生土长的宗教,它也传入了西域地区。西域之道观经常举行斋戒和醮仪活动,在活动中也必定演奏了《步虚》等斋醮音乐。① 可见,道教音乐也随着道教流入了西域。此外,大食的伊斯兰教也于唐代传入中国,并且随之传入的还有伊斯兰教乐舞、书法、绘画等艺术。

利用宗教传播进行艺术交流,比较生动、自然,因而效果也较好。通过这种方式传播艺术,其受众面最初多是教徒,而后才可能在更大范围内传播。

可见,宗教传播确实是艺术交流的有效途径,但它是一种间接的艺术交流方式,因为艺术交流不是直接目的,而是宗教传播的副产品。当然,宗教艺术反过来也促进了宗教传播。因此,宗教传播和艺术交流相辅相成。

五、战争与艺术交流

唐朝与其他国家间既有友好交往,也是有战事争端。尽管战争残酷且极具破坏性,但从艺术交流的角度来看,它也是传播艺术的一个重要途径。著名学者张广达说:"隋唐时代也发生了许多民族冲突和战争,但从文化交流的角度看,这些冲突和战争恰恰提供了各民族接触的机会。"②他这里说的是民族冲突和战争有利于文化交流,实际上国家间的冲突和战争同样有利于艺术交流。这是因为:第一,战争以及随之而来的俘虏和战利品,是艺术传播的重要媒介。如前所述,

---

① 周青葆:《丝绸之路宗教文化》,新疆人民出版社 1998 年版,第 151 页。
② 张广达、王小甫:《天涯若比邻》,中华书局(香港)有限公司 1988 年版,第 105 ~ 106 页。

在怛逻斯战役中唐军大败,大批唐军士兵、工匠被阿拉伯军队掳掠到中亚、西亚地区,其中的不少丹青能手就把中华绘画等艺术传到了这些地区。又如,唐朝以武力征服西域之后,也把西域的乐舞等艺术收而有之,从而使西域艺术风靡中原。第二,战争可以造成人员流动,使不同国家的人民杂居相处,这也促进了艺术的交流和传播。如前所述,7 世纪中叶,大食大举进攻波斯,不少波斯袄教徒就逃入中国,他们就把乐舞等火袄教艺术传入了中国。可见,战争是一种间接的艺术交流方式,在客观上促进了艺术的交流和传播。这也充分说明艺术在本质上是开放的,即使双方是敌对关系,但只要有机会接触,也会进行艺术交流。

第四节　中外艺术交流的阶段性分析

唐代的中外艺术交流由于受交通条件、政治局势和对外政策等因素的影响而呈现出鲜明的阶段性。本书把唐代的中外艺术交流分为三个阶段:前奏期、高峰期和衰退期。

一、前奏期

这一时期为唐高祖武德年间(618—626)。在这一时期,中外艺术交流相对较少,不管是艺术的输入,还是艺术的输出都不多。并且,这一时期也没有出现艺术交流的盛事。其原因主要有:

第一,这一时期,一些西域强国占据了丝绸之路要道,导致唐朝的对外交通不畅,这成为阻碍中外艺术交流的主要因素。由于隋末战乱,突厥等丝路沿线强国便趁机占据丝路要道,阻断了丝路交通。唐朝建立初年,一方面由于当时存在诸多封建割据政权和农民起义政权,它们对唐政权构成了严重的威胁,极大地牵制了唐的力量;另一方面则是因为唐朝刚刚建立,土地荒芜,人口锐减,经济残破。国力的弱小,使唐无力打败西域强国,这就使丝路继续处于中断状态。由于唐朝与西方之间缺乏便利的交通,因此双方便无法进行艺术交流。

第二,这一时期唐朝的综合国力较为弱小。武德年间,虽然政府颁布了均田令,并实施了租庸调制等赋税政策,但当时的经济发展还是比较落后,综合国力也较为弱小,这是因为经济的恢复和发展是一个长期的过程。但国力的衰弱使唐朝的国际影响力较小,在国际上也树不起声威。因此,当时主动来华进行艺术交流的国家较少。

第三,唐初的艺术发展水平较低。一个国家的艺术发展如同经济发展,往往会历经一个从萧条到繁荣的过程,唐代的艺术也是如此。唐初,经济残破,政局动荡,这极大地影响了艺术的发展。再加上对传统艺术的精华还没有进行充分的吸收,对外艺术交流也极为稀少,因此,唐初艺术的发展水平是比较低的。这就使唐代艺术在世界上默默无闻,因此,当时慕名前来交流的国家很少,这也是这一时期中外艺术交流处于低谷的一个重要原因。

虽然这一时期尚处于对外艺术交流的低谷,但随着国内割据势力的平定,经济的恢复和发展,唐朝的国力日益强大,国际影响力也与日俱增,这为唐代艺术交流高峰的到来奠定了基础。

二、高峰期

高峰期是从太宗统治时期(627—649)至玄宗开元年间(713—742)。这一时期,唐代中外艺术交流非常频繁,不管是艺术的输入,还是艺术的输出都很多。和唐朝进行艺术交流的国家也空前增多,如日本、朝鲜半岛三国、大食、波斯、印度、希腊、罗马等。这一时期来华进行艺术交流的,不仅有留学生、使节,还有僧侣、商人、教徒等。日本、新罗等国所派的遣唐使大多就于此时期来华,孜孜不倦地学习包括艺术在内的唐代文化。这一时期在乐舞、书法、绘画、雕塑、百戏等领域的交流都出现了空前的盛况。

中外艺术交流高峰期的出现,是交通发达、经济发展、政局稳定、统治者重视等诸多因素综合作用的结果。

在交通方面。这一时期,唐朝致力于发展对外交通,先后开辟了陇右河西路、吐谷浑道、回纥路,使丝绸之路空前畅通。贞观年间,随着国力的增强,太宗遂开始经营西域。贞观八年(634)征服吐谷浑;贞观十四年(640)击败高昌麴氏王朝,并于该地置西州;同年在高昌设安西都护府。至此,唐已控制了西域东部地区。高宗继位后,经过七年的战争(651—658),最终平定了西突厥,唐朝才完全统一了西域。之后,唐朝又在西域设置了诸多都护府和羁縻府、州,进一步加强了对西域的统治。

与此同时,唐与西域间的丝绸之路也日益畅通。当时主要的通道有三条,即陇右河西路、吐谷浑道和回鹘路。陇右河西路从唐都长安出发,经陇右郡河西走廊地区而通往西域,可分为南、北两路。陇右南道自唐长安城出开远门,经咸阳县(今咸阳市)、始平县(今陕西兴平)、武功县、扶风县、岐山县、好畤县(今陕西乾县)、麟游县、雍县(今陕西凤翔)、汧源县(今陕西陇县)、清水县、上邽县(今甘肃天水)、伏羌县(今甘肃甘谷)、狄道县(今甘肃临洮)、昌松县(今甘肃古浪西),到达凉州治所姑臧县(今甘肃武威)。陇右北道从长安出开远门,经咸阳县、醴泉县(今陕西礼泉)、奉天县(今陕西乾县)、永寿县(今陕西永寿)、新平县(今陕西彬县)、宜禄县(今甘肃省泾川县)、安定县、潘原县(今甘肃省平凉市东)、平凉县(今平凉市)、会宁县、乌兰县,最后到达凉州治所姑臧。南、北二道在凉州姑臧城会合后,沿河西走廊西行,经甘、肃、瓜、沙等地区通往西域。

吐谷浑道是一条经今青海省而通往西域的道路,因此地为原吐谷浑王国所在地域,故称吐谷浑道。

回鹘路即为"参天至尊道",位于"回纥以南,突厥以北",道中"置六十八驿,各有马及酒肉以供过使……"。[①]

可见此一时期的对外交通非常发达,从而为中外艺术交流提供了良好的外部条件。

这一时期的经济,由于统治者励精图治等原因,而呈现出欣欣向荣的发展态势。唐太宗、武则天统治时期和玄宗统治的前期,经济高度发展,国库充足,人民生活富裕,这为唐代的中外艺术交流提供了坚实的物质基础。

在政治方面,总的来说,这一时期政局稳定,社会安宁。高宗、武则天时期,大部分时间都由武则天执掌政权,在她的治理下,社会井然有序,人民安居乐业。期间虽有徐敬业起兵,李冲、李贞叛乱,但武则天果断地予以镇压,使社会局势又归于安定。著名文人陈子昂说:"百姓思安久矣,故扬州构逆,殆有五旬,而海内晏然,纤尘不动。"[②]在对外关系方面,她大败吐蕃,收复了安西四镇,相继设立了安西都护府和北庭都护府,加强了唐朝对西北边疆的统治,维护了政局的稳定。在玄宗统治前期,社会秩序依然安好。他一方面采取果断的措施,及时平息了各

---

① 《资治通鉴》卷一九八,"太宗贞观二十一年"条,中华书局 1956 年版,第 6245 页。
② 《资治通鉴》卷二○三,中华书局 1956 年版,第 6440 页。

种内讧,另一方面又想方设法安定皇储,以免祸起萧墙。在他的治理下,当时政局安定,社会秩序井然。正如杜甫在《忆昔》中所云:"九州道路无豺虎,远行不劳吉日出。齐纨鲁缟车班班,男耕女桑不相失。"①政局的稳定为中外艺术的交流提供了良好的外部环境。

此外,统治者也非常重视中外艺术交流,武则天和唐玄宗都采取了一系列促进中外艺术交流的措施。如则天女皇明文规定:"蕃国使入朝,其粮料各分等第给,南天竺、北天竺、波斯、大食等国使,宜给六个月粮;尸利佛誓、真腊、诃陵等国使,给五个月粮;林邑国使,给三个月粮。"②可见,她对外国使节的物质待遇是相当优厚的。唐玄宗主张对周边邻国,"润之以时雨,焰之以春阳,淳德以柔之,中孚以信之"③,真诚、友善地对待各国使者。可见,这一时期,统治者制定了开明的对外政策,采取了具体而积极的措施。这是中外艺术交流得以顺利开展的有力保障。

最后,此一时期的艺术最为繁荣。从太宗至玄宗统治前期,由于政局稳定,经济发达,对传统艺术进行了充分吸收等原因,这一时期的艺术水平达到了唐代艺术发展的最高峰,歌舞、百戏、书法、绘画、雕塑等艺术之花竞相怒放,艺术领域一派蓬勃生机,艺术精品层出不穷。繁荣、发达的艺术对异域自然会产生巨大的吸引力,使它们纷纷前来进行艺术交流。

综上所述,众多因素促成了唐代中外艺术交流高峰的到来。但高峰期是短暂的,之后,唐代的中外艺术交流便陡然走向低谷,进入了衰落期。

三、衰落期

衰落期是指从唐玄宗统治后期(742—755)至唐朝灭亡的历史时期。此一时期,唐代中外艺术交流呈现萧条的局面。这主要表现在:第一,与唐朝进行对外艺术交流的国家减少。此一时期,与唐交往的国家,最多时才二三十个,与前一时期的"七十余国"相比,减少了将近2/3④,因此,与唐进行艺术交流的国家就更少了。第二,唐代中外艺术交流的规模也较小。这一时期,外国遣唐使的派遣明

---

① 彭定求:《全唐诗》卷二二〇《忆昔》,中华书局1960年版,第2325页。
② 王溥:《唐会要》卷一〇〇《杂录》,中华书局1955年版,第1798页。
③ 董诰等编:《全唐文》卷二六玄宗皇帝《放还诸蕃宿卫子弟诏》,中华书局1983年版,第299页。
④ 方亚光:《论"安史之乱"对唐代中外交往的影响》,《江海学刊》1995年第5期,第128页。

显减少，很少出现前一时期外国使节成群结队来华的场面。第三，留居唐朝的外国人员也有所减少。从留居唐朝的外国人员看，人数没有前期多，地区没有前期广，时间没有前期长。

总之，此一时期的唐代中外艺术交流，已从前一时期的巅峰跌落下来，并一直在低谷中徘徊。虽然这一时期的海上丝绸之路更加繁忙，南方的对外交流日益繁荣，但也难以挽回唐代中外艺术交流的颓势。而使唐代中外艺术交流由高峰走向低谷的事件就是"安史之乱"。虽然它只是一次政治事件，但影响却远远超出了政治领域。这一事件使唐代的对外交通、综合国力、政治局面等都发生了根本性的变化，也使唐代的中外艺术交流从繁荣走向衰落。

第一，"安史之乱"对唐朝的对外交通造成了极大的破坏。首先，"安史之乱"阻断了唐代的陆上丝绸之路。"安史之乱"后，由于两京陷落，唐调河西、陇右、安西、北庭等地驻军平叛，从而导致河陇地区军备空虚，吐蕃乘机攻陷河陇大部分地区，控制了东西方之间传统的陆上丝绸之路，切断了中原与西域间的联系。据《旧唐书》卷一九六《吐蕃传》记载："乾元之后，吐蕃乘我间隙，日蹙边城，或为虏掠伤杀，或转死沟壑。数年之后，凤翔之西，邠州之北，尽蕃戎之境，埋没者数十州。"[1]其次，"安史之乱"使全国出现"藩镇割据"的局面，各个割据政权在统治境内私立关卡，这使外国使节等入唐时必须突破重重障碍，从而阻碍了中外艺术交流的顺利进行。

第二，"安史之乱"使唐朝的经济遭到极大的破坏，国力急剧衰落，战乱所及之地，被叛军肆意践踏，满目疮痍。人民流离失所，社会生产停滞。北方经济一片凄凉，"东周之地，久陷贼中，宫室焚烧，十不存一，百曹荒废，曾无尺椽，中间畿内，不满千户，井邑榛棘，豺狼所嗥，既乏军储，又鲜人力。东至郑、汴，达于徐方，北自覃怀，经于相土，人烟断绝，千里萧条"[2]。当时，国家也"府库耗竭"[3]，京城长安"太仓空虚，鼠雀犹饿"，百姓更是"朝暮不足"。[4] 综合国力的衰落，一方面使唐朝失去了对外艺术交流的物质基础；另一方面，也使唐朝失去了对外交流的信心。此外，唐朝的国际地位和在域外的声望也急剧下降，它对异域的吸引力也

---

① 《旧唐书》卷一九六《吐蕃传》，中华书局1975年版，第5236页。
② 《旧唐书》卷一二〇《郭子仪传》，中华书局1975年版，第3457页。
③ 《资治通鉴》卷二二六，"德宗建中元年"条，中华书局1956年版，第7284页。
④ 《全唐文》卷三八〇元结《问进士·第三》，中华书局1983年版，第3860页。

大大减小。这使唐代的中外艺术交流由繁荣走向衰落。

第三,"安史之乱"使唐朝的政局由安定走向动荡。"安史之乱"导致的恶果之一就是"藩镇割据"。这是因为,首先,在平叛"安史之乱"中,一些大将拥兵自重,平叛之后他们便凭借强大的兵力和中央分庭抗礼,朝廷只得给他们封官加以安抚;其次,中央无力彻底消除安史残余势力,叛乱结束后,安史余部便在各地称霸一方,朝廷只好加封他们为节度使,从而加剧了藩镇割据的局面。之后,各地节度使纷纷仿效,遂使全国范围内都出现了"藩镇割据"的局面。在唐后期比较活跃的近50个藩镇中,有割据、防遏、御边、财源四种类型。各藩镇之间为了争夺地盘而互相争战。他们"完城缮甲,略无宁日"①。据《资治通鉴》的记载统计,广德元年(763)到乾符元年(784)间爆发的动乱就有171起,其中割据型的藩镇有65起,占38%;防遏型有52起,占30.4%;御边型有48起,财源型有12起,分别占28%、7%。② 这些战乱使唐朝的政局动荡不安,唐代的中外艺术交流因而缺乏良好的社会环境,这直接影响了外国使节和艺术家的到来。

在艺术发展方面。经过"安史之乱"的沉重打击,这一时期的艺术发展也由繁荣走向衰落。这是因为:

第一,"安史之乱"中不少艺术家的生活动荡不安,这直接影响了他们的艺术创作,遂使唐代艺术走向衰落。如著名山水画家王维于"安史之乱"中就身陷叛贼中。《旧唐书·王维传》云:"禄山陷两都,玄宗出幸,维扈从不及,为贼所得。维服药取痢,伪称瘖病。禄山素怜之,遣人迎置洛阳,拘于普施寺,迫以伪署。"③ 王维在贼中心情郁闷、悲戚,曾为诗一首:"万户伤心生野烟,百官何日再朝天。秋槐叶落空宫里,凝碧池头奏管弦。"④ 王维的遭遇,使他无法潜心于艺术创作,这就导致他这一时期的艺术成果大大减少。又如"安史之乱"中,由于两京陷落,不少宫廷艺人流散各地,就连梨园弟子也"散如烟"⑤。此外,杜甫在《江南逢李龟年》中也描写了因"安史之乱"而流落江南的宫廷音乐家李龟年的凄惨境遇。因战乱他们身处乱世,生活颠沛流离,因而缺乏进行艺术创作的良好环境,这就使

---

① 《旧唐书》卷一二《德宗纪上》,中华书局1975年版,第328页。
② 张国刚:《唐代藩镇研究》,湖南教育出版社1987年版,第23～25页。
③ 《旧唐书》卷一九〇下《王维传》,中华书局1975年版,第5052页。
④ 《旧唐书》卷一九〇下《王维传》,中华书局1975年版,第5052页。
⑤ 《全唐诗》卷二二二《观公孙大娘弟子舞剑器行》,中华书局1960年版,第2357页。

唐代的宫廷艺术迅速衰落。

第二,"安史之乱"后,唐朝由强盛走向衰落,不但经济日益凋敝,政局也动荡不安,这直接影响了艺术的发展。在乐舞方面,就连著名的《破阵乐》也失去了往日的气势和魅力。《新唐书》卷二二记载:"(懿宗)咸通间,诸王多习音声、倡优杂戏,天子幸其院,则迎驾奏乐。是时,藩镇稍复舞《破阵乐》,然舞者衣画甲,执旗旆,才十人已。盖唐之盛时,乐曲所传,至其末年,往往亡缺。"①此时的《破阵乐》,不管是舞服、气势,还是艺术水平,都不可与前期相提并论。再如,昔日豪华壮观的《立部伎》,此时已难以上演,只能用杂技来代替。白居易的《立部伎》诗云:"立部伎,鼓笛喧,舞双剑,跳七丸,袅巨索,掉长竿。"②

唐代的艺术由繁荣走向衰落,这就使它对异域的吸引力大大减弱,因此,此一时期慕名前来交流的国家较少。

通过对唐代中外艺术交流阶段性的分析,我们认识到,要想有效地对外进行艺术交流,就必须大力发展本国经济,稳定社会秩序,拓展对外交通,重视艺术发展。只有这样,才能使中外艺术交流蓬勃发展并取得丰硕的成果。

第五节　中外艺术交流的地域性分析

唐代的中外艺术交流除了具有鲜明的阶段性外,还呈现出明显的地域性,主要表现在异域艺术输入中国和中国艺术输出异域两个方面。

一、异域艺术输入中国的地域性

异域艺术输入中国的地域性主要表现在:第一,都城长安是唐代对外艺术交流的中心;第二,丝路沿线地区是外来艺术传播的重点区域。

(一)都城长安是唐代中外艺术交流的中心

唐都长安不但是唐朝的经济、政治、文化中心,也是丝绸之路的起点和对外艺术交流的中心。众多来自异域的使节、留学生、艺术家、僧侣、商人等云集长安,他们不但把异域的艺术带到了长安,而且也把长安的艺术带回了国。

---

① 《新唐书》卷二二《礼乐十二》,中华书局 1975 年版,第 479 页。
② 《全唐诗》卷四二六《立部伎》,中华书局 1960 年版,第 4691 页。

唐都长安之所以能成为中外艺术交流的中心,其原因主要有:

第一,长安的对外交通非常发达。首先,陆上丝绸之路方面。唐都长安作为陆上丝绸之路的起点,对外交通非常发达。以长安为起点,有两条陆上丝路通往西方。第一条即是始于西汉的传统丝绸之路,唐时又继续向西拓展,一直通向唐王朝所辖最西端的碎叶城(中亚之托克马克城),自庭州西行,沿途经过轮台(米泉县)、张堡守捉(昌吉县)、叶河守捉(乌苏县)、弓月城(霍城县东)等20多个城镇;第二条为唐时新开辟的吐蕃道,此道由长安出发,向西南行转而通往西方各地。其次,海上丝绸之路方面。唐代的海上丝路也非常发达,既可以通往西方诸国,又可以通往东方的日本和朝鲜半岛。海上丝路的起点,在唐代前期为广州,而后期则辗转延伸至偏北的扬州。原因之一便是由扬州经运河来长安更为方便。可见,长安虽然不是海上丝路的起点,但从长安出发到西方国家,走海上丝路也是很方便的。发达的对外交通,为长安与异域间的艺术交流提供了便利的条件。

第二,长安对异域有较大的吸引力。长安作为唐朝的都城,经济繁荣,文化昌盛,社会安定,交通发达,民众素质高,因此在外国人的眼里也是独具魅力的。据《中国印度见闻录》卷二记载:长安"这座城市很大,人口众多,一条宽阔的长街把全城分成了两半。皇帝、宰相、禁军、最高判官、宫廷宦官以及皇家总管、奴婢,都住在这条大街右边的东区。……在这个区域,沿街开凿了小河,淌着潺潺流水;路旁,葱茏的树木整然有序,一幢幢邸宅鳞次栉比。在大街左边的西区,住着庶民和商人;这里有货栈和商店。每当清晨,人们可以看见,皇室的总管、奴婢、宫廷的仆役、将军的仆役以及其他当差的人,或骑马,或步行,鱼贯似的来到这个既有市场又有商店的街区,采购主人需要的东西"①。可见,在阿拉伯人看来,长安规模宏大、人口众多、环境优美、秩序井然、商业繁荣,是理想中的大都市。圆仁的《入唐求法巡礼行记》中也有不少关于长安的记载,如寒食节"三日天下不出烟,物吃寒食"②,长安放三日假,"家家拜墓"③。此外,唐都长安城立春节、中秋节的欢乐气氛,在《入唐求法巡礼行记》中也都有记载。可见,唐都长安是文明、

① [阿拉伯]阿布·赛义德等:《中国印度见闻录》卷二,中华书局2007年版,第107页。
② [日]圆仁:《入唐求法巡礼行记》卷一,上海古籍出版社1986年版,第31页。
③ [日]圆仁:《入唐求法巡礼行记》卷三,上海古籍出版社1986年版,第153页。

富庶而令人神往的。当时不少外国人纷纷前来长安,英国著名学者李约瑟说:"长安和巴格达一样,成为国际间著名人物荟萃之地。阿拉伯人、叙利亚人和波斯人从西方来到长安同朝鲜人、日本人、西藏人和印度支那的东京人相会,并且同中国学者在渭河之滨那座古城的壮丽亭台中一起讨论宗教和文学。"①可见,唐都长安汇聚了来自各国的优秀人物,其中自然也不乏杰出的艺术人才,他们在中外艺术交流中都发挥了重要作用。

(二)丝路沿线地区是外来艺术传播的重点区域

异域艺术输入中国主要通过陆上和海上丝绸之路,因而丝路沿线就成了外来艺术传播的重点区域。

1.陆上丝绸之路

异域艺术通过陆上丝绸之路传入中国,它一路行进,一路传播,在沿途不少据点,如西州、敦煌、凉州等地,都播下了艺术的种子。

唐代西州设于侯君集平高昌后。《旧唐书》卷三记载:"(贞观十四年八月)癸巳,交河道行军大总管侯君集平高昌,以其地置西州。"②西州地处天山东部南麓,辖高昌、天山、蒲昌、柳中、交河五县,其所在地大体与今吐鲁番地区相当。东邻哈密盆地,东南接敦煌地区,西通伊犁河流域,西南连焉耆盆地,北隔天山与准噶尔盆地为邻。因而,吐鲁番地区就成为古代西域东西、南北交通的要道和十字路口,具有十分重要的地位。当然,它也是唐代陆上丝路的一个重要据点和中西艺术交流的主要通道。在西州地区发现了不少关于中西艺术交流的考古资料。如,在唐代的墓葬中出土了一件狮子舞泥俑,该俑通高 12 厘米、长 10 厘米,狮身下方露出舞狮者人足,狮子头与躯体中空,躯体表面刻画弯曲条纹,狮子中脊及两侧均有彩条装饰。③ 此狮子舞泥俑说明狮子舞在传入中国的过程中,必经由了此地。又如,在这里还发现了不少绘画作品。其中最为著名的是《说法女神图》,图中绘了一位摩尼教女神,她头戴精致的白色摩尼教扇形帽,头后有日光光轮,细眉柳目,腴面小口,佩有耳环,表现出女性之美。她举起纤纤左手,做施无畏说法状。④ 我们仅从其帽子就可以分辨出她是摩尼教女神。此外,在这里还发现了

---

① [英]李约瑟:《中国科学技术史》第1卷,上海古籍出版社1990年版,第127页。
② 《旧唐书》卷三《太宗本纪下》,中华书局1975年版,第51页。
③ 赵丰:《丝绸之路美术考古概论》,文物出版社2007年版,第282页。
④ 任道斌:《关于高昌回鹘的绘画及其特点》,《新美术》1991年第3期,第32页。

景教绘画和佛教绘画。这些绘画作品充分说明,这里是西方宗教绘画艺术输入中国的中转站。

敦煌也是陆上丝绸之路的咽喉之地,同样,它也是西方艺术输入中国的一个重要通道。这里的艺术也深受西方艺术的影响,乐舞、绘画等艺术都大有胡风。

源于中亚诸国的胡旋舞、胡腾舞、柘枝舞在这里也很盛行,敦煌壁画中就有很多这方面的作品。如,敦煌莫高窟 220 窟(初唐),有学者认为其北壁中央四个舞伎以及南壁的两个舞伎均为跳胡旋舞的舞姿。[①] 此外,第 334 窟(初唐)、332 窟(初唐)、335 窟(初唐)、341 窟(初唐)、129 窟(盛唐)、180 窟(盛唐)、215 窟(盛唐)、194 窟(盛唐)、197 窟(盛唐)等,都表现了表演胡旋舞的情景;莫高窟 98 窟(五代)、112 窟(中唐)、144 窟(晚唐)、445 窟(盛唐)、156 窟(晚唐)、329 窟(初唐)表现了胡腾舞的表演情景;莫高窟第 217 窟(盛唐)、320 窟(盛唐)、196 窟(晚唐)、173 窟(晚唐)则表现了柘枝舞的表演情景。[②] 这说明源于中亚诸国的乐舞艺术在传入中国的过程中,经由此地并播下了种子。

此外,源于西方的乐器在敦煌壁画中也有反映。如,敦煌莫高窟第 4、9、85、107、161 和 138 窟壁画中都有凤首箜篌的形象[③];第 220、321、148、112 窟中均有羯鼓的形象;第 220、124、148、172、188、217、231 窟中都有都昙鼓的图像,并多有彩绘装饰。最后,敦煌莫高窟壁画中还有不少答腊鼓的图像,如前所述,敦煌莫高窟第 220、126、180、112 窟的乐队中均有此种鼓,而凤首箜篌、答腊鼓、都昙鼓都源于印度,羯鼓源于西域,敦煌壁画中又有它们的图像,这充分说明这些源于西方的乐器在传入中国的过程中,必然经过了敦煌并留下了痕迹。

来自波斯的联珠纹多次出现在敦煌莫高窟壁画的装饰图案中,如前所述,莫高窟第 397 窟、283 窟、373 窟、381 窟、97 窟、91 窟、15 窟都使用了联珠纹作为装饰。这说明波斯的绘画艺术在东传的过程中,也对敦煌的绘画艺术产生了广泛的影响。

凉州,即今甘肃省武威市,位于河西走廊东端,自古就是封建王朝重点经营的战略要地。唐代统治者于此置凉州以领河西五郡(甘州、肃州、敦煌、雍州、凉

---

① 郑学檬、冷敏达主编:《唐文化研究论文集》,上海人民出版社 1994 年版,第 347 页。
② 解梅:《唐五代敦煌胡文化研究》,西北师范大学 2004 年版,第24~25页。
③ 姜伯勤:《敦煌壁画与粟特壁画的比较研究》,《敦煌研究》1988 年第 2 期,第 83 页。

州)。这里也是中外交往的重要通道,胡商蕃客络绎不绝,中外文化交相辉映,呈现出一派繁荣景象。《大慈恩寺三藏法师传》卷一记载:"凉州为河西都会,襟带西蕃、葱右诸国,商侣往来,无有停绝。"①西方的乐舞、壁画等艺术在东传的过程中也经由了此地,并深深地影响了这里的艺术。

在乐舞方面,西方的歌舞,如龟兹乐、天竺乐等经丝绸之路到达凉州,并与这里的乐舞融合,从而创造出新的艺术成果,之后又继续东传至中原。西凉乐就是龟兹乐与凉州乐舞相融合的产物。关于西凉乐的衍变过程,《晋书·吕光载记》有详细记载:公元384年,吕光在龟兹城击败西域联军70多万,西域30余国纷纷归附。吕光还掳掠了龟兹的音乐家并把他们带回。② 这样,在凉州之地就出现了胡、汉歌乐相融合的情况。之后,这些汉化了的龟兹乐辗转传入中原,并对中国音乐产生了深远的影响。《隋书》卷一五对此亦有记载:"西凉乐,盖苻坚之末,吕光出乎西域,得胡戎之乐,因又改变,杂以秦声,所谓秦汉乐也。魏太武既平河西,得之,谓之西凉乐;至魏周之际,遂谓之国伎。……"③演奏西凉乐所用乐器,既有"钟、磬"等汉族传统乐器,也有"曲项琵琶、五弦琵琶、羯鼓"④等龟兹常用乐器,这充分说明西凉乐是中原乐舞与龟兹乐舞相融合的产物。

《天竺》乐起源于印度,它在东传的过程中也经过了凉州之地,并逐渐汉化。《隋书》卷一五记载:"《天竺》者,起自张重华据有凉州,重四译来贡男伎,《天竺》即其乐焉。"⑤说明源于印度的乐曲、舞曲在凉州张重华执政时已大量汉化。其后,此乐传入中国,成为宫廷乐部之一。

西方的百戏也伴随着宗教传播,经由丝绸之路到达了凉州。如前文所述,《朝野佥载》就记载了凉州赛袄时幻术表演的情景,"袄主以铁钉从额上钉之,直洞腋下"⑥,后拔其身上钉,又休息十余日,竟然恢复如故。

考古工作者在凉州石窟剥离了不少唐代壁画,比较完整的有伎乐天人、菩萨、供养人等,其中以第1窟的伎乐天人、第2窟的30多男女供养人和第3窟的

---

① 慧立、彦悰著,孙毓棠、谢方点校:《大慈恩寺三藏法师传》卷一,中华书局2000年版,第11页。
② 房玄龄:《晋书》卷一二二《吕光载记》,中华书局1974年版,第3055页。
③ 魏徵:《隋书》卷一五《音乐志下》,中华书局1973年版,第378页。
④ 魏徵:《隋书》卷一五《音乐志下》,中华书局1973年版,第378页。
⑤ 魏徵:《隋书》卷一五《音乐志下》,中华书局1973年版,第378页。
⑥ 张䶮:《朝野佥载》卷三,中华书局1979年版,第65页。

菩萨尤为优美。① 这说明佛教绘画艺术在东渐的过程中,也影响了凉州绘画艺术的发展。

综上所述,西方艺术在东渐的过程中,对陆上丝路重要据点的艺术都产生了广泛而深远的影响,这也充分说明陆上丝路重要据点是西方艺术传入中国的重点区域。

2.海上丝绸之路

唐代中外艺术交流的重点区域,不仅有陆上丝路沿线重要据点,还有海上丝路的重要港口,如广州和扬州。

在唐代,广州是我国与南海交通最重要的港口。当时中国与南海、波斯湾地区有六条定期的航线。它们都集中于广州,其中有的从广州出发,有的则以广州为终点。不仅世界各地的商人来往于广州,唐朝的使者和商人到南洋各国也多是从广州出发。东南亚地区和阿拉伯国家的使者和商人要到长安和洛阳,一般也是从广州入境。因此,伊卜拉希姆·本·瓦西夫说:"对于商人们来说,前往中国最好而且最近的航道乃连接广府之通道,通过其他道路则要远得多。"②广州对外交通的发达,使南海、印度、波斯和阿拉伯等地的商人大批到此进行贸易,有的甚至定居下来,久而久之,在他们居住之地就形成了外侨聚居的区域——"蕃坊"。唐代广州有多少外侨,没有确切的统计数字,但数量当不少。据说黄巢攻破广州时,"被杀害的胡商就有十二万人之多"③。他们有的相当富裕,"多占田营地舍",有的与"华人错居,相婚嫁"。④ 他们在艺术交流方面也起到了重要作用。

扬州也是唐朝主要的对外贸易港口城市之一。扬州处于长江与大运河的交汇处,地理位置非常优越,这使它成为唐朝水路交通的中枢。由唐朝和外商运来的商品都要在扬州中转,所以扬州成为重要的商品集散地和商人聚集的中心。在这里也出土不少陶瓷器,应是当时商人经销的主要商品。在它们之中,有不少来自异域或深受异域陶瓷工艺的影响。如 1965 年 2 月,扬州博物馆的工作人员

---

① 张学荣:《凉州石窟及有关问题》,《敦煌研究》1993 年第 4 期,第 58 页。
② [法]费琅编,耿升、穆根来译:《阿拉伯波斯突厥人东方文献辑注》,中华书局 1989 年版,第 174 页。
③ [阿拉伯]阿布·赛义德等:《中国印度见闻录》卷二,中华书局 1983 年版,第 96 页。
④ 《新唐书》卷一八二《卢钧传》,中华书局 1975 年版,第 5367 页。

在扬州汽车修配厂(今扬州客车制造厂)附近征集到一件出土的双耳绿釉大陶壶,此壶造型饱满,胎骨厚重,釉色匀润,长颈平肩,鼓腹小底,被认为是典型的波斯安福拉式陶器。之后,人们又在扬州三元路北侧的人民银行、纺织品公司、邮电局、市直机关文昌幼儿园、扬州城北的教育学院宿舍楼,以及扬州南通西路唐城遗址考古发掘现场,发现和采集到一批相同的标本。前后累计,总数达二三百片之多。[1] 毫无疑问,这些陶瓷器都是波斯输入中国的商品。

随着异域陶瓷器的输入,其中所含的雕塑、绘画等艺术也传入了扬州,并对当地的雕塑艺术产生了一定的影响。如1975年,在扬州唐城遗址的考古发掘工作中,考古工作者意外地发掘出一片长8.5厘米、宽7.6厘米、厚0.6厘米,釉层为0.01厘米的青花瓷枕碎片。此青花瓷片胎色灰白,正面釉色灰白,并有细冰裂纹,青花呈蓝色,有小黑点散在青花图案上。据考古和古瓷专家的意见,此瓷片的青花图案作零散的碎片夹菱形纹,与同时期伊斯兰地区很盛行植物图案为主要装饰内容的纹样很相似。[2] 这说明,扬州青花瓷的制作工艺也受到了西亚绘画艺术的影响。

二、中国艺术输出异域的地域性

不但异域艺术输入唐朝呈现出明显的地域性,而且中国艺术输出异域也具有一定的地域性。这种地域性主要表现在:

(一)受唐代艺术影响的主要国家都在亚洲

受唐代艺术影响的国家主要有西域诸国、印度、波斯、大食、朝鲜半岛三国和日本。很明显,这些都是亚洲国家。其原因主要有:

第一,亚洲国家距离中国都较近,并且和唐朝之间有便利的交通。上述国家主要分布于西亚、中亚、南亚、东亚,西域则处于唐朝腹地,它们距离中国都比较近。在当时交通不发达、通讯不畅通的条件下,距离近就是对外交流最大的优势。

此外,这些国家和唐朝之间都有较为便利的交通。如西域诸国和唐朝之间

---

① 顾风:《扬州出土波斯陶及其在文化交流史上的地位》,《东南文化》1988年第1期,第34页。
② 张志刚等:《扬州唐城出土青花瓷的测定及其重要意义》,《中国陶瓷》1984年第3期,第56~59页。

有陆上丝路相通,主要道路有新疆三道、回鹘道、吐谷浑道和吐蕃道。

日本、朝鲜半岛与唐朝之间也有便利的交通,即贾耽所述的"营州入安东道"和"登州海行入高丽、渤海道"。

南亚的印度和唐朝间的道路也畅通无阻,主要交通线即是前述贾耽笔下的第六和第七条海路,它们分别从安南和广州出发,下南海至印度洋并通往西方。此外,西汉以来的传统丝路陆上也是双方交流的主要通道。

西亚的大食、波斯和唐朝间的交通也非常发达。二者间海上交通线为:从广州起航,经越南海域、马六甲海峡、孟加拉湾、印度洋、波斯湾至巴士拉[①];陆上交通线即是"安西入西域道",此道从长安出发,到达西域,再向外通至西亚的大食、波斯等国。发达的交通,为唐代与亚洲间的艺术交流提供了便利的条件。

第二,唐朝在亚洲享有较高的地位。由于经济发展、文化繁荣、社会秩序稳定等原因,唐朝在当时的亚洲乃至世界上都享有较高的地位和良好的声誉,日本、朝鲜半岛、西域诸国、大食、印度等国对中国都满怀向往和崇敬之情。唐朝的先进和发达,对亚洲国家自然产生了一股强烈的吸引力,使他们如潮水般涌入中国。他们的到来,不但把中国先进的艺术带回国,而且也把本国的艺术带入了唐朝。

(二)朝鲜半岛和日本受唐代艺术的影响最深

通过第三章的论述,我们还可以看出,朝鲜半岛三国和日本受唐代艺术的影响最深。除了上述两个原因外,还有三个重要原因:

第一,唐代艺术要远远比朝鲜半岛和日本的艺术发达。唐代艺术,不论乐舞、书法,还是绘画、雕塑、百戏,都要比同时期的朝鲜半岛和日本的艺术发达。而根据艺术交流的规律,艺术总是由高势能的一方流向低势能的一方。因此,唐朝艺术自然如江河之水,势不可挡地奔流到朝鲜半岛和日本,并对它们的艺术产生了广泛而深远的影响。

第二,日本和朝鲜半岛对唐朝艺术的渴求。面对发达的唐朝艺术,日本和朝鲜半岛不但没有产生自卑心理,而且还虚心向唐朝学习。

首先,我们来看日本。如前所述,日本曾19次派遣唐使,这需要耗费大量的

---

① 郭应德:《古代中阿交往路线》,《阿拉伯世界》1994年第1期,第48页。

人力和物力。对此,日本学者竹内宏做过估算:"派遣使节所需的费用,在派遣使节那个年份的国民生产总值中所占的比例,也许超过了百分之几。在八世纪时,一次派出的遣唐使,人数达四百人到六百人左右。当时的日本人口,据说不到三百万人,所以按现在一亿多人口计算,等于派遣了近两万人。"①日本不惜代价向唐朝学习,足见它对唐朝文化和艺术是极其渴求的。此外,日本还采取了诸多措施以鼓励使节和留学生入唐。首先,给遣唐使等以丰厚的物质待遇。如,桓武天皇赐给遣唐大使藤原葛野麻吕"御被三领,御衣一袭,黄金三百两";赐给副使石川道益"御衣一袭,黄金一百五十两"。② 又如,仁明朝时,天皇也曾赐给遣唐大使藤原常嗣"御衣一袭,白绢御被二条,砂金二百两";赐给副使小野篁"御衣一袭,赤绢御被二条,砂金一百两"。③ 并且,日本遣唐使团出发时,朝廷一般还赠给大使、副使、判官、录事、请益生、留学生等人员以数量不等的纺织品。如,赐给大使"絁六十匹、绵一百五十屯、布一百五十端",副使"絁四十匹、绵一百屯、布一百端",判官"絁十匹、绵六十屯、布四十端",录事"絁六匹、帛四十屯、布二十端",留学生、学问僧"絁四十匹、绵一百屯、布八十端"。④ 此外,政府有时也赐给遣唐使监国、事力、度者等。⑤ "监国"即让他们兼任国司(地方长官),他们可以不到任,但可以享受同等的物质待遇;"事力"是侍候国司或为国司耕作职田的人,由国家派给;"度者"是得度者的简称,是指得到国家发给的度牒、度缘等证书而出家的僧人⑥,他们可以不负担徭役等义务。这些虽然不是高位重权,却可以给他们带来实实在在的经济利益。其次,授予他们官职。如遣唐大使藤原清河和副使大伴古麻吕原来的位阶分别为从四位下和从五位下,但在出发前被提升为正四位下和从四位上。⑦ 又如,遣唐大使吉士长丹出使前的冠位为"小山上",顺利回国后被提了两级,升为"小花下";副使吉士驹原来冠位为"小乙上",后来被提

　　① 〔日〕竹内宏:《日本人和技术——现在和过去》,《经济学人》,1981 年临时增刊,转引自武安隆《遣唐使》,黑龙江人民出版社 1985 年版,第 84 页。
　　② 〔日〕佚名:《日本纪略》前篇十三,桓武天皇延历二十二年三月庚辰条,收入黑板胜美主编《国史大系》第 5 卷,吉川弘文馆 1929 年版,第 389 页。
　　③ 〔日〕藤原良房、藤原良相、伴善男编:《续日本后纪》卷五"承和三年(836)四月庚辰条",吉川弘文馆 1953 年版,第 217 页。
　　④ 〔日〕藤原时平、藤原忠平:《延喜式》卷三〇《大藏省》,吉川弘文馆 1981 年版,第 205 页。
　　⑤ 〔日〕木宫泰彦:《日中文化交流史》,商务印书馆 1980 年版,第 97 页。
　　⑥ 〔日〕木宫泰彦:《日中文化交流史》,商务印书馆 1980 年版,第 97 页。
　　⑦ 〔日〕菅野真道等:《续日本纪》卷一八,天平胜宝四年闰三月丙辰,吉川弘文馆 1981 年版,第 299页。

升为"小山上",升了三级。① 日本政府之所以如此优待遣唐使,武安隆认为主要是因为"遣唐使入唐要冒极大的危险",很多遣唐使便以种种借口以逃避入唐,因此日本政府才采取了诸种鼓励措施。② 他的说法固然不错,但却只是浅层次的分析。更深层的原因是日本政府出于对唐代文化和艺术的倾慕,因此才会付出巨大代价来学习唐朝的文化艺术。

我们再来看朝鲜半岛三国。新罗、高句丽和百济也多次派遣唐使和留学生入唐,三国在物质、政治等方面也都给遣唐使和留学生以种种优待。在物质方面,如前所述,新罗留学生可获得大量买书银的赏赐;在政治方面,新罗、高句丽政府都任用不少归国留学生为官。如,新罗留学生崔致远曾任侍读兼翰林学士守兵部侍郎知瑞书监③,高丽留学生崔彦撝也官拜执事侍郎、瑞书院学士④,金允中庶孙金岩入唐宿卫兼学历法,回国后为司天大博士。⑤ 当时,朝鲜半岛确实把入唐留学作为任用官吏的一个标准。《三国史记》卷一〇记载:元圣王时,授子玉为杨根县小守,有人以子玉不以文籍出身提出反对,侍中议云:"虽不以文籍出身,曾入大唐为学生,不亦可用也?"⑥在国家政策的引导下,朝鲜半岛士子也踊跃入唐学习。可见,朝鲜半岛对先进的唐代文化艺术也是极其渴求的。

正是朝鲜半岛和日本对唐代艺术的这种积极追求的精神,才使它们最大限度地汲取了唐代艺术的精华,从而极大地促进了本民族艺术的发展。

第三,艺术的相似性。李喜所先生在《五千年中外文化交流史》中说:"艺术交流是一种自由的选择,能够交流的东西,自然可以融合在一起,还不能融合在一起的艺术,即使人为地去促进,也见不了多少成效。"⑦这句话同样适用于唐代与朝鲜半岛和日本的艺术交流,唐代艺术之所以能对日本和朝鲜半岛的艺术产生如此广泛而深远的影响,就是因为唐代艺术与这些地区的艺术具有相似性,都

---

① 〔日〕王孝廉编译:《日本书纪》卷二五《孝德天皇》,时报文化出版企业公司1988年版,第456页。
② 〔日〕武安隆:《遣唐使》,黑龙江人民出版社1985年版,第78~81页。
③ 〔高丽〕金富轼著,李丙焘译注:《三国史记》卷四六《崔致远传》,韩国乙酉文化社1997年版,第534页。
④ 〔李朝〕郑麟趾:《高丽史》卷九二《崔彦撝传》,朝鲜科学院出版社1957年版,第57页。
⑤ 〔高丽〕金富轼著,李丙焘译注:《三国史记》卷四三《崔致远传》,韩国乙酉文化社1997年版,第355页。
⑥ 〔高丽〕金富轼著,李丙焘译注:《三国史记》卷一〇《新罗本纪第十·元圣王》,韩国乙酉文化社1997年版,第124页。
⑦ 李喜所:《五千年中外文化交流史》,世界知识出版社2002年版,第50页。

属于东亚艺术,具有很多共同特征。首先,东亚艺术追求人与自然的和谐。东亚的核心思想之一就是"天人合一",即崇尚人类与自然的和谐统一,追求人与自然交融的返璞归真和超凡脱俗。东亚的不少传统山水画就表达了"物我一体、浑然天成"的意境。其次,东亚艺术注重表现和意境。东亚艺术重表现而非再现,重写神而非写形,它把"意"和"神"作为艺术的境界和灵魂。因此,东方艺术并不对表现对象做理性的分析和判断,而追求其内在的情态和神韵之美。维尔·杜伦说:"东方绘画表现的不是事物,而是感情。……它所感兴趣的是人或事物的'灵魂'或'精神',而不是其物质的形式。"[①]这里,他仅仅说到了东方绘画的特点,实际上东亚的书法、绘画、雕塑等艺术都具有这一特点。再次,东亚艺术具有浓厚的宗教意味和道德色彩。东亚最盛行的宗教就是中国化了的佛教,它深深地影响了东亚的艺术创作。东亚的乐舞、绘画、雕塑作品,不少都是以佛教为题材的。此外,中国的儒学也盛行于东亚,儒学讲究人际关系和社会等级,遂使东亚艺术蒙上了鲜明的道德色彩。东亚的乐舞、绘画、雕塑等作品,都有不少表现人伦的。

可见,东亚艺术由于相同的文化背景和民族心理等因素而具有一定的相似性。也正是这种相似性,才使东亚艺术可以自然、顺畅地进行交流和融合。

第六节　中外艺术交流的意义

唐代的中外艺术交流具有重要的意义,它不但促进了中国与异域艺术的发展和进步,而且还丰富了人们的艺术生活和精神生活。此外,唐代对外艺术交流的影响还波及政治领域,不仅扩大了唐代在世界上的政治影响,还促进了中国和异域间友好关系的发展。

一、有利于艺术的共同发展

艺术要发展,就必须通过交流,只有通过艺术交流,才能使艺术充满生机、得到发展。著名史学家周谷城说:"中西文化交流只会使双方的文化更为丰富多

---

① 〔美〕维尔·杜伦著,李一平等译:《东方的文明》,青海人民出版社1998年版,第702~703页。

彩、更为进步,不会有消极的结果,不会破坏或有损于各自的固有文化。"①可见,文化交流只会促进文化发展,而不会产生任何消极影响。由于艺术是文化的一个重要组成部分,因此艺术交流也必然会促进艺术的发展。唐代的中外艺术交流就验证了这一理论,它不但推动了唐代艺术的发展,而且也促进了世界艺术的繁荣。

(一)推动了唐朝艺术的发展

唐代艺术的繁荣和发达很大程度上是充分学习异域艺术的结果,它在乐舞、百戏、绘画、雕塑等方面都汲取了异域艺术的精华。正是由于唐朝敞开博大的胸怀,广泛地同异域进行艺术交流,才使唐代艺术得到了高度的发展。

(二)促进了世界艺术的繁荣

由于艺术交流是相互的,因此,它不但推动了唐代艺术的进步,而且也促进了世界艺术的繁荣。唐朝一方面如饥似渴地从异域艺术中汲取营养,另一方面又毫不保留地把本国艺术献给了世界。唐代的乐舞、百戏、书法、绘画、雕塑等艺术传入其他国家,也促进了这些国家艺术的发展。

在乐舞方面,唐代的乐舞艺术就曾输入西域诸国、印度、日本、朝鲜半岛三国等地。如,龟兹乐制中常用的笙、筝、箫等都来自中原,阮咸作为汉族的传统乐器也传入西域之地,唐朝的排箫也流入中亚;唐代大型乐舞《秦王破阵乐》对印度诸邦国也产生了较大的影响;唐代乐舞艺术也深深影响了朝鲜半岛三国,不但有《柘枝舞》《春莺啭》等乐舞作品传入朝鲜半岛,而且三弦、三竹、筚篥、筝等乐器也纷纷传入;唐代乐舞艺术对日本乐舞艺术的影响最大,日本的乐舞制度、乐舞作品、乐器、音乐理论、乐谱等无不深受唐代的影响。

在百戏方面,唐代的百戏对西域诸国、朝鲜半岛、日本等国都有影响。唐朝的傀儡戏、《大面》等都传入了西域和朝鲜半岛,而传入日本的百戏主要有歌舞戏、剑器浑脱、傀儡戏、侏儒戏、参军戏、踏索、吞刀吐火、品玉、独相扑等。随着唐代百戏的传入,异域百戏的内容也更加丰富了。可见,唐代艺术传入异域,也促进了这些国家艺术的发展和繁荣。

在书法方面,唐代的书法艺术是国粹,它对朝鲜半岛、日本的书法艺术都产

---

① 周谷城:《中西文化的交流》,《复旦学报》(社会科学版)1986年第2期,第2页。

生了深远的影响,朝鲜半岛和日本正是在中国书法艺术的影响下才有了本国的文字。

在绘画方面,唐代的绘画艺术影响到了西域诸国、日本、朝鲜半岛、大食等国。唐代,许多中原官员、士兵、僧侣、画家等前往西域,他们把内地的风俗画、人物画、佛画、水墨画等都带入了西域;唐代的画工樊淑、刘泚作为战俘流入大食,他们也把唐代的绘画技艺传播到了大食;吴道子、周昉等唐代画家的作品也传入新罗,并对新罗的绘画艺术产生了相当大的影响;唐代绘画艺术对日本绘画艺术产生的影响最大,主要体现在佛教绘画、人物画、山水画、花鸟画和壁画等方面。

在雕塑方面,唐代雕塑艺术对日本、朝鲜半岛、大食、波斯等国的雕塑艺术都产生了较大的影响。对日本雕塑艺术的影响主要表现在佛像雕塑、石窟雕刻和美术工艺品等方面;对朝鲜半岛雕塑艺术的影响主要表现在寺院佛像、佛教石窟和陵墓石刻等方面。此外,中国的陶瓷器还远销至大食、波斯、印度、日本、朝鲜半岛等国,陶瓷器的造型、装饰等艺术也对这些国家的雕塑艺术产生了一定影响。

总之,艺术交流使世界各国在艺术方面取长补短,互相提高,有利于世界艺术的共同发展和进步。

二、丰富了人们的艺术生活和精神生活

唐代中外艺术交流还丰富了人们的艺术生活和精神生活。

(一)丰富了人们的艺术生活

唐代的中外艺术交流,使唐代艺术的内容更丰富、水平更高。无论在乐舞、绘画、书法方面,还是在雕塑、百戏方面,唐代艺术都有了很大发展,这使唐人获得了前所未有的艺术享受。如,随着西域胡旋舞、胡腾舞的传入,遂使当时出现了"女为胡妇学胡妆,伎进胡音务胡乐"[1]的局面。尤其是胡旋舞,在女性中间更是风靡一时,"天宝季年时欲变,臣妾人人学圆转,……从兹地轴天维转,五十年来制不禁"[2]。民间百姓对龟兹乐也是偏爱有加:"城头山鸡鸣角角,洛阳家家学

---

[1]　《全唐诗》卷四一九元稹《法曲》,中华书局1960年版,第4617页。
[2]　《全唐诗》卷四二六白居易《胡旋女》,中华书局1960年版,第4692~4693页。

胡乐。"①可见,随着这些来自异域的乐舞艺术的传入,唐人的艺术生活更加丰富了。又如,印度的"凸凹画法"传入唐朝,使唐朝的绘画艺术焕发出新的光彩,从而给人以别样的艺术感受。再如,希腊、罗马风格的犍陀罗艺术流入唐朝,不但给当时的雕塑、绘画艺术注入了新的内容,而且还为它们增添了清新的异国情调,使欣赏者获得了美的艺术享受。此外,印度的自断手足、倒立技、舞刀、走绳、截舌等百戏传入唐代,不但使唐代杂技的表演技艺更加高超,而且也使人们领略到了域外杂技艺术的魅力。

(二)丰富了人们的精神生活

艺术是精神创作的产物,反过来也会给人以精神享受。俄罗斯美学家尤·鲍列夫曾说:"艺术使人们得到快乐,并使人们参与艺术家的创造。……这种特殊的快乐是一种伴随着艺术的所有功能,使其别具色彩的精神享受。"②同样,伴随着中外艺术交流,异域艺术源源不断地涌入唐朝,这不但使唐人的眼界更加开阔、思想日益开放,也使他们的精神愈益充实、感受更加丰富。如上所述,异域乐舞、绘画、雕塑、百戏等艺术的输入,不但使人们的艺术生活更加丰富,而且也使他们的精神越发充实、振奋。尤其是一些善感的文人,他们在激动之余,也创作了不少反映中外艺术交流的文学作品。诗歌主要有:白居易的《五弦弹》、元稹的《西凉伎》、白居易的《驯犀》、白居易的《五弦》、李端的《胡腾儿》、白居易的《胡旋女》、元稹的《胡旋女》、白居易的《骠国乐》、元稹的《骠国乐》、胡直钧的《太常观阅骠国新乐》、杜甫的《观公孙大娘弟子舞剑器行》、刘禹锡的《和乐天柘枝》、白居易的《柘枝妓》、刘言史的《王中丞宅夜观舞胡腾》、李白的《观胡人吹笛》、韦应物的《五弦行》、元稹的《五弦弹》、刘禹锡的《与歌者米嘉荣》、李颀的《听董大弹胡笳声兼寄语弄房给事》、元稹的《何满子歌》等。此外,在《朝野佥载》《杜阳杂编》《封氏闻见记》《明皇杂录》《唐语林》等笔记小说中,也有不少关于异域艺术的记载。这些文学作品生动而富有情感,都是作者有感于异域艺术的魅力而作。而人们读这些作品,又间接地接触到了异域艺术,也会获得精神上的享受。

总之,异域艺术的传入,不仅丰富了唐人的艺术生活,还极大地满足了他们的精神需求。

① 《全唐诗》卷二九八王建《凉州行》,中华书局1960年版,第3374页。
② [俄]尤·鲍列夫:《美学》,中国文联出版社1986年版,第225页。

三、促进了双方友好关系的发展

唐朝和异域的艺术交流,不但能够促进艺术的发展,而且还有利于双方友好关系的发展。其原因主要有:

第一,艺术交流是国家间交流和了解的有效途径。首先,通过艺术交流可以获得对异域的好感。艺术具有显著的民族性,所谓"艺术的民族性",是指"运用本民族的独特的艺术形式、艺术手法来反映现实生活,使文艺作品有民族气派和民族风格"[①]。可见,艺术往往可以反映一个国家和民族的民风、民情等现实生活内容,因此,通过艺术交流可以深入地了解异域的民风、习俗等,从而获得对异域的好感。其次,艺术交流可以促进国家间友好关系的发展。艺术是思想、感情等的结晶,俄国伟大作家、思想家列夫·托尔斯泰说:"在自己心里唤起曾经一度体验过的感情,并且在唤起这种感情之后,用动作、线条、色彩、声音以及言词所表达的形象来传达出自己的感情,使别人也能体验到这同样的感情——这就是艺术活动。"[②]可见,艺术可以表达思想、传递感情,因此,艺术交流是深层次的交流,通过艺术交流进行沟通的不仅仅只有艺术,还有思想、感情等。而只有通过思想和感情的交流,才能加强彼此间的了解,才能真正拉近双方间的距离,才能促进友好关系的发展。

第二,作为艺术交流的使者,也可以促进双方间友好关系的发展。艺术交流的使者主要有政府使节、留学生、艺术创作者、传教士以及商人等。他们不但可以加强国家间的艺术交流,而且也能促进彼此友好关系的发展。这是因为他们不仅承担了艺术交流的使命,还是双方间加深了解和进行沟通的桥梁。他们回国后,不但要传播异域的艺术,而且还要介绍外国的风土人情、物产资源和文化历史等。通过他们的介绍,国人就会对异域有更多的了解,从而产生好感。尤其政府使节,身份的特殊性和敏感性,使他们发挥了更大的作用。《摩奴法典》载:"和睦敌人的是使节,离间盟国的也是使节;决定破裂或和好的大计由使节来处理。"[③]可见,政府使节在国际交往中发挥着关键性的作用。这是因为他们作为本

---

① 巢峰等主编:《辞海》,上海辞书出版社 1979 年版,第 4132 页。
② [俄]列夫·托尔斯泰:《艺术论》,人民文学出版社 1982 年版,第 48 页。
③ [法]迭朗善译、马香雪中译:《摩奴法典》第 7 卷,商务印书馆 1996 年版,第 151 页。

国的代表,要直接面见异国的统治者,他们自身的行为以及异域对他们的态度都会影响到双方的关系。他们回国后又会把这一切直接向统治者汇报,统治者往往也会做出相应的反应。如果这些使节在异域备受礼遇,那么最高统治者就会采取适当的措施以答谢对方,这样的交往自然可以促进双方友好关系的发展。

总之,艺术交流是促进国家间友好关系发展的一种有效途径。今天,我们也应该充分利用艺术交流这一方式来加强与异域间的沟通,搞好与异域间的关系。这不但有利于中国的发展,而且可以促进世界的和平、稳定与发展。

第七节　中外艺术交流的当代启示

历史研究的重要任务之一就是把对过去的了解和对现实的认识结合起来,并给未来行动以指导。印度著名历史学家高善必说:"历史学的作用就在于通过古今相互的联系来促使人们更深刻地了解过去和现在。"①同样,本书研究唐代中外艺术交流这一问题,不仅仅在于弄清楚唐代中外艺术交流的历史事实,更重要的是思考唐代艺术交流的成功经验,并使之能对当今和以后的中外艺术交流有一定的借鉴作用。

一、中外艺术交流的经验

唐代的中外艺术交流无疑是卓有成效的,它的历史经验主要有:

(一)发达的丝路交通是中外艺术交流的重要条件

发达的交通是中外艺术交流的重要外部条件,因为发达的交通使中国和异域可以顺利地到达对方国家。唐代的对外交通就很发达,不管是陆路交通,还是海路交通,都畅通无阻,这使西域诸国、印度、波斯、大食、朝鲜半岛三国和日本等国都可以前来中国。假如唐朝的对外交通线没有开辟,异域人员是无论如何也到达不了唐土的,就更别提进行艺术交流了。因此,发达的交通也是中外艺术交流中必不可少的条件。

(二)国家的强大是对外艺术交流的基础

国家的强大,意味着经济的发达、社会秩序的稳定和文化的先进,这是对外

---

① [印]D.D.高善必著,王树英等译:《印度古代文化与文明史纲·译序》,商务印书馆1998年版,第 vi 页。

艺术交流的基础。国家强大了,才能为艺术交流提供必要的经济保障,才会产生对外开放的信心,才能吸引异域国家前来进行交流。之所以有众多国家主动前来唐朝进行艺术交流,就是因为唐朝的国力异常强大,在世界上有巨大的影响力。

（三）统治者的重视和支持是中外艺术交流的保障

封建社会的统治者在国家中居于至高无上的地位,具有绝对的决策权,因此,他们的态度决定了一切。同样,在中外艺术交流问题上,如果他们重视并支持,那么艺术交流就可以顺利进行;反之,如果他们反对并禁止,那么艺术交流无论如何也无法开展。在唐代,正是由于唐太宗、武则天、唐玄宗等皇帝抛弃狭隘的种族偏见,实行开明的对外政策,大力支持艺术交流,才使艺术交流蓬勃发展并结出累累硕果。

二、中外艺术交流的借鉴意义

当今社会是一个开放的世界,随着交通的日益发达和通信条件的逐渐改善,整个世界已趋向一体化,人们的思想观念也逐步得以更新,认识到世界是一个整体,任何国家文化的发展都和其他国家息息相关。美国学者弗里德里克·詹姆逊说:"从某种意义上讲,全球化就意味着文化的进口和出口,以及各民族文化的相互沟通和相互联系。"[①]李喜所在《五千年中外文化交流史·序言》中也说:"当前世界一体化的程度会越来越高,各国的联系将越来越紧密。因此,21世纪的中外文化交流必然会更加扩展,交流的广度和深度是历史上任何一个时期都无法比拟的。"[②]可见,文化全球化已是大势所趋。在这种形势下,中国艺术也要走向世界,广泛地与别国进行交流,这不但能够促进中华艺术的进步,而且也有利于世界艺术的发展。著名历史学家季羡林曾说:"有了文化,必有交流。接受者与给予者有时难解难分,所有国家和民族都同时身兼二重身份。投桃报李,人类文化从而日益发扬光大,人类社会从而日益前进不停。"[③]他的观点是:每个国家都应该参与世界文化交流,只有这样,才能促进人类文化的繁荣和人类社会的进

---

① Fredric Jameson, The Cultures Of Globalization, Duke University Press ,1998,p. 58.
② 李喜所:《五千年中外文化交流史》第1卷,世界知识出版社2002年版,第48页。
③ 季羡林:《中印文化交流史》,新华出版社1993年版,第3页。

步。这一理论同样适用于艺术交流，艺术只有通过交流，才能博采众长，才能充满活力，才能得到发展、取得进步。可喜的是，今天我国与异域间的艺术交流正如火如荼地进行着，双方间的艺术使团互访不断，越来越多的留学生赴异域学习艺术，民间也以多种形式积极地进行艺术交流，中外艺术交流的形势喜人。但我们还是要虚心汲取唐代中外艺术交流的经验，要不断发展生产力，增强中国的综合国力；要有开放的胸怀，坚定不移地推行对外艺术交流；要通过多种途径和世界各国进行艺术交流。只有这样，中国艺术才能发展，世界艺术才能进步。

参 考 文 献

（一）中外历史文献

[1]左丘明.国语[M].上海：上海古籍出版社,1978.

[2]庄周.庄子[M].北京：中国戏剧出版社,1999.

[3]司马迁.史记[M].北京：中华书局,1959.

[4]班固.汉书[M].北京：中华书局,2000.

[5]刘熙撰,王先谦证补.释名疏证补[M].北京：中华书局,2008.

[6]陈寿.三国志[M].北京：中华书局,1959.

[7]葛洪.西京杂记[M].北京：中华书局,1985.

[8]干宝.搜神记[M].北京：中华书局,1979.

[9]范晔.后汉书[M].北京：中华书局,1965.

[10]萧统.文选[M].上海：上海古籍出版社,1998.

[11]任昉.述异记[M].长春：吉林大学出版社,1992.

[12]释智匠.古今乐录[M].台北：台湾艺文印书馆,1973.

[13]崔令钦.教坊记[M].上海：古典文学出版社,1957.

[14]杜佑.通典[M].北京：中华书局,1988.

[15]南卓.羯鼓录[M].上海：古典文学出版社,1957.

[16]孙棨.北里志[M].上海：古典文学出版社,1957.

[17]张彦远.历代名画记[M].上海：上海人民美术出版社,1964.

[18]封演著,赵贞信校注.封氏闻见记校注[M].北京：中华书局,2005.

［19］李商隐著,叶葱奇注疏.李商隐诗集注疏［M］.北京:人民文学出版社,1985.

［20］吴兢.贞观政要［M］.北京:中国文史出版社,2003.

［21］道宣.集古今佛道论衡［M］.南京:金陵刻经处,1921.

［22］段安节.乐府杂录［M］.上海:古典文学出版社,1956.

［23］张鷟.朝野佥载［M］.北京:中华书局,1979.

［24］苏鹗.杜阳杂编［M］.扬州:广陵古籍刻印社,1983.

［25］郑处海.明皇杂录［M］.北京:中华书局,1979.

［26］玄奘著,辩机编撰,季羡林校注.大唐西域记校注［M］.北京:中华书局,1985.

［27］令狐德棻.周书［M］.北京:中华书局,1971.

［28］魏徵.隋书［M］.北京:中华书局,1973.

［29］房玄龄等.晋书［M］.北京:中华书局,1974.

［30］李延寿.北史［M］.北京:中华书局,2000.

［31］李延寿.南史［M］.北京:中华书局,1975.

［32］姚思廉.梁书［M］.北京:中华书局,1973.

［33］欧阳询等.艺文类聚［M］.上海:上海古籍出版社,1965.

［34］李林甫.唐六典(《钦定四库全书》本)［M］.北京:人民出版社,2006.

［35］刘餗.隋唐嘉话［M］.北京:中华书局,1979.

［36］慧立,彦悰著,孙毓棠,谢方点校.大慈恩寺三藏法师传［M］.北京:中华书局,2000.

［37］刘恂.岭表录异［M］.上海:商务印书馆,1936.

［38］韦绚.刘宾客嘉话录［M］.上海:商务印书馆,1936.

［39］朱景玄.唐朝名画录［M］.成都:四川美术出版社,1985.

［40］释道世撰,周叔迦等校注.法苑珠林校注［M］.北京:中华书局,2003.

［41］裴孝源.贞观公私画史［M］.台北:台湾商务印书馆,1983.

［42］慧超撰,张毅笺释.往五天竺国传笺释［M］.北京:中华书局,2000.

［43］李冗.独异志［M］.北京:商务印书馆,1941.

［44］窦臮.述书赋［M］.台北:台湾商务印书馆,1986.

[45]杜环著,张一纯笺注.经行记笺注[M].北京:中华书局,2000.

[46]荆浩.笔法记[M].北京:人民美术出版社,1963.

[47]刘昫.旧唐书[M].北京:中华书局,1975.

[48]欧阳修,宋祁.新唐书[M].北京:中华书局,1975.

[49]宋敏求.长安志[M].上海:上海人民出版社,1998.

[50]王溥.唐会要[M].北京:中华书局,1955.

[51]王钦若等.册府元龟[M].北京:中华书局,1960.

[52]赞宁.大宋僧史略[M].台北:新文丰出版社,1977.

[53]赞宁.宋高僧传[M].北京:中华书局,1987.

[54]苏轼.东坡题跋[M].北京:中国商务出版社,1992.

[55]黄庭坚.山谷题跋[M].台北:世界书局,1992.

[56]欧阳修.集古录[M].台北:台湾出版社,1993.

[57]桂第子译著.宣和书谱[M].长沙:湖南美术出版社,1999.

[58]苏轼著,孔凡礼点校.苏轼文集[M].北京:中华书局,1986.

[59]司马光.资治通鉴[M].北京:中华书局,1956.

[60]李昉等编.太平广记[M].北京:中华书局,1961.

[61]王谠著,周勋初校正.唐语林校注[M].北京:中华书局,1987.

[62]钱易著,黄寿成点校.南部新书[M].北京:中华书局,2002.

[63]沈括.梦溪笔谈[M].上海:上海书店出版社,2009.

[64]陈旸.乐书[M].台北:台湾商务印书馆,1986.

[65]李昉等编,任明等点校.太平御览[M].石家庄:河北教育出版社,1994.

[66]李上交.近事会元[M].台北:台湾商务印书馆,1986.

[67]郭茂倩编.乐府诗集[M].北京:中华书局,1979.

[68]陶谷.清异录[C]//惜阴轩丛书.1896.

[69]王灼.碧鸡漫志[M].上海:古典文学出版社,1957.

[70]董逌.广川画跋[M].台北:台湾商务印书馆,1986.

[71]陈槱.负暄野录[M].台北:台湾商务印书馆,1986.

[72]马端临.文献通考[M].北京:中华书局,1986.

[73]王应麟著,张三夕等点校.汉艺文志考证[M].北京:中华书局,2010.

[74]陈澔注.礼记集说[M].上海:上海古籍出版社,1987.

[75]汤垕.画鉴[M].台北:台湾商务印书馆,1986.

[76]脱脱.宋史[M].北京:中华书局,1977.

[77]陶宗仪.说郛[M].北京:中国书店,1986.

[78]张丑.清河书画舫[M].台北:台湾商务印书馆,1986.

[79]项穆.书法雅言[M].台北:台湾商务印书馆,1986.

[80]董诰等编.全唐文[M].北京:中华书局,1983.

[81]彭定求.全唐诗[M].北京:中华书局,1960.

[82]马宗霍.书林藻鉴[M].北京:文物出版社,1982.

[83]沈曾植.海日楼札丛[M].北京:中华书局,1962.

[84]陆心源.唐文续拾[M].北京:中华书局,1983.

[85]叶昌炽.语石[M].清宣统元年刻本,1909.

[86]潘运告.宣和画谱[M].长沙:湖南美术出版社,1999.

[87]华东师范大学选编校点.历代书法论文选[M].上海:上海书画出版社,1979.

[88]崔尔平选编,点校.历代书法论文选续编[M].上海:上海书画出版社,1993.

[89]陈尚君.全唐诗续拾[M].北京:中华书局,1992.

[90]任半塘.敦煌歌辞总编[M].上海:上海古籍出版社,1987.

[91]万多亲王等.新编姓氏录[M].刊本,1669.

[92]源顺.倭名类聚抄[M].刻本,1897.

[93]信西入道.信西古乐图[M].东京:日本古典全集刊印会,1927.

[94]藤原时平,大藏善行编.日本三代实录[M].东京:吉川弘文馆,1929.

[95]藤原良房,藤原良相,伴善男编.续日本后纪[M].东京:吉川弘文馆,1953.

[96]黑坂胜美编.令集解[M].东京:吉川弘文馆,1966.

[97]观严.东大寺要录[M].东京:国书刊行会,1971.

[98]真人元开.唐大和上东征传[M].北京:中华书局,1979.

[99]舍人亲王等著,王孝廉编译.日本书纪[M].台北:时报文化出版企业公

司,1988.

[100]佚名.日本纪略[M].东京:吉川弘文馆,1929.

[101]菅野真道等.续日本纪[M].东京:吉川弘文馆,1981.

[102]藤原时平,藤原忠平.延喜式[M].东京:吉川弘文馆,1981.

[103]圆仁.入唐求法巡礼行记[M].上海:上海古籍出版社,1986.

[104]虎关师炼.元亨释书[M].东京:吉川弘文馆,2000.

[105]佛书刊行会.大日本佛教全书[M].东京:名著普及会,1979.

[106]正宗敦夫编纂校订.教训抄[M].东京:现代思潮社,1928.

[107]丰原统秋.体源抄[M].东京:株式会社,1978.

[108]阿布·赛义德等.中国印度见闻录[M].北京:中华书局,1983.

[109]伊本·胡尔达兹比赫.道里邦国志[M].北京:中华书局,1991.

[110]崔致远.桂苑笔耕集[M].上海:商务印书馆,1985.

[111]金富轼著,李丙焘译注.三国史记[M].首尔:韩国乙酉文化社,1997.

[112]一然撰,权锡焕,(中)陈蒲清译.三国遗事[M].长沙:岳麓书社,2009.

[113]郑麟趾.高丽史[M].平壤:朝鲜科学院出版社,1957.

[114]费琅编,耿升,穆根来译.阿拉伯波斯突厥人东方文献辑注[M].北京:
中华书局,1989.

(二)今人论著

[1]向达编.中西交通史[M].上海:中华书局,1934.

[2]方豪.中西交通史[M].台北:华冈出版有限公司,1953.

[3]向达.唐代长安与西域文明[M].北京:生活·读书·新知三联书店,1957.

[4]任半塘.唐戏弄[M].北京:作家出版社,1958.

[5]俞人豪,陈自明.东方音乐文化[M].北京:人民音乐出版社,1965.

[6]严耕望.唐史研究丛稿[M].香港:新亚研究所,1969.

[7]何志浩.中国舞蹈史[M].香港:香港印书馆,1970.

[8]张星烺编撰.中西交通史资料汇编[M].北京:中华书局,1977.

[9]欧阳予倩.唐代舞蹈[M].上海:上海文艺出版社,1980.

［10］鲁迅.鲁迅全集［M］.北京：人民文学出版社,1980.

［11］常任侠.丝绸之路与西域文化艺术［M］.上海：上海文艺出版社,1981.

［12］杨荫浏.中国古代音乐史［M］.北京：人民音乐出版社,1982.

［13］敦煌文物研究所.敦煌莫高窟内容总录［M］.北京：文物出版社,1982.

［14］北京市中日文化交流史研究会编.中日文化交流史论文集［C］.北京：人民出版社,1982.

［15］白寿彝.中国交通史［M］.上海：上海书店,1984.

［16］姚嶂剑.遣唐使：唐代中日文化交流史略［M］.西安：陕西人民出版社,1984.

［17］常任侠.海上丝路与文化交流［M］.北京：海洋出版社,1985.

［18］梁容若.中日文化交流史稿［M］.北京：商务印书馆,1985.

［19］夏鼐.中国大百科全书·考古卷［M］.北京：中国大百科全书出版社,1986.

［20］张国刚.唐代官制［M］.西安：三秦出版社,1987.

［21］王克芬.中国舞蹈史——隋唐五代部分［M］.北京：文化艺术出版社,1987.

［22］敦煌文物研究所.中国石窟·敦煌莫高窟［M］.北京：文物出版社,1987.

［23］张国刚.唐代藩镇研究［M］.长沙：湖南教育出版社,1987.

［24］周一良.中外文化交流史［M］.郑州：河南人民出版社,1987.

［25］周青葆.丝绸之路的音乐文化［M］.乌鲁木齐：新疆人民出版社,1987.

［26］张广达.天涯若比邻——中外文化交流史略［M］.香港：中华书局,1988.

［27］王克芬.中国舞蹈发展史［M］.上海：上海人民出版社,1989.

［28］王仁波等.隋唐文化［M］.上海：学林出版社,1990.

［29］李肖冰,夏写实等.中国戏剧起源［M］.北京：知识出版社,1990.

［30］吴焯.佛教东传与中国佛教艺术［M］.杭州：浙江人民出版社,1991.

［31］王小甫.唐、吐蕃、大食政治关系史［M］.北京：北京大学出版社,1992.

［32］吴钊,刘东升.中国音乐史略［M］.北京：人民音乐出版社,1993.

[33]周世荣.中华历代铜镜鉴定[M].北京:紫禁城出版社,1993.

[34]季羡林.中印文化交流史[M].北京:新华出版社,1993.

[35]陈玉龙,等.汉文化论纲——兼述中朝、中日、中越文化交流[M].北京:北京大学出版社,1993.

[36]刘士文,等.中国隋唐五代艺术史[M].北京:人民出版社,1994.

[37]郑学檬,冷敏达.唐文化研究论文集[C].上海:上海人民出版社,1994.

[38]张志尧.草原丝绸之路与中亚文明[M].乌鲁木齐:新疆美术摄影出版社,1994.

[39]张泽咸.唐代工商业[M].北京:中国社会科学出版社,1995.

[40]姜伯勤.敦煌艺术宗教与礼乐文明[M].北京:中国社会科学出版社,1996.

[41]王勇,上原昭一.中日文化交流史大系·艺术卷[M].杭州:浙江人民出版社,1996.

[42]吴东风,苗建华.中国音乐文物大系[M].郑州:大象出版社,1996.

[43]王勇.中日文化交流史大系·人物卷[M].杭州:浙江人民出版社,1996.

[44]陈炎.海上丝绸之路与中外文化交流[M].北京:北京大学出版社,1996.

[45]余太山.西域文化史[M].北京:中国友谊出版社,1996.

[46]杨通方.中韩古代关系史论[M].北京:中国社会科学出版社,1996.

[47]陈尚胜.中韩交流三千年[M].北京:中华书局,1997.

[48]秦序.中国音乐史[M].北京:文化艺术出版社,1998.

[49]董锡玖.中华文化通志·乐舞志[M].上海:上海人民出版社,1998.

[50]冯文慈.中外音乐交流史[M].长沙:湖南教育出版社,1998.

[51]王镛.中外美术交流史[M].长沙:湖南教育出版社,1998.

[52]武斌.中华文化海外传播史[M].西安:陕西人民出版社,1998.

[53]周青葆.丝绸之路宗教文化[M].乌鲁木齐:新疆人民出版社,1998.

[54]何芳川等.古代中西文化交流史话[M].北京:商务印书馆,1998.

[55]林梅村.汉唐西域与中国文明[M].北京:文物出版社,1998.

[56]王国维.宋元戏曲史[M].上海:上海古籍出版社,1998.

[57]梁思成.中国雕塑史[M].天津:百花文艺出版社,1998.

[58]张前.中日音乐交流史[M].北京:人民音乐出版社,1999.

[59]朱关田.中国书法史·隋唐五代卷[M].南京:江苏教育出版社,1999.

[60]齐东方.唐代金银器研究[M].北京:中国社会科学出版社,1999.

[61]陈绶祥.隋唐绘画史[M].北京:人民美术出版社,2000.

[62]宋岘.中国阿拉伯交流史话[M].北京:中国大百科全书出版社,2000.

[63]李寅生.论唐代文化对日本文化的影响[M].成都:巴蜀书社,2001.

[64]李斌城.唐代文化[M].北京:中国社会科学出版社,2002.

[65]牛克诚.色彩的中国绘画[M].长沙:湖南人民美术出版社,2002.

[66]金秋.古丝绸之路乐舞文化交流史[M].上海:上海音乐出版社,2002.

[67]李喜所.五千年中外文化交流史[M].北京:世界知识出版社,2002.

[68]石云涛.早期中西交通与交流史稿[M].北京:学林出版社,2003.

[69]阎文儒.中国雕塑艺术史纲[M].桂林:广西师范大学出版社,2003.

[70]资华筠主编.影响世界的中国乐舞[M].北京:文化艺术出版社,2003.

[71]李鸿宾.唐朝中央集权与民族关系[M].北京:民族出版社,2003.

[72]杨昭全.中国—朝鲜·韩国文化交流史[M].北京:昆仑出版社,2004.

[73]王介南.中外文化交流史[M].太原:书海出版社,2004.

[74]阴法鲁.中国古代文化史[M].北京:北京大学出版社,2004.

[75]赵维平.中国古代音乐文化东流日本的研究[M].上海:上海音乐学院出版社,2004.

[76]阮荣春.丝绸之路与石窟艺术[M].沈阳:辽宁美术出版社,2004.

[77]罗丰.胡汉之间——"丝绸之路"与西北历史考古[M].北京:文物出版社,2004.

[78]王子云.中国雕塑艺术史[M].长沙:岳麓书社,2005.

[79]王光祈.中国音乐史[M].桂林:广西师范大学出版社,2005.

[80]尚刚.隋唐五代工艺美术史[M].北京:人民美术出版社,2005.

[81]荣新江等.粟特人在中国——历史、考古、语言的新探索[M].北京:中华书局,2005.

［82］林英.唐代拂菻丛说［M］.北京：中华书局，2006.

［83］王小甫.古代中外文化交流史［M］.北京：高等教育出版社，2006.

［84］沈福伟.中西文化交流史［M］.上海：上海人民出版社，2006.

［85］张国刚.中西文化关系史［M］.北京：高等教育出版社，2006.

［86］刘海涛.来自文明十字路口的民族——唐代入华粟特人研究［M］.北京：商务印书馆，2006.

［87］关也维.唐代音乐史［M］.北京：中央民族大学出版社，2006.

［88］赵丰.丝绸之路美术考古概论［M］.北京：文物出版社，2007.

［89］薛克翘.中国印度文化交流史［M］.北京：昆仑出版社，2008.

［90］何芳川.中外文化交流史［M］.北京：国际文化出版公司，2008.

［91］傅起凤.杂技［M］.北京：中国文联出版社，2008.

（三）学位论文

［1］张晶.晋唐绘画色彩观演变研究［D］.上海：华东师范大学，2002.

［2］康瑞军.唐代音乐繁盛原因探索［D］.太原：山西大学，2003.

［3］王定勇.敦煌佛曲研究［D］.扬州：扬州大学，2003.

［4］柏红秀.唐代宫廷音乐文艺研究［D］.扬州：扬州大学，2004.

［5］张小梅.唐代中日音乐文化交流史专题研究——唐代中日音乐文化交流史［D］.福州：福建师范大学，2004.

［6］解梅.唐五代敦煌胡文化研究［D］.兰州：西北师范大学，2004.

［7］李雁.隋唐宫廷中的印度乐［D］.上海：上海音乐学院，2006.

［8］曾书柔.唐朝与阿拨斯朝的对外音乐交流［D］.北京：对外经济贸易大学，2006.

［9］窦志强.唐陵石雕的考古学研究［D］.济南：山东大学，2007.

［10］李吕婷.魏晋南北朝百戏研究［D］.武汉：武汉音乐学院，2007.

［11］海滨.唐诗与西域文化［D］.上海：华东师范大学，2007.

［12］张珊.唐代留学生汉语教育研究［D］.长春：吉林大学，2007.

［13］邹满星.唐代墓室壁画人物画"胡化"风格研究［D］.西安：陕西师范大学，2008.

[14]王金旋.尺八的历史考察与中日尺八辨析[D].上海:上海音乐学院,2008.

[15]邢鹏飞.李思训、李昭道青绿山水画研究[D].济南:山东师范大学,2009.

（四）中文论文

[1]夏鼐.新疆新发现的古代织品——绮、锦和刺绣[J].考古学报,1963(1).

[2]孙蔚民.鉴真在中日文化交流史上的杰出作用[J].扬州大学学报:自然科学版,1979(2).

[3]胡戟.唐代粮食亩产量[J].西北大学学报,1980(3).

[4]刘桂英.唐代手工业——丝织和"唐三彩"[J].历史教学,1981(4).

[5]宿白.西安地区唐墓壁画的布局与内容[J].考古学报,1982(2).

[6]阴法鲁.丝绸之路上的音乐文化交流[J].人民音乐,1982(2).

[7]张志刚等.扬州唐城出土青花瓷的测定及其重要意义[J].中国陶瓷,1984(3).

[8]周青葆.琵琶溯源[J].音乐探索.1985(3).

[9]阴法鲁.唐代乐人对待外来音乐的态度[J].人民音乐,1985(5).

[10]周谷城.中西文化的交流[J].复旦大学学报:社会科学版,1986(2).

[11]赵世骞.试论西域乐舞对中原的影响[J].新疆师范大学学报,1987(1).

[12]顾风.扬州出土波斯陶及其在文化交流史上的地位[J].东南文化,1988(1).

[13]姜伯勤.敦煌壁画与粟特壁画的比较研究[J].敦煌研究,1988(2).

[14]牟发松.唐代草市略论——以长江中游地区为重点[J].中国经济史研究,1989(4).

[15]杨万秀.论广州港在海上"丝绸之路"的地位和作用[J].学术研究,1990(6).

[16]武伯纶,武复兴.国际交往与唐长安的繁荣[J].理论导刊,1991(3).

[17]阴法鲁.漫谈觱篥[J].中国典籍与文化,1993(2).

[18]陈正生.唐代尺八同汉笛的关系[J].中国音乐,1993(3).

[19]张学荣.凉州石窟及有关问题[J].敦煌研究,1993(4).

[20]王东平.先秦至唐汉文化在西域的传播[J].新疆大学学报,1994(1).

[21]薛宗正.唐代碛西的汉风美术[J].新疆艺术,1994(1).

[22]王克芬.西域与中原乐舞——交流及影响[J].寻根,1994(2).

[23]陈进惠.试论阿拉伯书法在中国穆斯林中的传播与发展[J].世界宗教研究,1994(2).

[24]方亚光.外国人关于唐代中国的著述与唐文明的传播[J].江海学刊,1994(3).

[25]郑显文.丝绸之路与汉唐杂技艺术[J].丝绸之路,1995(1).

[26]楼劲.汉唐的外事体制与丝路古道上的基本外交模式[J].敦煌学辑刊,1995(1).

[27]方亚光.论“安史之乱”对唐代中外交往的影响[J].江海学刊,1995(5).

[28]郑汝中.唐代书法艺术与敦煌写卷[J].敦煌研究,1996(2).

[29]王世贤.古代中国与朝鲜半岛国家文化交流述略[J].辽宁大学学报,1996(3).

[30]任平.唐代书法对统一新罗时代书法的影响[J].当代韩国,1997(1).

[31]张前.日本雅乐与唐代燕乐——日本史书、乐书相关资料考[J].交响:西安音乐学院学报,1997(2).

[32]金维诺.墓室壁画在美术史上的重要地位[J].美术研究,1997(2).

[33]王嵘.多元文化背景下的“苏莫遮”[J].民族艺术研究,1997(2).

[34]肖红,宋荣欣.漫话唐三彩艺术[J].史学月刊,1997(4).

[35]巫新华.唐代西州沟通周边地区的主要交通路线[J].中国边疆史地研究,1997(4).

[36]赵望秦.泼寒胡戏被禁原因发微[J].学术月刊,1998(2).

[37]齐东方.西安市文管会藏粟特式银碗考[J].考古与文物,1998(6).

[38]王嵘.中原文化在西域的传播[J].新疆大学学报,1999(1).

[39]韩钊.中国唐壁画墓和日本古代壁画墓的比较研究[J].考古与文物,1999(6).

[40]黎蔷.古希腊罗马戏剧东渐史实论[J].戏剧艺术,2000(4).

[41]白巍.唐代墓室壁画艺术风格初探[J].陕西师范大学学报,2001(2).

[42]朴永光.中韩舞蹈文化交流史概观[J].文艺理论与批评,2001(3).

[43]王建欣.中日尺八之比较研究[J].音乐研究,2001(9).

[44]庄壮.敦煌壁画上的打击乐器[J].交响:西安音乐学院学报,2002(4).

[45]赵维平.丝绸之路上的琵琶乐器史[J].中国音乐学,2003(4).

[46]王铁铮.历史上的中阿文明交往[J].西北大学学报,2004(3).

[47]德真.日本珍藏的我国唐代乐器[J].乐器,2004(4).

[48]刘玉霞.唐代艺术与西域乐舞[J].西域研究,2004(4).

[49]齐东方.何家村的大唐遗宝[J].文物天地,2004(6).

[50]龙玉兰,吴华山.简论唐太宗的乐舞文化观[J].求索,2004(7).

[51]高人雄.西域传入的乐曲与词牌雏形考论[J].新疆师范大学学报,2005(1).

[52]薛平拴.隋唐长安商业市场的繁荣及其原因[J].陕西师范大学学报,2006(5).

[53]吕少卿.唐代山水画风略论[J].艺术百家,2006(7).

[54]蒲瑶.从文明交往看中阿古代纹饰文化的交融[J].社会科学家,2006(7).

[55]李维路.略论五弦琵琶的历史渊源与艺术表现力[J].人民音乐,2007(2).

[56]贾有林.试论颜真卿书法成就[J].青海社会科学,2007(6).

[57]赵琳.唐代金银器造型与装饰的外来影响及本土化[J].考古与文物,2008(2).

[58]杜文玉.唐代社会开放的特点与历史局限[J].河北学刊,2008(3).

[59]张国刚.唐代开放与兴盛的当代思考[J].河北学刊,2008(3).

[60]邱雅芬.唐代傀儡戏东传及日本傀儡戏的形成[J].求索,2009(1).

[61]周侃,李楠.唐代百戏的源流及影响考论[J].求索,2009(1).

［62］杜文玉.丝绸之路与新罗乐舞［J］.人文杂志,2009(1).

［63］岳纯之.唐代皇帝的业余爱好［J］.文史天地,2009(4).

［64］赵丰.唐系翼马纬锦与何稠仿制波斯锦［J］.文物,2010(3).

［65］黄翔鹏.乐问［M］.中央音乐学院学报,2000.

(五)译著、译文

［1］中村不折等.中国绘画史［M］.南京:正中书局,1937.

［2］林谦三.东亚乐器考［M］.钱稻孙,译.北京:人民音乐出版社,1962.

［3］岩波书店编.日本历史·古代篇［M］.东京:岩波书店,1962.

［4］森克己.遣唐使［M］.东京:至文堂,1966.

［5］林谦三.雅乐——古乐谱的解读［M］.东京:音乐之友社,1969.

［6］林谦三.日本的古典艺能·雅乐［M］.东京:平凡社,1970.

［7］岸边成雄.唐代音乐史的研究［M］.梁在平,译.台北:台湾中华书局,1973.

［8］井上清.日本历史［M］.天津市历史研究所,译.天津:天津人民出版社,1974.

［9］秋山光和.日本绘画史［M］.北京:人民美术出版社,1978.

［10］木宫泰彦.日中文化交流史［M］.胡锡年,译.北京:商务印书馆,1980.

［11］羽田亨.西域文化史［M］.耿世民,译.乌鲁木齐:新疆人民出版社,1981.

［12］竹内宏.日本人和技术——现在和过去［J］经济学人,1981年临时增刊.

［13］伊庭孝.日本音乐史［M］.北京:人民音乐出版社,1982.

［14］岸边成雄.伊斯兰音乐［M］.上海:上海文艺出版社,1983.

［15］三上次男.陶瓷之路［M］.胡德芬,译.天津:天津人民出版社,1983.

［16］田边尚雄.中国音乐史［M］.上海:上海书店,1984.

［17］武安隆.遣唐使［M］.哈尔滨:黑龙江人民出版社,1985.

［18］榊莫山.日本书法史［M］.陈振濂,译.上海:上海书画出版社,1985.

［19］田泽坦,等.日本文化史——一个剖析［M］.东京:日本外务省编

印,1987.

[20]原茂泰直,岳钰.古长安绘画艺术东移说[J].岳钮,译.西北美术,1989(00).

[21]高楠顺次郎编.大正新修大藏经[M].台北:财团法人佛陀教育基金会出版部,1990.

[22]内藤湖南.日本文化史研究[M].北京:商务印书馆,1992.

[23]家永三郎.日本文化史[M].北京:商务印书馆,1992.

[24]坂本太郎.日本史概说[M].北京:商务印书馆,1992.

[25]源了圆.日本文化与日本人性格的形成[M].北京:北京出版社,1992.

[26]长泽和俊.丝绸之路与古代欧亚大陆的东西方文化交流[M].张英莉,译//张志尧.草原丝绸之路与中亚文明.乌鲁木齐:新疆美术摄影出版社,1994.

[27]西濑英经等.日本艺能史[M].京都:昭和堂,1999.

[28]村山节等.东西方文明沉思录[M].北京:中国国际广播出版社,2000.

[29]中田勇次郎.中国传统文化在日本[M].蒋毅,译.北京:中华书局,2002.

[30]羽田亨.西域文明史概论[M].北京:中华书局,2005.

[31]韦尔斯.世界史纲——生物和人类的简明史[M].北京:人民出版社,1982.

[32]阿·克·穆尔.1500年前的中国基督教史[M].北京:中华书局,1984.

[33]凯瑟琳·勒维著.古希腊戏剧艺术[M].傅正明,译.北京:北京大学出版社,1988.

[34]李约瑟.中国科学技术史[M].上海:上海古籍出版社,1990.

[35]苏珊·伍德福特,等.剑桥艺术史[M].罗通秀,等,译.北京:中国青年出版社,1990.

[36]巴兹尔·格雷.中亚佛教绘画及其在敦煌的影响[J].李崇峰,译.敦煌研究,1991(1).

[37]罗森.中国古代的艺术与文化[M].孙心菲,等,译.北京:北京大学出版社,2002.

[38]希提.阿拉伯通史[M].马坚,译.北京:商务印书馆,1979.

［39］费正清等. 东亚文明:传统与变革［M］. 天津:天津人民出版社,1992.

［40］谢弗. 唐代的外来文明［M］. 吴玉贵,译. 北京:中国社会科学出版社,1995.

［41］维尔·杜伦. 东方的文明［M］. 李一平,等,译. 西宁:青海人民出版社,1998.

［42］托马斯·F. 马太. 拜占庭艺术［M］. 北京:中国建筑工业出版社,2004.

［43］张师勋. 韩国音乐史［M］. 汉城:世光音乐出版社,1986.

［44］金得榥. 韩国宗教史［M］. 柳雪峰,译. 北京:社会科学文献出版社,1992.

［45］沈淑庆. 关于莲花台舞历史演变的研究［J］. 舞蹈,2000(2).

［46］赵胤宰. 略论韩国百济故地出土的中国陶瓷［J］. 故宫博物院院刊,2006.

［47］李惠求. 朝鲜安岳第三号坟壁画中的奏乐图(下)［J］. 黄钟:武汉音乐学院学报,2005(1).

［48］朝鲜科学院考古学及民俗研究所. 遗迹发掘报告3［M］. 平壤:平壤科学院出版社,1958.

［49］雷奈·格鲁塞. 印度的文明［M］. 常任侠,袁音,译. 北京:商务印书馆,1965.

［50］迭朗善译. 马香雪中译. 摩奴法典［M］. 北京:商务印书馆,1996.

［51］D. D. 高善必. 印度古代文化与文明史纲［M］. 王树英,等,译. 北京:商务印书馆,1998.

［52］马克思,恩格斯. 马克思恩格斯选集［M］. 北京:人民出版社,1972.

［53］列夫·托尔斯泰. 艺术论［M］. 北京:人民文学出版社,1982.

［54］尤·鲍列夫. 美学［M］. 北京:中国文联出版社,1986.

(六)外文文献

［1］Gaston Migeon,Les arts musulmans,Libr. nationale d'art et d'histoire,1926, p. 36 – 37.

［2］Alexander O. Curle and F. S. A. Scot，The Treasure of Traprain，A Scottish Hoard of Roman Silver Plate，Glasgow，1922，p. 1 – 5，79 – 80.

［3］Roger Bland and Catherine Johns，The Hoxne Treasure，An Illustrated Intro- duction，Trustees of the British Museum，1993，p. 24.

［4］Ed. Chavannes，Document sur les Tou – kiue occidentaux，p. 136.

［5］A. Foucher，The Beginnings of the Buddhist Art，Indological Book House，1972，p. 136.

［6］M. Mode，Sogdian Gods in Exile – some iconographic evidence from Khotan in the light of recently excavated material from Sogdiana，Silk Road Art and Archaeolo- gy，1991 – 1992，p. 179 – 214.

［7］Qalqashandi，Subh，vol. ，pp. 5 以下，vol. ，p. 430 以下.

［8］S. levi，Le"tokharien B"，langue de Koutcha，Journal Asiatique，1913，p. 311 – 380.

［9］古代オリエント博物館，シ HYPERLINK "http：//auctions. yahoo. co. jp/"ルクロートの貴金属工艺，有限会社シ HYPERLINK "http：//help. yahoo. co. jp/help/jp/auct/bid/index. html"/t"new" マプレス，1981.

［10］原田淑人，正仓院御物を通レる东西文化の交涉，古代东亚文化研究，座右宝刊行会，1940.

［11］轻部慈恩，百济遗迹の研究，吉川弘文馆，1971.

［12］P. O. Harper，The Royal Hunter，New York，1978.

［13］Henry G. Hartman，Aesthetics：A Critical Theory of Art，Kessinger Pub Co，1919，p. 48.

［14］S. A. M. Adshead，Tang China The Rise of the East in World History，Pal- grave Macmillan，2004，p. 54.

［15］Percy Brown，Indian painting，Association Press，1932，p. 121.

［16］Ernest Binfield Havell，The Ideals of Indian art，J. Murray，1911，p. 38.

［17］Smith，The Oxford History of India，Clarendon press，1928，p. 111.

［18］Ca. 950A. D. ，Coomaraswamy，History，fig. 222，Lucknow Museum.

[19] Ca. 1050A. D. , Coomaraswamy , History , fig. 223 , Lucknow Museum.

[20] Ca. 750A. D. , Coomaraswamy , Havell , History , p. 204.

[21] Friedrich Hirth , Ancient history of China to the End of the Chyu Dynasty , Adegi Graphics LLC ,2000 , p. 155.